# 초보자를 위한 ChatGPT 활용법

# 초보자를 위한 ChatGPT 활용법

**2쇄 발행** · 2025년 1월 10일
**지은이** · 정하영, 이도현
**펴낸이** · 장길수
**펴낸곳** · 지식과감성
**출판등록** · 제2012-000081호

**디자인** · 김다예
**편집** · 김다예
**마케팅** · 지식과감성#

**주소** · 서울시 금천구 벚꽃로298 대륭포스트타워6차 1212호
**전화** · 070-4651-3730~4
**팩스** · 070-4325-7006
**이메일** · ksbookup@naver.com
**홈페이지** · www.knsbookup.com

ISBN 979-11-392-2217-3(13000)
값 20,000원

· 이 책의 판권은 지은이에게 있습니다.
· 이 책 내용의 전부 또는 일부를 재사용하려면 반드시 지은이의 서면 동의를 받아야 합니다.
· 잘못된 책은 구입하신 곳에서 바꾸어 드립니다.

지식과감성#
홈페이지 바로가기

# 초보자를 위한 ChatGPT 활용법

정하영, 이도현 지음

**아는 사람만 쓴다!
일 잘하는 사람들의 비밀도구**

지식감정

# 프롤로그

오늘날 우리는 디지털 혁신의 한가운데에 서 있습니다. 인공지능(AI)은 더 이상 미래의 기술이 아닌, 우리의 일상과 업무를 혁신하고 있는 현재의 기술입니다. 그 중에서도 OpenAI에서 출시한 ChatGPT는 생성형 AI 분야에서 강력한 도구로 자리 잡으며, 현대 사회에서 새로운 표준이 되고 있습니다.

AI는 단순히 기계적인 작업을 자동화하는 것을 넘어, 인간의 창의력과 효율성을 극대화할 수 있는 기회를 제공합니다. ChatGPT는 그 중에서도 특히 주목받는 대형 언어 모델로, 편리한 대화형 방식을 통해 자연어 처리의 경계를 확장하며 언어뿐 아니라 이미지, 음성 등 다양한 분야에서의 활용 가능성을 열어주고 있습니다.

ChatGPT는 복잡한 문제 해결과 데이터 분석을 손쉽게 처리할 수 있으며, 이는 업무 효율성을 크게 향상시킬 수 있는 기회를 제공합니다. 이미 많은 기업이 ChatGPT를 고객 지원, 콘텐츠 생성, 마케팅 전략 수립 등 다양한 분야에서 실질적인 이점으로 활용하고 있습니다.

불과 얼마 전만 해도 Deep Learning, Machine Learning과 같은 AI 기술은 특정 전문가들의 전유물로 여겨졌지만, 이제는 누구나 쉽게 접근하고 활용할 수 있는 시대가 열렸습니다. ChatGPT는 사용자 친화적인 인터페이스와 강력한 기능을 통해, 기술적인 배경이 없는 사람들도 손쉽게 AI를 사용할 수 있도록 할 수 있는 시대를 열었습니다. 이러한 접근성의 향상은 AI를 통해 더 많은 사람들이 새로운 기회를 창출할 수 있는 기반이 됩니다.

이 책은 인공지능을 잘 모르는 초보자부터 프로그래밍 전문가까지, 모든 독자들에게 ChatGPT를 활용할 수 있는 실질적인 방법을 제시합니다.

챕터1 에서는 ChatGPT 사용을 위한 기본적인 준비 과정과 설정 방법을 설명합니다. 이 부분에서는 처음 사용자들이 빠르게 ChatGPT에 적응할 수 있도록 돕는 기초적인 정보를 제공합니다.

챕터2 에서는 효율적인 프롬프트 작성법을 소개합니다. 좋은 프롬프트는 ChatGPT를 효과적으로 활용하는 핵심 요소입니다. 이 장에서는 구체적이고 명확한 질문을 통해 원하는 결과를 얻는 방법을 실습과 함께 설명합니다.

챕터3 에서는 일상 생활에서의 ChatGPT 활용법을 다룹니다. ChatGPT를 개인 여행 플래너, 요리사, 외국어 과외 선생님 등으로 활용하여 일상 생활의 편리함을 높이는 방법을 제시합니다.

챕터4 에서는 업무에 ChatGPT를 적용하여 문서 작성과 자동화를 통한 생산성을 향상시킬 수 있는 방법을 설명합니다. 보고서 작성, 마케팅 콘텐츠 제작 등 실질적인 업무 활용 사례를 통해 ChatGPT의 강력한 기능을 체험할 수 있습니다.

챕터5 와 6은 심화된 프로젝트를 통해 ChatGPT의 고급 사용자가 되는 방법을 다룹니다. GPT Store에 있는 이미지 생성기 활용, ChatGPT와 통화하기와 같은 실전 활용법들과 코딩을 몰라도 5분만에 프로그램 개발을 할 수 있는 방법등을 통해 ChatGPT를 실무와 개인 생활에 보다 깊이 적용하는 방법을 안내합니다.

챕터 7 에서는 생성형 AI를 활용한 프롬프트 판매, AI 자기소개서 판매, AI 이미지 판매, 유튜브 쇼츠 생성 등 수익 모델과 비즈니스 기회를 탐색하며 이를 통해 더 나은 성과를 이끌어내는 방법을 제시합니다.

마지막으로 챕터 8에서는 고급 사용자들을 위한 사용법을 다룹니다. RAG 기능을 활용하여 ChatGPT의 문제점을 해결하고, 한번에 수많은 문서를 읽어서 처리하는 방법을 제시합니다.

지금은 ChatGPT와 같은 생성형 AI 도구를 활용하여 개인과 조직의 효율성을 극대화할 수 있는 최적의 시기입니다. 빠르게 변화하는 기술 환경에서 뒤처지지 않기 위해서는 AI의 장점을 최대한 잘 이해하고 활용하는 것이 중요합니다. 이 책은 여러분이 ChatGPT를 통해 업무와 생활에서 혁신을 이끌어낼 수 있도록 돕고, 새로운 가능성을 탐색하는 데 필요한 모든 것을 제공할 것입니다.

자, 이제 ChatGPT와 함께하는 여정을 시작해 보세요. 이 책을 통해 생성형 AI 기술을 이해하고, 실질적인 방법으로 활용하여 더 나은 미래를 만들어가는 데 필요한 지식과 도구를 얻게 될 것입니다.

「초보자를 위한 ChatGPT 활용법」은 ChatGPT를 처음 접하는 분들도 쉽게 이해하고 활용할 수 있는 최고의 안내서입니다.

AI 시대에 앞서 나가고자 하는 모든 분들께 추천합니다.

- 윤병운, NH투자증권 대표이사

「초보자를 위한 ChatGPT 활용법」은 최신 기술의 세계로 이끄는 친절한 안내서입니다. 첨단 언어 모델에 관심 있는 모든 분들께 추천합니다.

- 오민환, 서울대학교 데이터사이언스대학원 교수

# 목차

## 00 프롤로그
왜 지금 ChatGPT 사용을 시작해야 할까? ......... 5

## 01 시작하기: ChatGPT 사용을 위한 준비
ChatGPT 가입 및 설정 ......... 16
GPT 웹사이트 탐색 ......... 20
ChatGPT Plus의 차이점 ......... 28
ChatGPT의 한계점 ......... 32

## 02 효율적인 프롬프트 작성법
좋은 프롬프트 작성의 중요성 ......... 38
좋은 프롬프트 작성법 ......... 45
예시 프롬프트와 실습 ......... 57

## 03 일상 생활에서의 활용법
나만의 여행 플래너 ......... 68
나만의 요리사 ......... 76
나만의 외국어 과외 선생님 ......... 80
나만의 검색 엔진 ......... 87

## 04 업무에 활용하기: 문서 작성과 자동화
보고서 작성 ......... 98
신사업 기획안 작성 ......... 104
고객 클레임 응대 문서 작성 ......... 109
마케팅 컨텐츠 작성 ......... 114

## 05 중급 활용방법

GPTs 알아보기 ... 134
GPT로 이미지 만들기 ... 138
GPT와 통화하기: 고급 음성 모드 ... 145
GPT로 엑셀 데이터 분석하기 ... 148
GPT로 마케터처럼 일하기 ... 152

## 06 [Project One] 코딩 모르는 나도 5분 만에 개발자

청첩장 만들기 ... 166
게임 만들기 ... 178
게시판 만들기 ... 192

## 07 [Project Two] 수익화 전략: AI로 수익 창출하기

나만의 프롬프트 판매하기 ... 213
AI 자기소개서 판매하기 ... 220
AI 이미지 만들어서 판매하기 ... 227
AI 유튜브 쇼츠 생성하기 ... 236
AI 음원으로 수익 창출하기 ... 258

## 08 [Project Three] 고급 활용방법

한번에 업무 끝내기 with RAG ... 271

## 09 에필로그

ChatGPT: 미래를 위한 당신의 AI 파트너 ... 288

# CHAPTER 1

# 시작하기:
# ChatGPT 사용을 위한 준비

ChatGPT 가입 및 설정

ChatGPT 웹사이트 탐색

ChatGPT Plus의 차이점

ChatGPT의 한계점

# 01

## 시작하기:
## ChatGPT 사용을 위한 준비

인공지능 기술의 비약적인 발전은 우리 삶에 새로운 지평을 열고 있습니다. 그 중심에 선 ChatGPT는 대화형 인공지능의 대표 주자로서, 일상생활부터 비즈니스 현장까지 다양한 분야에서 혁신을 주도하고 있습니다. 특히, 출시 이후 가장 빠른 속도로 1억 명의 월간 사용자를 달성하며 전 세계적인 관심과 인기를 얻고 있습니다.

ChatGPT(Generated Pretrained Transformer)는 OpenAI에서 개발한 최첨단 대형 언어 모델인 LLM(Large Language Model)으로, 자연어 처리와 생성 능력에서 탁월한 성능을 보여줍니다. 이 모델은 전 세계에서 모은 방대한 텍스트 데이터를 바탕으로 학습하여 사용자와의 대화에서 자연스럽고 유창한 응답을 생성합니다. 다양한 주제와 상황에 대한 깊은 이해도를 지니고 있어, 고객 지원, 콘텐츠 생성, 교육, 연구 등 여러 분야에서 유용하게 활용되고 있습니다.

2020년 출시된 GPT-3부터 시작하여, 각 버전이 발전할수록 더 많은 기능과 정확도를 제공하게 되었습니다. 특히 GPT-4와 GPT-4o, 그리고 최신 o1-preview는 단순한 대화 생성에서 벗어나 복잡한 문제 해결, 논리적 추론, 그리고 이미지 처리 등 더 다양한 기능을 제공합니다. ChatGPT를 처음 사용할 때, 각 버전의 차이점을 이해하는 것이 매우 중요합니다. 아래 표를 통해 각 버전별 세부사항을 파악하고, 버전을 선택할 수 있습니다.

| 버전 | 출시 시기 | 주요 특징 | 모델 크기 및 학습 데이터 |
| --- | --- | --- | --- |
| GPT-3 | 2020년 6월 | 대규모 텍스트 처리 대화 및 텍스트 생성 | 1750억 파라미터 수천억 개의 텍스트 토큰 학습 |
| GPT-3.5 | 2022년 11월 | 개선된 대화 능력과 유창한 응답 | GPT-3와 유사한 파라미터 크기 추가 텍스트 데이터 학습 |
| GPT-4 | 2023년 3월 | 다중 모달 처리(텍스트, 이미지), 복잡한 문제 해결 능력 향상, 실시간 검색 기능 추가 | 1조 2천억 파라미터 이상 더 높은 논리적 추론 능력과 이미지 처리 기능 추가 |
| GPT-4-turbo | 2023년 11월 | 비용 효율적 더 빠른 응답 제공 | GPT-4와 동일한 성능을 유지 더 빠른 처리 속도와 저렴한 비용 제공 |
| GPT-4o | 2024년 5월 | 다중 모달 처리, 향상된 응답 속도 및 효율성 | 128k 토큰 처리 고급 데이터 분석 및 파일 업로드 기능 포함 |
| o1-preview | 2024년 9월 | 고급 추론과 복잡한 문제 해결에 특화 | 강화 학습과 체인 오브 씽킹(CoT) 기법 사용 물리, 수학, 코딩 등에서 우수한 성능 |
| GPT-4o with canvas | 2024년 10월 | 비주얼 인터페이스 강화, 실시간 피드백 반영 및 수정 | 128k 토큰 처리 고급 데이터 분석 및 파일 업로드 기능 포함 |

이처럼 ChatGPT는 계속해서 빠른 속도로 발전하고 있으며, 각 버전은 사용자들이 더 정교한 작업을 처리할 수 있도록 도와줍니다. 이제 이 혁신적인 도구를 직접 사용해보기 위해 ChatGPT의 가입 방법과 기본적인 사용법을 알아보겠습니다. 이 책이 끝났을 때, 여러분이 ChatGPT를 자신 있게 활용할 수 있게 되길 기원합니다.

## ChatGPT 가입 및 설정

ChatGPT를 사용하기 위해서는 먼저 OpenAI 웹사이트에서 계정을 생성해야 합니다. 가입 절차는 매우 간단하며, 몇 가지 단계를 따라 쉽게 완료할 수 있습니다. 아래에서는 ChatGPT 가입 및 설정 과정을 단계별로 자세히 안내해 드리겠습니다. 각 단계를 따라 하시면 누구나 쉽게 ChatGPT를 시작할 수 있습니다.

### 가입 방법

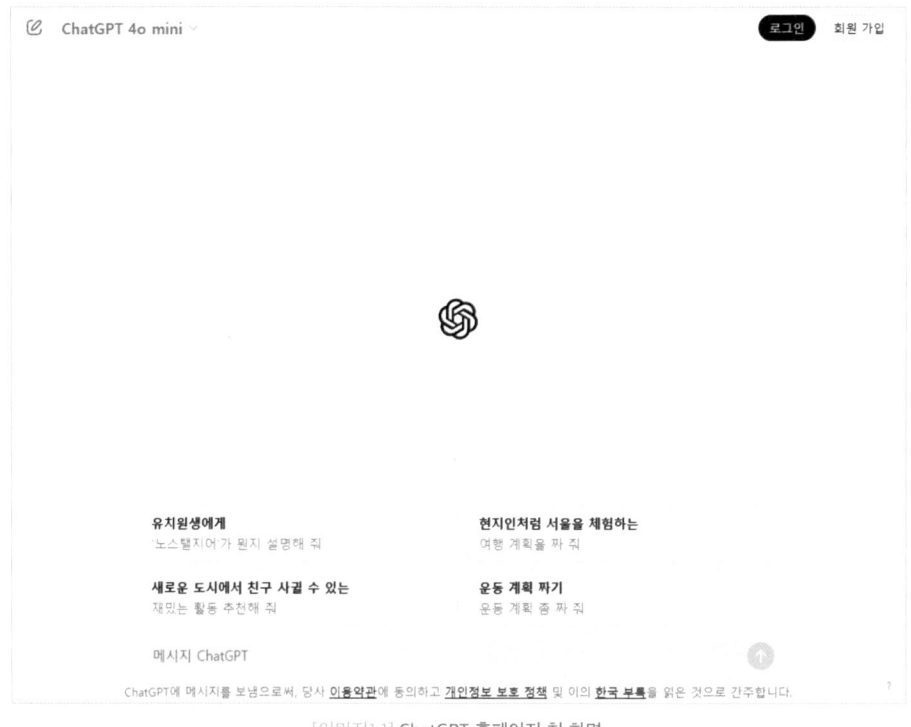

[이미지1.1] ChatGPT 홈페이지 첫 화면

### 1. 공식 웹사이트 접속

먼저 ChatGPT 공식 웹사이트(https://chat.openai.com/)에 접속합니다. 사이트에 접속하면 상단에 로그인 또는 회원가입 옵션이 표시됩니다.

### 2. 회원가입 선택

아직 계정이 없다면 'Sign up' 또는 '회원가입' 버튼을 클릭하여 회원 가입 절차를 시작합니다.

## 계정 만들기

### 1. 이메일 주소 입력

계정 만들기(회원가입) 화면에서 이메일 주소를 입력합니다. Google, Microsoft, Apple 계정을 사용하여 간편하게 가입할 수도 있습니다.

### 2. 비밀번호 설정

이메일 주소를 입력한 후 비밀번호를 설정합니다. 비밀번호는 최소 8자 이상이어야 하며, 숫자와 특수 문자를 포함하는 것을 추천합니다.

### 3. '계속' 버튼 클릭

모든 정보를 입력한 후 'Continue' 또는 '계속' 버튼을 클릭하여 다음 단계로 진행합니다.

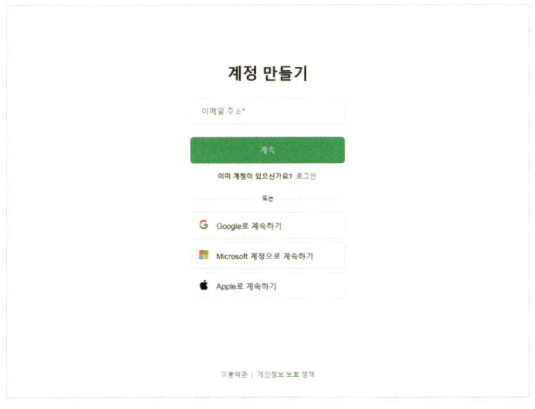

[이미지 1.2] 회원가입 화면 스크린샷

## 이메일 인증

### 1. 인증 메일 확인

입력한 이메일 주소로 인증 메일이 발송됩니다. 이메일을 열어 인증 링크를 클릭하여 계정을 활성화합니다.

### 2. 인증 완료

인증 링크를 클릭하면 계정이 활성화되며, 다음 단계로 진행할 수 있습니다. 이 과정은 보안 강화와 사용자의 신원 확인을 위해 필수적입니다.

## 로그인

### 1. 로그인 페이지 이동

인증이 완료되면, 다시 ChatGPT 홈페이지로 돌아와 'Log in' 또는 '로그인' 버튼을 클릭합니다.

### 2. 계정 정보 입력

회원가입 시 사용한 이메일 주소와 비밀번호를 입력하고 '계속' 또는 '로그인' 버튼을 클릭합니다.

### 3. 서비스 시작

로그인이 완료되면 ChatGPT 서비스를 바로 이용하실 수 있습니다.

[이미지 1.3] 로그인 화면

> **Tip**
> 강력한 비밀번호를 생성하는 것이 중요합니다. 최소 8자 이상, 숫자와 특수 문자를 포함한 조합을 추천합니다. 비밀번호를 기억하기 어렵다면, 비밀번호 관리 도구(예: 크롬의 비밀번호 저장 기능, LastPass, 1Password)를 사용하는 것이 좋습니다. 이러한 도구들은 비밀번호를 안전하게 저장하고, 필요할 때 자동으로 입력해 주기 때문에 편리하게 사용할 수 있습니다.

## 문제 해결

1. **이메일 인증 메일이 오지 않는 경우**
   - **스팸 메일함 확인:** 인증 메일이 스팸 폴더로 분류될 수 있으니 확인이 필요합니다.
   - **이메일 주소 확인:** 가입 시 입력한 이메일 주소가 정확한지 다시 확인합니다.
   - **재전송 요청:** 인증 메일을 받지 못한 경우, 회원가입 페이지에서 '인증 메일 재전송' 옵션을 찾아 시도합니다.

2. **로그인 시 문제가 발생하는 경우**
   - **비밀번호 재설정:** 비밀번호를 잊어버린 경우 '비밀번호를 잊으셨나요?' 링크를 통해 재설정합니다.
   - **브라우저 캐시 및 쿠키 삭제:** 브라우저의 캐시와 쿠키를 삭제한 후 다시 시도합니다.
   - **고객 지원 문의:** 그래도 해결되지 않으면, 직접적으로 OpenAI 고객 지원팀 (https://help.openai.com/)에 문의하는 것이 좋습니다. 일반적으로 1~2일 내에 답변을 받을 수 있습니다.

> **Tip**
> 가입 및 로그인 과정에서 문제가 발생하면 당황하지 마세요. 위의 문제 해결 방법을 따라 차근차근 시도해보시면 대부분의 문제는 쉽게 해결할 수 있습니다.

이렇게 해서 ChatGPT 가입 및 로그인 과정을 완료했습니다. 이제 본격적으로 AI와의 대화를 시작하여 ChatGPT 사용 인터페이스 확인 및 기본적인 설정을 알아보겠습니다.

# ChatGPT 웹사이트 탐색

## GPT 인터페이스 탐색

ChatGPT의 인터페이스는 사용자 친화적으로 설계되어 있어, 처음 사용하는 사람들도 쉽게 적응할 수 있습니다. 이 파트에서는 ChatGPT의 주요 인터페이스 구성 요소를 자세히 살펴보고, 각 요소의 기능과 사용법을 설명합니다. 이를 통해 독자들은 ChatGPT를 더욱 효율적으로 활용할 수 있게 될 것입니다.

ChatGPT의 인터페이스는 다음과 같은 주요 구성 요소로 이루어져 있습니다.

### 1. 입력 창

- **기능:** 입력 창은 사용자가 질문이나 요청을 입력하는 공간입니다. 사용자가 텍스트를 입력하고 전송 버튼을 누르면 GPT가 해당 입력에 대해 응답을 생성합니다. 이곳에서 사용자는 자연스러운 대화를 시작할 수 있습니다.
- **사용법:** 입력 창에 텍스트를 입력한 후, 키보드의 'Enter' 키를 누르거나 전송 버튼을 클릭하여 요청을 전송합니다. 이 과정은 매우 직관적이며, 대화의 흐름을 유지하는 데 필수적인 요소입니다.

ChatGPT는 실수를 할 수 있습니다. 중요한 정보를 확인하세요.

[이미지 1.4] 입력 창

### 2. 응답 창

- **기능:** 응답 창은 GPT가 생성한 응답이 표시되는 공간입니다. 이곳에서 사용자는 GPT의 답변을 확인하고, 필요에 따라 추가 질문을 입력하여 대화를 이어갈 수 있습니다.

- **특징:** 응답 창에는 대화의 흐름이 유지되도록 이전 대화 기록도 함께 표시됩니다. 이를 통해 사용자는 대화를 자연스럽게 이어 나갈 수 있으며, 맥락을 유지하면서 대화를 진행할 수 있습니다. 이는 특히 긴 대화나 복잡한 문제를 다룰 때 유용합니다.

> 2024년 올림픽에서 제일 많은 선수가 출전한 나라는 어디야? 출처도 인용해 줘. 답변은 한국어로 작성해줘.
>
> 사이트 4개 검색함 ⌄
>
> 2024년 파리 올림픽에서 가장 많은 선수를 파견한 국가는 미국입니다. 이번 대회에서 미국은 총 653명의 선수들을 출전시켰으며, 이는 모든 국가 중 가장 큰 규모입니다. 개최국인 프랑스가 622명의 선수로 그 뒤를 따랐고, 일본이 447명으로 3위를 기록했습니다(Bolavip)(Olympics).

[이미지 1.5] 응답 창

## 3. 설정 메뉴

- **기능:** 설정 메뉴는 다양한 사용자 설정을 조정할 수 있는 공간입니다. 여기서 언어 설정, 테마 변경, 알림 설정, 맞춤형 GPT 생성 등의 옵션을 관리할 수 있습니다. 이러한 설정을 통해 사용자는 자신의 필요와 선호도에 맞게 인터페이스를 개인화할 수 있습니다.

- **사용법:** 화면 상단 또는 사이드바의 설정 아이콘을 클릭하면 설정 메뉴에 접근할 수 있습니다. 설정 메뉴는 직관적으로 설계되어 있어, 사용자가 쉽게 필요한 설정을 조정할 수 있습니다.

[이미지 1.6] 설정메뉴

　ChatGPT의 인터페이스는 간결하고 직관적으로 설계되어 있어, 사용자가 다양한 기능을 쉽게 접근하고 사용할 수 있습니다. 입력 창과 응답 창은 기본적인 대화 기능을 지원하며, 설정 메뉴와 도움말 메뉴를 통해 사용자는 필요에 따라 환경을 조정하고 도움을 받을 수 있습니다. 이러한 구성 요소들을 잘 활용하면, ChatGPT를 더욱 효율적으로 사용하여 원하는 결과를 얻을 수 있습니다.

## 기본 설정

　계정을 생성한 후에는 몇 가지 초기 설정을 통해 ChatGPT를 나에게 맞게 개인화하는 단계가 필요합니다. 이 과정에서 사용자는 언어 설정, 인터페이스 테마 선택, 계정 보안 설정 등을 통해 자신에게 최적화된 사용자 환경을 구성할 수 있습니다. 이러한 설정은 ChatGPT를 더욱 편리하고 유용하게 사용하는 데 큰 도움이 될 것입니다. 각 설정 항목에 대한 자세한 설명은 아래와 같습니다

ChatGPT 메인 화면의 우측 상단에 보면, 사용자 프로필 아이콘이 있습니다. 이 아이콘을 클릭하여 설정과 ChatGPT 맞춤 설정을 조정할 수 있습니다.

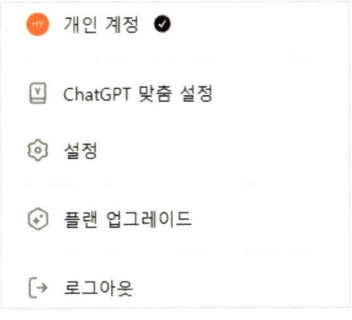

[이미지 1.7] 기본설정

## 언어 설정

ChatGPT를 사용하는 첫 단계로, 자신이 편하게 사용할 수 있는 언어로 인터페이스를 설정하는 것이 중요합니다. 설정 메뉴에 들어가서 '언어' 옵션을 선택하면, 사용 가능한 다양한 언어 목록이 표시됩니다. 여기서 자신에게 익숙한 언어를 선택하면, ChatGPT의 모든 메뉴와 안내문이 해당 언어로 표시됩니다. 이 설정은 사용자가 보다 편안하게 ChatGPT를 탐색하고 사용할 수 있도록 돕습니다. 우리는 기본적으로 한국어를 사용할 것이므로, 한국어로 설정해 줍니다.

[이미지 1.8] 언어설정

CHAPTER 01 시작하기 · 23

## 맞춤형 사용자 지침

ChatGPT의 가장 강력한 기능 중 하나는 사용자의 선호도와 세부 사항을 학습하여 점점 더 사용자 맞춤형 응답을 제공할 수 있다는 점입니다. ChatGPT와의 상호작용이 많아질수록, 사용자의 요구와 선호도에 맞춘 응답이 더욱 정교해집니다. 이 기능은 사용자가 ChatGPT를 보다 개인 맞춤화된 도구로 활용할 수 있게 도와줍니다. 아래에서는 맞춤형 사용자 지침에 대해 설명하고, ChatGPT의 메모리 기능을 어떻게 활용할 수 있는지 확인해보겠습니다.

[이미지 1.9] 맞춤형 사용자 지침

## 메모리 기능 켜기

ChatGPT는 대화 중에 사용자가 제공한 정보를 기억하고, 이를 바탕으로 맞춤형 응답을 생성할 수 있습니다. 이 기능을 통해 사용자는 단순히 질문에 대한 답변을 받는 것뿐만 아니라, 지속적으로 발전하는 대화 경험을 누릴 수 있습니다. 예를 들어, 이전에 제공한 정보를 기억해두고 이후 대화에서 이를 참고하여 더욱 정확한 답변을 제공합니다. 잘못 기억된 항목들은 [관리]에서 삭제할 수 있습니다.

> 예시: "나는 항상 친근한 어조로 대답해 줬으면 해. 기억해 둬." 라고 말하면, ChatGPT는 이후 대화에서 더욱 친근하고 비공식적인 어조로 응답하려고 노력할 것입니다.

## 사용자 선호 사항 저장

ChatGPT는 사용자가 선호하는 대화 스타일이나 관심사를 저장할 수 있습니다. 이를 통해, 사용자는 매번 같은 정보를 반복해서 제공하지 않아도 되며, ChatGPT는 사용자의 개별적인 요구에 맞춰 최적화된 응답을 제공합니다.

> **예시:** "내가 채식 주의자라는 걸 기억해줘."라고 말하면, ChatGPT는 이후 대화에서 음식 추천이나 요리 관련 질문에 채식 식단을 중심으로 응답할 것입니다.

## 기억된 내용 확인 및 수정

사용자가 ChatGPT가 어떤 것을 기억하고 있는지 확인하고 싶다면, 간단한 질문을 통해 확인할 수 있습니다. 또한, 잘못된 정보가 기억된 경우 이를 수정하거나 새로운 정보를 추가하여 더 정확한 맞춤형 응답을 받을 수 있습니다.

> **예시:** "내 직업이 뭐라고 기억하고 있어?"라고 물어보면, ChatGPT는 이전 대화에서 사용자가 언급한 직업 정보를 요약해서 알려줄 수 있습니다. 필요에 따라 "사실 나는 직업이 바뀌었어. 이제 데이터 분석가야."라고 말하면, 새로운 정보를 업데이트할 수 있습니다.

## 최근 대화 내용 상기

ChatGPT는 과거의 대화를 기억하고, 최근의 대화와 연관 지어 응답할 수 있습니다. 이를 통해 사용자와의 대화가 더 일관성 있게 이어질 수 있습니다.

> **예시:** "지난번에 추천해준 책 제목이 뭐였더라?"라고 물어보면, ChatGPT는 이전 대화에서 추천한 책 제목을 상기시켜줄 수 있습니다.

이 내용들은 ChatGPT 사용에 있어서 꽤 중요한 요소이므로, 사용 예시 단계에서 추가적으로 다양한 주제에 활용해 볼 것입니다.

## ChatGPT 맞춤 설정

ChatGPT는 추가적으로 맞춤 설정 기능을 제공합니다. ChatGPT에게 사용자에 대한 정보를 미리 입력해 줌으로써, 사용자 맞춤형 답변을 하도록 유도할 수 있습니다. 예시로 작성해둔 내용에 대한 답변을 적어두면 보다 사용자 맞춤형 답변을 생성할 것입니다. 또한, ChatGPT는 영어로 작성할 때 가장 퀄리티 높은 결과를 제공하므로, 이러한 정보나 지침은 영어로 작성하는 것이 더 나은 결과를 생성할 확률이 높습니다.

> **Tip**
> 보다 나은 결과를 위해 ChatGPT 활용시, DeepL등의 번역 AI를 통해 영어로 내용을 채워 보는 것을 추천합니다 (https://www.deepl.com/ko/translator).

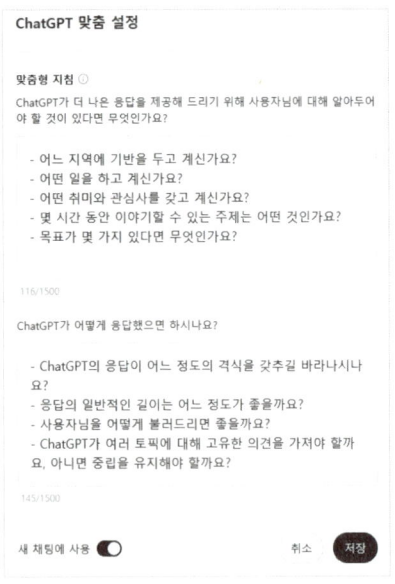

[이미지 1.10] 맞춤형 사용자 지침

> **Tip**
> 'ChatGPT가 어떻게 응답했으면 하시나요?' 부분에 다음과 같은 지침을 넣고 사용할 수 있습니다. 지침은 영어로 번역하여 전달하면 더 효과적입니다.
>
> 1. 가장 정확한 정보에 우선 순위를 부여한다.
> 2. 회사의 공식 사이트, 또는 공식 문서의 내용을 우선으로 한다.
> 3. 확실한 사실이 아니고 애매하거나, ChatGPT의 의견이 들어갔으면 해당 내용은 "확실하지 않은 사실" 또는 "ChatGPT의 의견"이라고 명시한다.
> 4. 가능한 경우 답변은 이해하기 쉽고 상세하게 한다. 예시를 소개하는 것도 좋다.
> 5. 특별한 요청이 없는 한, 한국어로 답변한다.

## 계정 보안 설정

다단계 인증(2FA) 설정으로 계정을 더 안전하게 보호할 수 있습니다. 보안 설정 메뉴에서 다단계 인증을 활성화하면, 로그인 시 추가 보안 단계를 거쳐 계정이 더욱 안전하게 보호됩니다. 또한, 모두 로그아웃 기능을 활용해 다른 사용자의 사용이 의심 될 경우 안전하게 모든 장치에서 로그아웃을 진행 할 수 있습니다.

[이미지 1.11] 보안설정

이번 파트에서는 ChatGPT서비스를 가입하고 설정하는 방법에 대해 알아보았습니다. 계정 생성, 초기 설정, 언어 및 테마 선택, 계정 보안 설정 등을 통해 ChatGPT를 개인화하고 더욱 안전하게 사용할 수 있습니다. 이러한 초기 설정 과정을 통해 여러분은 ChatGPT를 더욱 효과적으로 사용할 준비를 마칠 수 있을 것입니다.

# ChatGPT Plus와의 차이점

## ChatGPT Plus 소개

무료 버전을 사용하다 보면, 사용제한에 대해 아쉬움이 생길 수 있습니다. 이때 개인 사용자가 고려할 수 있는 옵션이 바로 ChatGPT Plus 가입입니다. ChatGPT Plus는 OpenAI의 무료 버전과 비교해 다양한 추가 혜택을 제공하는 유료 구독 서비스입니다. 이 서비스는 ChatGPT를 빈번하게 사용하거나 더 빠르고 안정적인 응답, 이미지 생성 등 새로운 기능을 필요로 하는 사용자에게 특히 유용합니다. 이번 파트에서는 ChatGPT Plus의 주요 장점과 단점을 살펴보고, 이 서비스가 왜 가치가 있는지 설명합니다.

## ChatGPT Plus의 장점

### 1. 새 기능에 대한 얼리 액세스

ChatGPT Plus 사용자는 GPT-4o, o1-preview 등의 최신 버전에 무제한으로 접근할 수 있으며, 이는 복잡한 문제 해결이나 고급 데이터 분석과 같은 작업에서 유용합니다. 또한 Plus 사용자는 4o with canvas와 같은 새로운 기능이나 업데이트에도 우선적으로 접근할 수 있어, 최신 기술을 가장 먼저 체험하고 GPT 활용의 최신 트렌드를 파악할 수 있는 이점이 있습니다.

### 2. 고급 데이터 분석 및 파일

Plus 사용자는 고급 데이터 분석 기능과 파일 업로드 기능에 접근할 수 있습니다. 이는 엑셀 파일 등, 대규모 데이터 파일을 다루거나 복잡한 파일 작업을 수행할 때 유용합니다.

### 3. DALL·E 이미지 생성

Plus 플랜에는 텍스트에서 이미지를 생성하는 DALL·E 기능도 포함되어 있어, 창의적인 콘텐츠를 제작하는 데 유리합니다. 예를 들어, 마케팅 자료를 만들거나, 시각적 요소가 중요한 이미지 생성 프로젝트에서 이 기능을 활용할 수 있습니다.

### 4. 메시지 한도 증가

Plus 사용자는 GPT-4o에서 기본 사용자의 5배에 달하는 메시지를 보낼 수 있습니다. 이는 장시간 대화를 유지하거나, 복잡한 대화를 진행할 때 매우 유용합니다.

### 5. 맞춤형 GPT 생성

사용자가 자신의 필요에 맞는 GPT를 직접 생성하고 사용할 수 있는 기능이 제공됩니다. 이는 특정 산업이나 업무에 특화된 GPT를 제작하여 활용할 수 있는 강력한 도구입니다.

### 6. API 지원

Plus 사용자는 API 기능을 활용할 수 있습니다. ChatGPT 자동화를 원하는 경우, ChatGPT에서 제공하는 공식 API를 사용하면 보다 편리하게 프로그램을 제작할 수 있습니다.

## ChatGPT Plus의 단점

### 1. 월 구독료

ChatGPT Plus 서비스는 월 구독료가 발생합니다. 현재 2024년 10월 기준으로 개인 사용자의 Plus 구독은 월 $20의 비용이 발생합니다. 이는 무료 버전에 비해 추가 비용이 들며, 장기적으로 비용 부담이 될 수 있습니다. 특히 개인 사용자나 예산이 제한된 조직에게는 부담이 될 수 있습니다.

### 2. 비용 대비 가치

Plus에서 제공하는 추가 기능의 사용 빈도가 낮은 경우, 비용 대비 혜택이 크지 않을 수 있습니다. 사용 빈도와 필요에 따라 비용을 고려해야 합니다.

## ChatGPT 비용에 따른 기능 차이

| 기능 | 무료(Free) | Plus($20/월) | Team($25/월/인당) |
|---|---|---|---|
| GPT 버전 접근 | GPT-4o-미니, 제한적 GPT-4o 접근 | GPT-4o, GPT-4o 미니 | GPT-4, GPT-4o, DALL-E |
| 고급 데이터 분석 | 제한적 접근 | 고급 데이터 분석 | 고급 데이터 분석 한도 증가 |
| 메시지 한도 | 제한적 사용 | GPT-4o에서 더 많은 메시지 이용 가능 | 사용 한도 증가 |
| DALL·E 이미지 생성 | X | O | O |
| 맞춤형 GPT 생성 | X | O | O |
| 얼리 액세스 | X | O | O |
| 팀 기능 | X | X | O |
| 우선 지원 | X | O | O |

※ Enterprise: OpenAI와 협의 필요 요금제, 최소 500인 이상, 약 $60/월/인당 정도 비용 발생. 최상위 가격 정책으로, 보다 안정적인 API 서비스를 제공함.

## 개발자를 위한 API 기능

ChatGPT Plus와 Team 플랜은 종량제 방식의 다양한 API 기능을 통해 GPT의 강력한 언어 모델을 외부 애플리케이션이나 서비스에 통합할 수 있는 장점을 제공합니다. 이 기능은 개발자와 비즈니스 사용자에게 특히 유용하며, GPT를 활용한 맞춤형 솔루션을 구축하거나 자동화된 워크플로우를 구현할 수 있게 해줍니다.

ChatGPT API를 사용하면 GPT를 웹사이트, 모바일 앱, 또는 다른 소프트웨어와 쉽게 통합할 수 있습니다. 이를 통해 고객 지원 챗봇, 맞춤형 추천 시스템, 자동화된 콘텐츠 생성 도구 등을 빠르고 체계적으로 구축할 수 있습니다.

비즈니스 환경에서, API 기능을 통해 반복적인 작업을 자동화하고, GPT의 언어 모델을 다양한 서비스와 연결하여 작업 효율성을 극대화할 수 있습니다. 또한, API를 통해 더 큰 Input 및 Output 토큰을 활용하여 데이터 세트를 처리하거나, 대규모 프로젝트에서 GPT를 활용할 수 있습니다.

보다 자세한 내용은 OpenAI의 공식 페이지에서 확인할 수 있습니다. (https://platform.openai.com/docs/overview)

## ChatGPT의 한계점

ChatGPT는 인간의 학습 데이터를 바탕으로 결과물을 도출하기에 잘못된 정보를 그럴듯한 결과물로 포장하여 응답할 수 있습니다. 현재의 엄청난 발전속도를 고려했을 때, 가까운 미래에는 오차가 거의 없을 수 있겠지만 그럼에도 불구하고 늘 다음과 같은 사항들을 조심하여야 합니다.

## ChatGPT 유의사항

### 1. 환각 현상 Hallucination

환각 현상은 ChatGPT가 존재하지 않는 정보를 생성하는 현상입니다. AI는 학습된 데이터로 확률을 기반으로 패턴을 예측하여 응답을 생성하는데, 이 과정에서 가끔씩 실제로는 없는 정보나 사실을 만들어낼 수 있습니다. 예를 들어, 법률 정보나 역사적 사건에 대해 질문했을 때, AI는 실제로 존재하지 않는 판례나 사건을 마치 진짜인 것처럼 제시할 수 있습니다. 이러한 오류는 특히 중요한 의사결정에 사용될 때 위험할 수 있습니다.

### 2. 데이터의 한계와 편향성

ChatGPT는 인터넷에서 수집된 방대한 양의 데이터를 바탕으로 학습되었기 때문에, 그 안에는 의도치 않게 잘못된 정보나 편향된 의견이 포함될 수 있습니다. 이로 인해 ChatGPT는 특정 주제에 대해 편향된 시각을 가질 수 있으며, 다양한 사회적, 문화적 맥락에서 부적절한 응답을 생성할 수 있습니다. 이러한 한계는 특히 민감한 주제나 공정성이 중요한 분야에서 문제가 될 수 있습니다.

이러한 한계점들로 인해 ChatGPT의 응답 값을 사용하고자 한다면, 맹목적으로 신뢰하기보다는 반드시 전문가의 의견이나 검증된 자료와 함께 사용하는 것이 좋습니다. ChatGPT는 원하는 정보를 빠르게 제공할 수 있지만, 최종적으로는 인간의 검토와 판단이 필요하다는 사실을 반드시 인지하고 사용하시길 바랍니다.

## 마무리

이번 챕터에서는 ChatGPT의 기본 개념과 사용을 위한 준비 과정을 다루었습니다. ChatGPT는 OpenAI에서 개발한 혁신적인 언어 모델로, 다양한 버전을 통해 사용자에게 더욱 정교한 대화와 문제 해결 능력을 제공합니다. GPT-3에서 GPT-4o, o1-preview에 이르기까지 매우 빠른 속도로 발전해 나가고 있는 ChatGPT는 점점 더 강력한 기능을 제공하며, 이를 바탕으로 더 나은 사용자 경험을 제공하고 있습니다.

가입 및 설정 과정에서는 ChatGPT의 웹사이트에서 계정을 생성하고, 기본적인 설정을 통해 개인화하는 방법을 배웠습니다. 언어 설정, 맞춤형 사용자 지침, 메모리 기능 등을 활용해 나만의 ChatGPT 환경을 구성하고, 이를 통해 더욱 효율적인 대화를 이어 나갈 수 있습니다. 또한, 계정 보안을 강화하기 위한 다단계 인증 설정과 로그인 문제 해결 방법을 통해 안전한 사용법도 함께 익혔습니다.

유료 구독 서비스인 ChatGPT Plus는 더 고도화된 기능을 필요로 하는 사용자에게 유용한 선택지가 될 수 있습니다. 고급 데이터 분석, DALL·E 이미지 생성 기능 등 다양한 이점을 제공하지만, 비용 대비 기능의 활용도를 고려해 결정해야 합니다. 마지막으로, ChatGPT의 한계점인 환각 현상과 데이터의 편향성을 인지하고, AI 답변을 맹목적으로 신뢰하기보다는 항상 검토하고 확인하는 과정이 필요하다는 점을 강조했습니다.

이제 우리는 ChatGPT를 보다 깊이 이해하고, 효과적으로 활용할 수 있는 기반을 마련하였습니다. 다음 챕터에서는 본격적으로 실질적인 프롬프트 작성법과 일상생활에서의 활용 사례를 통해 ChatGPT를 더욱 다채롭게 사용할 수 있는 방법을 알아보겠습니다.

# CHAPTER 2

# 효율적인
# 프롬프트 작성법

좋은 프롬프트 작성의 중요성

좋은 프롬프트 작성법

예시 프롬프트와 실습

# 02

## 효율적인
## 프롬프트 작성법

ChatGPT와 같은 대규모 언어 모델(LLM)을 효과적으로 활용하려면 프롬프트Prompt를 잘 작성하는 것이 핵심입니다. 프롬프트는 AI에게 전달하는 질문이나 명령어로, 그 품질에 따라 AI의 응답이 크게 달라집니다. 특히 초보 사용자라면 프롬프트 작성에 더욱 신경 써야 짧은 시간과 짧은 횟수안에 원하는 결과값을 효율적으로 얻을 수 있습니다.

프롬프트를 어떻게 구성하느냐에 따라 AI와의 상호작용이 성공적이 될지 아니면 실망감을 느끼게 될지 결정됩니다. 프롬프트 작성은 단순한 키워드나 질문의 나열이 아니라, AI가 올바르게 이해하고 반응할 수 있도록 맥락을 충분히 제공하는 일종의 기술이라고 할 수 있습니다.

이번 챕터에서는 실제로 프롬프트 작성(Prompt engineering)을 시작하기 전에, 좋은 프롬프트 작성이 왜 중요한지, 그리고 이를 통해 어떤 이점을 얻을 수 있는지 살펴보겠습니다. 잘 구성된 프롬프트는 AI의 능력을 최대한 활용하게 도와주며, 문제 해결의 효율성을 높이고 더 나은 품질의 답변을 얻을 수 있게 해줍니다. 또한, 프롬프트 작성 기술을 향상시킴으로써, 여러분은 복잡한 질문이나 아이디어도 간결하게 표현할 수 있게 되어, 다양한 상황에서 AI를 활용하는 데 있어 유리한 위치에 서게 될 것입니다.

또한, 다음 파트에서 다룰 구체적인 프롬프트 작성법과의 연결성을 고려하여 내용을 구성하였습니다. 이번 챕터를 마치면 여러분은 ChatGPT를 활용하는 데 있어 보다 확실하고 효과적인 프롬프트를 작성할 수 있게 될 것입니다. 이러한 기술은 여러분의 업무 생산성을 높이는 데 크게 기여할 것이며, AI와의 협업에서 더 많은 가능성을 발견하는 계기가 될 것입니다.

# 좋은 프롬프트 작성의 중요성

## 프롬프트란?

프롬프트는 AI에게 제공하는 입력 질문이나 명령어로, AI와의 대화를 시작하는 출발점입니다. 프롬프트의 내용과 방식에 따라 AI가 이해하는 맥락이 달라지며, 이는 곧 AI의 응답 품질에 직접적인 영향을 미칩니다.

## 왜 좋은 프롬프트가 중요한가요?

좋은 프롬프트는 AI가 제공하는 응답의 정확성, 관련성, 창의성을 결정하는 핵심 요소입니다. 아래에서는 좋은 프롬프트 작성이 중요한 다섯 가지 이유와 그로 인해 얻을 수 있는 이점을 구체적인 예시와 함께 알아보겠습니다.

### 1. 응답의 정확성과 관련성 향상

명확하고 구체적인 프롬프트는 AI가 질문의 의도를 정확히 이해하도록 돕습니다. 반면에 모호한 프롬프트는 AI가 질문을 잘못 해석하게 만들어 부정확한 응답을 제공할 수 있습니다.

보고서 좀 만들어줘

모호한 프롬프트

문제점: 어떤 종류의 보고서인지, 주제는 무엇인지 알 수 없습니다.

AI의 답변
어떤 주제의 보고서를 원하시나요?

2023년 1분기 판매 실적을 바탕으로 한 마케팅 전략 보고서를 작성하려고해. 주요 경쟁사의 동향도 내용안에 들어가있으면 좋겠어. 우선 보고서 구성을 만들어줘.
명확한 프롬프트

장점: 주제, 범위, 포함해야 할 내용이 명확합니다.

AI의 답변

2023년 1분기 판매 실적을 바탕으로 한 마케팅 전략 보고서 구성

1. 서론
목적: 2023년 1분기 판매 실적을 분석하여 향후 마케팅 전략을 수립.
보고서 개요: 보고서에서 다룰 내용의 개요 및 주요 목표 설명.

2. 2023년 1분기 판매 실적 요약
전체 실적 분석: 판매량, 매출액, 이익 등 주요 지표를 포함한 1분기 실적 요약.
제품별/서비스별 실적: 주요 제품 또는 서비스별 실적 분석.
지역별 실적: 지역별로 판매 실적을 분석하여 어떤 시장이 성장했는지 설명.

3. 경쟁사 동향 분석
주요 경쟁사 실적 비교: 주요 경쟁사의 2023년 1분기 실적과 자사의 실적을 비교.
경쟁사의 주요 전략 및 활동: 경쟁사의 마케팅 전략, 제품 출시, 가격 책정, 광고 캠페인 등 주요 동향 분석.
경쟁사의 시장 점유율 변화: 1분기 동안 경쟁사의 시장 점유율 변화에 대한 분석.

4. 내부 분석: 강점과 약점
성공한 전략 및 요인: 1분기 동안 잘 작동한 마케팅 전략과 그 요인 분석.
개선이 필요한 부분: 실적이 기대에 미치지 못한 부분과 그 이유 분석.

5. 시장 트렌드 및 소비자 동향
2023년 1분기 주요 시장 트렌드: 업계 전반의 트렌드와 변화 설명.
소비자 행동 분석: 소비자들의 구매 패턴 변화, 선호도 및 새로운 요구사항 분석.

**6. 마케팅 전략 제안**
목표 설정: 2023년 2분기 및 연간 목표 설정.
시장 세분화 및 타겟팅 전략: 세분화된 시장에 맞춘 타겟팅 전략 제안.
디지털 마케팅 전략: 소셜 미디어, 검색 엔진 최적화(SEO), 이메일 마케팅 등 디지털 채널 활용 방안.

**7. 예산 배분 계획**
마케팅 예산 배분: 각 마케팅 활동별로 예산 배분 계획 제시.
ROI 분석: 예상되는 마케팅 활동의 투자 대비 수익(Return on Investment, ROI) 분석.

**8. 결론 및 향후 계획**
주요 요약 및 결론: 1분기 실적에 기반한 핵심 인사이트 요약.
향후 계획: 2분기 이후 실행할 마케팅 전략의 주요 방향 제시.

이점: 명확한 프롬프트는 정확하고 관련성 높은 응답을 이끌어내어 업무 효율을 높입니다.

## 2. 효율적인 커뮤니케이션과 생산성 증대

잘 구성된 프롬프트는 AI가 처음부터 적절한 답변을 제공하게 하여, 추가적인 질문이나 수정 요청을 최소화합니다. 이는 시간과 노력을 절약하고, 업무 생산성을 향상시킵니다.

신제품 아이디어를 줘.

 어떤 분야의 신제품을 원하시나요?

20대 남성을 대상으로 한 스마트폰 액세서리 신제품 아이디어를 3가지 제안해줘. 휴대성과 디자인에 중점을 두었으면 해.

개선된 프롬프트

AI의 답변

1. 자석 부착식 무선 충전기: 휴대폰 뒷면에 부착하여 충전과 사용을 동시에 가능하게 함.
2. LED 알림 케이스: 전화나 메시지 수신 시 케이스에 LED 빛으로 알림 표시.
3. 다기능 핸드 스트랩: 손목 스트랩에 이어폰 홀더와 카드 지갑 기능 추가.

이점: 필요한 정보를 한 번에 얻어 커뮤니케이션 효율이 높아지고, 생산성이 증대됩니다.

## 3. 창의적 문제 해결과 아이디어 도출

 프롬프트에 구체적인 조건이나 맥락을 추가하면 AI가 더욱 창의적이고 실용적인 아이디어를 제공할 수 있습니다. 예를 들면, 질문에 대한 배경정보를 추가하거나, 답변에서 지켜야 할 사항을 포함해서 질문을 하는 것 입니다.

마케팅 전략을 세워줘.

일반적인 프롬프트

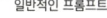

AI의 답변

소셜 미디어, 이메일 마케팅, 광고 캠페인을 고려해보세요.

환경 보호를 주제로 한 신제품 출시를 위한 마케팅 전략을 세워줘. 고객 참여형 이벤트를 포함해줘.

구체적인 프롬프트

AI의 답변

소셜 미디어 챌린지: 해시태그를 활용한 환경 보호 인증샷 이벤트.
제품 구매 시 나무 심기 캠페인: 제품 판매 수익의 일부를 환경 단체에 기부.
온라인 세미나 개최: 환경 전문가를 초청하여 라이브 방송 진행.

이점: 구체적인 프롬프트는 창의적이고 혁신적인 아이디어 도출을 촉진합니다.

## 4. 복잡한 작업의 처리와 문제 해결

단계별 지침을 포함한 프롬프트는 AI가 복잡한 문제를 논리적으로 접근하여 효율적으로 해결하도록 돕습니다. 문제를 해결할때, 마치 사람이 접근하는 방식처럼 답변하도록 유도하는 것 입니다. 단순하게 프로젝트 계획을 짜달라고 하는 것 보다는, 어떤 프로젝트를 진행하고 있으며, 프로젝트의 어떤 단계에 대한 계획이 필요하고, 각 단계별로 필요한 사항들을 명확하게 나누어 작성 해달라고 지시하는 것이 좋습니다.

프로젝트 계획 좀 세워줘.

단순한 프롬프트

AI의 답변

어떤 프로젝트의 계획을 원하시나요?

모바일 앱 개발 프로젝트의 상세 계획을 세워줘. 기획, 디자인, 개발, 테스트, 출시 단계로 나눠줘.

세분화된 프롬프트

AI의 답변

1. 기획 단계 (2주)
 - 주요 업무: 요구 사항 분석, 시장 조사, 기능 목록 작성
 - 필요 인력: 기획자 2명

AI의 답변

. 디자인 단계 (3주)
 - 주요 업무: UX/UI 디자인, 프로토타입 제작
 - 필요 인력: 디자이너 2명
3. 개발 단계 (6주)
 - 주요 업무: 프론트엔드 개발, 백엔드 개발, API 연동
 - 필요 인력: 개발자 4명
4. 테스트 단계 (2주)
 - 주요 업무: 기능 테스트, 버그 수정, 사용자 피드백 수집
 - 필요 인력: QA 엔지니어 2명
5. 출시 단계 (1주)
 - 주요 업무: 앱 스토어 등록, 마케팅 자료 준비
 - 필요 인력: 마케터 1명, 기획자 1명

이점: 복잡한 작업도 구조화된 프롬프트를 통해 체계적으로 해결할 수 있습니다.

### 5. AI와의 상호작용 향상

꾸준히 좋은 프롬프트를 제공하면 AI는 사용자의 요구와 선호를 더 잘 이해하게 됩니다. 이는 사용자 경험을 향상시키고, AI와의 상호작용을 더욱 원활하게 만듭니다.

- **일관된 프롬프트 제공:** 프로젝트마다 비슷한 구조로 요청을 전달하면 AI는 사용자의 스타일과 요구 사항에 익숙해집니다.
- **결과:** 더 빠르고 정확한 응답을 제공하며, 사용자와의 협업이 강화됩니다.

## 프롬프트 작성 시 유의사항

### 1. 구체성 강조
누가, 무엇을, 언제, 어디서, 어떻게 등의 정보를 포함합니다.

### 2. 목적 명시
원하는 결과나 형식을 명확히 합니다.

### 3. 단계별 지시
복잡한 작업일수록 단계별로 요청합니다.

### 4. 맥락 제공
상황이나 배경 정보를 제공하여 AI가 이해하기 쉽게 합니다.

### 5. 피드백 활용
AI의 응답을 바탕으로 프롬프트를 조정하여 원하는 결과에 도달합니다.

## 좋은 프롬프트 작성법

이 파트에서는 좋은 프롬프트를 작성하는 방법을 단계별로 설명하며, 이를 통해 AI와의 상호작용을 최적화할 수 있는 기술들을 다루어 보겠습니다.

### 구체적인 질문하기

ChatGPT를 포함한 LLM 기반 생성형 AI를 활용할 때 가장 중요한 사항은 구체적인 질문을 하는 것입니다. 구체적인 질문은 AI가 명확한 맥락을 이해하고, 보다 정확하고 유용한 답변을 제공할 수 있도록 돕습니다. 모호한 질문은 AI가 응답할 수 있는 범위를 넓게 만들어, 정확하지 않거나 관련성이 떨어지는 답변을 유도할 수 있습니다. 따라서 구체적인 질문을 통해 AI가 답변할 수 있는 범위를 명확히 제한하고, 사용자에게 가장 관련성 높은 정보를 제공할 수 있도록 해야 합니다.

**예시**
- **일반적인 질문:** "프로그래밍 언어에 대해 설명해줘."
- **구체적인 질문:** "Python의 리스트를 정렬하는 방법을 예제 코드와 함께 설명해줘."

프롬프트가 구체적이고 명확할수록 AI가 제공하는 응답의 관련성이 높아집니다. 이는 특히 복잡한 문제를 해결하거나 상세한 정보를 필요로 하는 상황에서 매우 중요합니다. 구체적인 질문은 AI가 정확한 맥락을 이해하도록 도와주며, 불필요한 해석의 여지를 줄여 정확한 답변을 받을 확률을 높입니다. 또한, 구체적인 예시나 조건을 포함한 프롬프트는 AI의 답변 품질을 더욱 향상시킬 수 있습니다.

## 단계별 질문하기

한 번에 질문을 하기보다는, 복잡한 요청의 경우 여러 단계로 나누어 질문하면 AI가 각 단계를 명확히 이해하고 처리할 수 있습니다. 단계별 접근은 큰 문제를 해결하는 데 유용하며, 각 단계에서 구체적인 답변을 얻을 수 있습니다. 이는 특히 복잡한 작업이나 연속적인 작업을 처리할 때 유용합니다. 이렇게 하면 AI가 각 단계의 요구 사항을 보다 명확히 이해하고, 사용자에게 더 정확한 답변을 제공할 수 있습니다.

### 예시

- **단계별 질문:**

"Python에서 리스트를 생성하는 방법을 알려줘."
"이 리스트를 오름차순으로 정렬하는 코드를 작성해줘."
"정렬된 리스트를 데이터 프레임으로 만드는 방법을 설명해줘."

이 예시는 파이썬 프로그램의 리스트를 생성하고, 정렬하고, 변환하는 각 단계를 3단계로 명확하게 나누어 질문하는 방식입니다. 질문을 분리하여 답변하는 과정을 보다 명확하게 알 수 있고, 수정이 필요한 경우 더 원활하게 대응할 수 있습니다.

## 다양한 형식 요청하기

AI의 응답을 다양한 형식으로 요청하면, 사용자는 필요에 따라 정보의 형식을 조정할 수 있습니다. 예를 들어, 목록, 표, 요약문 등 특정 형식을 지정하여 요청하면 AI가 제공하는 정보를 보다 이해하기 쉽게 만들 수 있습니다.

파리의 주요 관광지를 표 형식으로 정리해줘.

예시1

🟢 파리의 주요 관광지를 표로 정리하여 관광지명, 위치, 특징을 포함해 아래와 같이 작성해 보았습니다.

| 관광지명 | 위치 | 특징 |
| --- | --- | --- |
| 에펠탑 | 샹드마르스 공원 근처 | 파리의 상징적 랜드마크로, 꼭대기 전망대에서 파리 전경 감상 가능 |
| 루브르 박물관 | 1구, 세느 강변 | 모나리자와 밀로의 비너스 등 세계적인 예술 작품을 소장한 세계 최대 규모의 박물관 |
| 노트르담 대성당 | 시테 섬 | 고딕 건축의 걸작으로 유명하며, 2019년 화재 이후 복구 작업 중 |
| 개선문 | 샹젤리제 거리 서쪽 | 나폴레옹이 전승을 기념해 세운 건축물로, 전망대에서 샹젤리제 거리와 라데팡스까지 조망 가능 |
| 몽마르트 언덕 | 18구, 몽마르트 | 예술가들이 사랑한 지역으로, 사크레쾨르 대성당과 예술가들의 거리인 테르트르 광장 위치 |
| 오르세 미술관 | 7구, 세느 강변 | 19세기 인상파와 후기 인상파 작품들을 전시하는 미술관, 고풍스러운 철도역 건물 내에 위치 |
| 생트 샤펠 | 시테 섬 | 화려한 스테인드글라스 창으로 유명한 고딕 양식의 교회 |
| 베르사유 궁전 | 파리 외곽 | 루이 14세의 호화로운 궁전으로, 거울의 방과 대규모 정원이 유명 |
| 샹젤리제 거리 | 개선문에서 콩코르드 광장까지 | 파리의 대표적인 거리로, 고급 상점과 카페, 극장 등이 즐비해 있음 |
| 팡테온 | 5구, 라탱 지구 | 위대한 인물들이 묻힌 곳으로, 거대한 돔과 네오클래식 건축 양식이 특징 |
| 라데팡스 | 파리 서부 | 파리의 현대적인 업무 지구로, 그랑 아르슈(대형 아치형 건축물)로 유명 |
| 바스티유 오페라 극장 | 바스티유 광장 | 파리의 주요 오페라 극장으로, 현대적인 건축 양식과 다양한 오페라 및 발레 공연 |
| 튈르리 정원 | 루브르 박물관 인근 | 프랑↓ㅣ정원으로, 조각상과 분수가 있으며, 파리 시민들의 휴식 공간으로 유명 |

[이미지 2.1] 표 형식

 이 질문은 AI가 질문에 대한 응답을 표 형식으로 제공하도록 유도하여, 사용자가 비교 분석하기 쉽게 만듭니다. 마치 사람에게 요청하듯, 명확한 요구사항은 ChatGPT가 제공하는 응답을 더욱 명확하고 유용하게 만듭니다.

## 프롬프트를 구성하기 위한 6가지 구성요소

이제, 보다 구체적이고 유용한 프롬프트를 작성하기 위해 고려해야 할 6가지 핵심 구성요소를 살펴보겠습니다. 이 구성 요소들은 AI가 사용자의 요구를 정확하게 이해하고, 기대에 부응하는 답변을 생성하는 데 필수적인 역할을 합니다.

이 파트의 앞부분에서 다룬 구체적인 질문하기, 단계별 질문하기, 다양한 형식 요청하기와 마찬가지로, 구체적인 프롬프트 작성은 AI의 응답 품질을 높이는 데 중요한 요소입니다. 그러나 단순히 질문을 명확하게 하는 것만으로는 충분하지 않습니다. 사용자가 원하는 결과를 얻기 위해서는 더 깊이 있는 프롬프트 엔지니어링이 필요합니다. 여기에는 명령(Task), 맥락(Context), 페르소나(Persona), 예시(Example), 포맷(Format), 어조(Tone)의 6가지 요소(TCPEFT)를 고려하는 것이 포함됩니다.

각각의 구성요소가 왜 중요한지, 그리고 이를 효과적으로 활용하는 방법에 대해 구체적으로 설명하겠습니다.

### 1. 명령 (Task)

명령은 프롬프트의 핵심입니다. AI가 무엇을 해야 하는지 명확하게 지시하는 부분으로, AI의 응답 방향성을 결정합니다. 명확한 명령은 AI가 무엇을 해야 하는지 정확히 이해하도록 하며, 잘못된 해석을 방지합니다. 명령이 모호할 경우, AI의 응답도 마찬가지로 모호하거나 부정확할 수 있습니다.

> Python을 사용하여 두 숫자의 합을 구하는 코드를 작성해줘.
> 예시 프롬프트

## 2. 맥락 (Context)

맥락은 AI가 작업을 수행할 때 필요한 배경 정보와 상황을 의미합니다. 질문의 맥락이 명확할수록 AI는 더욱 관련성 높은 응답을 제공할 수 있습니다. 반면, 맥락이 부족하면 AI는 사용자의 요청을 제대로 이해하지 못할 수 있습니다. 예를 들어, 단순히 "날씨를 알려줘"라고 묻는다면, 어떤 지역의 날씨를 알고 싶은지 알 수 없어 답변이 모호해질 수 있습니다.

내가 최근에 작성한 보고서에서는 환경오염 문제를 다뤘는데, 이와 관련된 최신 연구 자료를 요약해줘.

예시 프롬프트

## 3. 페르소나 (Persona)

페르소나는 AI가 특정 역할을 맡아 답변하도록 유도하는 방법입니다. 특정 역할을 지정함으로써, AI는 해당 역할에 맞는 답변을 제공할 수 있습니다. 페르소나를 설정하면 AI가 특정 영역에 대한 전문 지식을 반영하여 응답할 수 있습니다. 이는 사용자에게 더욱 신뢰할 수 있는 정보를 제공하는 데 도움이 됩니다.

너는 역사 학자야. 20세기 초반 산업 혁명 이후 유럽 사회가 어떻게 변화했는지 설명해줘.

예시 프롬프트

## 4. 예시 (Example)

예시는 AI가 이해하고 응답을 생성하는 데 참고할 수 있는 구체적인 사례를 의미합니다. 프롬프트에 예시를 함께 제공하면 AI가 사용자가 원하는 답변 스타일이나 형식을 더 명확히 파악할 수 있습니다. 이를 통해 AI는 사용자 기대에 부합하는 형태로 응답을 생성하게 됩니다. 예시를 활용함으로써 AI는 특정한 형식이나 스타일을 더 잘 이해하고, 사용자가 원하는 방향으로 답변을 제공할 수 있습니다.

Python의 리스트를 정렬하는 방법을 알려줘. 예를 들어, [3, 1, 2]이라는 리스트를 오름차순으로 정렬하는 코드를 작성해줘.

예시 프롬프트

## 5. 포맷 (Format)

포맷은 AI가 응답을 작성할 때 따를 형식이나 구조를 지정하는 것을 의미합니다. 특정한 형식을 지정하여 정보를 요청하면, AI는 그에 맞춰 결과를 체계적이고 쉽게 이해할 수 있는 방식으로 제공합니다. 이렇게 포맷을 설정하면 데이터가 일관되게 제시되어 사용자가 정보를 이해하고 활용하는 데 도움이 됩니다. 특히, 향후 프로그래밍에 활용하거나 동일한 포맷으로 반복적으로 사용할 경우 유용한 지시사항이 될 수 있습니다.

세계 주요 도시의 인구를 표 형식으로 정리해줘.

예시 프롬프트

## 6. 어조 (Tone)

어조는 AI가 응답을 작성할 때 사용하는 스타일이나 말투를 지정하는 요소입니다. 이는 AI의 응답이 특정 청중이나 목적에 적합하게 작성되도록 도와줍니다. 어조를 지정하면 AI가 보다 일관성 있고 목적에 맞는 어조로 응답을 제공할 수 있습니다. 이는 특히 특정 분위기나 스타일이 중요한 상황에서 유용합니다.

따뜻하고 위로하는 말투로 스트레스를 받았을 때 어떻게 하면 마음이 편안해질 수 있는지 알려줘.

예시 프롬프트

프롬프트의 6가지 요소인 명령(Task), 맥락(Context), 페르소나(Persona), 예시(Example), 포맷(Format), 어조(Tone)는 AI가 사용자의 요청을 더 잘 이해하고, 기대에 부응하는 응답을 생성하는 데 큰 도움이 됩니다. 프롬프트 작성 시 이러한 요소들을 신중하게 고려하면, ChatGPT와 같은 AI 도구를 더욱 효과적으로 활용할 수 있으며, 정확하고 유용한 결과를 얻을 확률이 높아집니다.

## 프롬프트 출력 팁

추가적인 명령어를 활용하여 GPT의 출력 스타일을 조정할 수 있습니다. 이 기능은 사용자가 인공지능 모델의 응답을 자신의 필요에 맞게 세밀하게 설정할 수 있는 강력한 도구입니다.

이 기능을 통해 사용자는 프롬프트에 명령어를 입력한 후, 추가적인 출력 스타일 설정 명령어를 사용하여 GPT의 응답 톤(Tone)과 문체(Writing style)를 자유롭게 조정할 수 있습니다. 스타일 명령어는 일반적으로 프롬프트 마지막에 tone = Friendly, 또는 tone : Friendly와 같이 명시하여 사용합니다.

출력 스타일의 조정은 텍스트 생성 과정에서 큰 차이를 만듭니다. 톤은 문장에 담긴 감정적 분위기를 조절하며, 문체는 글의 내용적 측면에서의 분위기와 표현 방식을 형성합니다. 예를 들어, 따뜻하고 위로하는 톤으로 설정하면 부드럽고 친절한 어조로 답변이 제공되며, 공식적이고 전문적인 문체로 설정하면 더 구조적이고 객관적인 정보가 강조된 응답을 생성할 수 있습니다.

톤과 문체는 서로 유사한 개념으로 보일 수 있지만, 실제로는 문장에 생동감을 불어넣고 글의 흐름을 결정하는 중요한 요소입니다.

먼저, 톤의 종류에 대해 표로 살펴보고 예시 프롬프트를 확인하겠습니다.

| Tone (어조) | Description (설명) |
|---|---|
| Humorous (유머러스한) | 유머와 재미를 포함하는 어조로, 독자에게 웃음을 주고 경쾌한 분위기를 조성하는 스타일 |
| Concise (간결한) | 간결하고 명료한 표현을 사용하는 어조로, 짧고 직접적으로 정보를 전달하는 스타일 |
| Emotional (감정적) | 감정적인 요소를 강조하여 감동을 주거나 감정에 대한 공감을 유도하는 스타일 |
| Clinical (임상적인) | 과학적이고 객관적인 어조로, 사실과 데이터 중심의 정보 전달 스타일 |
| Playful (장난스러운) | 재미있고 가벼운 분위기를 조성하며, 장난스럽고 유머러스한 표현을 사용하는 스타일 |
| Authoritative (권위 있는) | 주제에 대해 전문적이고 자신감 있는 태도를 나타내며, 권위 있고 명확한 스타일 |
| Cold (냉담한) | 감정적으로 거리를 두고, 냉담하거나 무관심한 어조를 유지하며 감정 표현을 최소화하는 스타일 |
| Friendly (친근한) | 독자와 친밀한 관계를 유지하려는 따뜻하고 긍정적인 어조의 스타일 |

| 스타일 | 설명 |
|---|---|
| Formal (정형화된) | 격식을 차리고 공식적인 표현을 사용하는 스타일로, 비즈니스 문서나 공적 행사에서 적합 |
| Sympathetic (공감하는) | 상대방의 감정이나 어려움에 공감하고 이해를 표명하는 어조로, 지지와 동정심을 나타내는 스타일 |
| Persuasive (설득적인) | 논리적인 근거와 강력한 주장을 통해 독자를 설득하려는 스타일 |
| Tentative (잠정적인) | 확신이 부족한 상황에서 신중하게 표현하는 어조로, '조심스럽게 말하자면', '잠정적으로'와 같은 표현을 사용하는 스타일 |
| Warm (따뜻한) | 독자에게 편안함과 우호적인 감정을 전달하며, 따뜻하고 친근한 분위기를 조성하는 어조 |
| Pessimistic (비관적인) | 부정적인 결과나 상황을 예상하고 강조하며, 염세적인 시각을 나타내는 스타일 |
| Ironic (역설적, 아이러니한) | 반어적인 표현을 통해 상황이나 말의 의미를 뒤집어 전달하며, 종종 비꼬는 어조를 사용하여 유머와 비판을 동시에 담는 스타일 |
| Optimistic (낙관적인) | 긍정적이고 희망적인 태도를 유지하며, 밝고 긍정적인 시각을 전달하는 스타일 |
| Serious (진지한) | 중요한 주제나 심각한 상황을 다룰 때 사용되는 어조로, 엄숙하고 진지한 분위기의 스타일 |
| Sarcastic (풍자적인) | 풍자적이고 비꼬는 어조를 통해 비판이나 조롱을 하는 스타일 |
| Informal (비공식적인) | 자유롭고 일상적인 표현을 사용하는 어조로, 대화체로 친숙하고 편안한 느낌을 주는 스타일 |
| Defalt (기본) | 기본값으로, 특별한 분위기나 스타일 없이 일반적인 응답을 생성하는 스타일 |
| Empathetic (공감하는) | 상대방의 감정이나 상황에 깊이 공감하고 이해를 나타내는 따뜻한 어조의 스타일 |

인공지능에 대해 쉽게 설명해줘. tone = Friendly

예시 프롬프트

다음은 문체의 종류에 대해서 살펴보고, 예시 프롬프트를 확인해보겠습니다.

| Writing Style (문체) | Description (설명) | Ideal Use Cases (최적활용사례) |
|---|---|---|
| Defalt (기본) | 기본값, 특정한 특성 없음 | 제한 없음 |
| Academic (학문적인) | 적절한 인용 및 참조가 포함된 형식적이고 학술적인 스타일 | 논문, 에세이, 연구제안서, 실험보고서와 같은 객관적 출판물 |
| Analytical (분석적인) | 논리적이고 체계적인 조사 및 평가를 통해 주제나 문제를 분석하는 스타일 | 영화 리뷰, 사례 연구, 작품 분석, 시장 분석 보고서 |
| Argumentative (논쟁적인) | 주장과 이를 뒷받침하는 증거와 추론을 제시하는 글 | 토론, 논문, 논설문 |
| Conversational (회화체) | 논리적이고 체계적인 조사 및 평가를 통해 주제나 문제를 분석하는 스타일 | 블로그 포스팅, 간단한 이야기 |
| Creative (창의적인) | 아이디어를 발휘하고 독창성을 강조하는 창의적인 스타일 | 시, 소설 |
| Critical (비평적인) | 강점과 약점을 분석하고 평가하는 비판적 글쓰기 스타일 | 서평, 비평 |
| Descriptive (묘사적인) | 사람, 장소, 사물에 대해 생생하고 세밀하게 묘사하는 스타일 | 소설, 여행 기록, 자연 경치 설명 |
| Epigrammatic (에피그램) | 재치 있고 간결한 표현을 사용하는 스타일 | 짧은 명언, 소설, 속담 |
| Epistolary (편지체/서간체) | 편지나 일기 형식의 글쓰기 스타일 | 편지 |

| 스타일 | 설명 | 예시 |
| --- | --- | --- |
| Expository (해설적) | 정보를 설명하고 명확하게 전달하는 스타일 | 설명서, 교과서, 기술 문서 |
| Informative (정보전달적인) | 정보를 제공하는 교육적이고 설명적인 스타일 | 뉴스 기사, 설명서 |
| Instructive (지시적) | 지시하거나 가르치는 스타일 | 안내문, 매뉴얼, 교육 자료 |
| Journalistic (저널리즘적) | 신문기사 같은 객관적이고 정보 중심의 스타일 | 뉴스기사, 사설, 칼럼 |
| Metaphorical (은유적) | 비유나 은유를 사용하여 표현하는 스타일 | 시, 소설 |
| Narrative (서술적) | 생생한 이야기와 경험을 전달하여 공감을 불러일으키는 스타일 | 소설, 단편소설, 여행 기록 |
| Persuasive (설득적) | 논리적 또는 감정적으로 설득력 있는 스타일 | 광고, 스피치, 에세이 |
| Poetic (시적) | 시적이고 운율이 있는 표현을 사용하는 스타일 | 시, 시조, 운문 |
| Satirical (풍자적) | 풍자, 비꼬기, 빈정거림을 통해 비판하는 스타일 | 풍자 시, 풍자 소설 |
| Technical (기술적) | 기술, 과학, 공학 등에서 정확한 용어를 사용하여 전문적이고 기술적인 정보를 제공하는 스타일 | 과학, 기술, 의학 등의 논문, 보고서, 설명서 |

아침 햇살이 눈부심을 아름답게 표현하고 싶어. wrting style = Descriptive Style
예시 프롬프트

AI 응답
아침 햇살의 눈부심은 자연의 경이로운 현상 중 하나로, 태양이 지평선 위로 서서히 떠오르며 세상을 밝히는 순간, 빛이 공기 중의 미세 입자에 부딪혀 반사되면서 찬란하게 퍼져 나갑니다. 이러한 현상은 햇빛의 강렬함과 부드러움이 조화롭게 어우러지면서, 풍경에 생기를 불어넣고 시각적으로 황홀한 광경을 연출합니다. 특히, 아침 햇살의 눈부심은 물체의 윤곽을 더욱 뚜렷하게 드러내며, 순간적으로 우리 눈에 빛과 그림자의 다채로운 스펙트럼을 선사합니다. 이러한 빛의 역동적인 변주는 햇빛과 대기의 상호작용이 빚어내는 정교한 예술 작품이라 할 수 있습니다.

추가로, Top-k와 max tokens 설정을 통해 ChatGPT가 응답을 생성할 때 선택할 수 있는 단어의 범위와 길이를 제한할 수 있습니다. Top-k 설정의 경우 다음 단어를 생성할 때, 상위 k개의 가능성이 가장 높은 후보 단어 중에서 선택한다는 뜻으로 k의 숫자가 커질수록 더욱 창의적인 답변을 하게 됩니다. max tokens 설정은 텍스트의 최대 길이를 제한하는 설정으로 값이 클수록 더 긴 응답을 생성할 수 있습니다. 일반적으로 1 token은 약 4~5글자에 해당하며, 50 tokens는 대략 한 문장이나 두 문장 정도, 500 tokens는 수백 단어에 해당하는 긴 문장을 생성할 수 있는 양입니다.

행복이란게 무엇인지 설명해줘. Top-k = 5, max tokens = 10
예시 프롬프트

이러한 세부적인 조정을 통해 GPT는 보다 풍부하고 자연스러운 답변을 생성할 수 있으며, 사용자는 자신의 요구에 가장 잘 맞는 고품질의 응답을 얻을 수 있습니다.

## 예시 프롬프트와 실습

이제 본격적으로 실제 업무나 일상 생활에서 활용할 수 있는 프롬프트 예시를 통해 직접 연습해보겠습니다.

### 연습 1: 시간 관리 계획 수립

ChatGPT를 포함한 LLM 기반 생성형 AI를 활용할 때 가장 중요한 사항은 구체적인 질문을 하는 것입니다. 구체적인 질문은 AI가 명확한 맥락을 이해하고, 보다 정확하고 유용한 답변을 제공할 수 있도록 돕습니다. 모호한 질문은 AI가 응답할 수 있는 범위를 넓게 만들어, 정확하지 않거나 관련성이 떨어지는 답변을 유도할 수 있습니다. 따라서 구체적인 질문을 통해 AI가 답변할 수 있는 범위를 명확히 제한하고, 사용자에게 가장 관련성 높은 정보를 제공할 수 있도록 해야 합니다.

**상황:** 업무 효율을 높이기 위해 주간 업무 스케줄을 효율적으로 계획하고자 합니다.

업무 스케줄 짜줘.

초기 프롬프트

평일인 월요일부터 금요일까지 매일 오전 9시부터 오후 6시까지의 시간을 효과적으로 활용할 수 있는 주간 업무 스케줄을 작성해줘. 주요 업무는 프로젝트 기획, 팀 회의, 보고서 작성이며, 집중력이 높은 오전 시간대를 활용하고, 중간에 휴식 시간을 포함해줘.

개선된 프롬프트

AI의 답변

월요일 ~ 금요일: 9:00 AM ~ 6:00 PM 주간 스케줄

월요일

09:00 ~ 10:30: 프로젝트 기획 (중요한 아이디어 도출 및 계획 수립)
10:30 ~ 10:45: 짧은 휴식 (스트레칭 및 커피/차 시간)
10:45 ~ 12:00: 프로젝트 관련 자료 조사 및 분석
12:00 ~ 13:00: 점심 시간
13:00 ~ 14:30: 팀 회의 (주간 계획 조율 및 협업 논의)
14:30 ~ 15:00: 짧은 휴식
15:00 ~ 17:00: 보고서 작성 (진행 상황 보고서 또는 회의 내용 요약)
17:00 ~ 18:00: 메일 확인 및 하루 업무 정리.

화요일

09:00 ~ 10:30: 프로젝트 세부 계획 작성 및 목표 설정
10:30 ~ 10:45: 짧은 휴식
10:45 ~ 12:00: 팀 회의를 위한 자료 준비
12:00 ~ 13:00: 점심 시간
13:00 ~ 14:30: 팀 회의 (프로젝트 진행 상황 점검)
14:30 ~ 15:00: 짧은 휴식
15:00 ~ 17:00: 보고서 초안 작성 및 수정
17:00 ~ 18:00: 프로젝트 관련 문서 정리

수요일

09:00 ~ 10:30: 집중 업무 시간 (기획 내용 정리 및 피드백 반영)
10:30 ~ 10:45: 짧은 휴식
10:45 ~ 12:00: 프로젝트 기획서 작성
12:00 ~ 13:00: 점심 시간
13:00 ~ 14:30: 팀 회의 준비 및 커뮤니케이션
14:30 ~ 15:00: 짧은 휴식
15:00 ~ 17:00: 보고서 검토 및 수정
17:00 ~ 18:00: 메일 확인 및 업무 정리

중략 >

스케쥴표 작성시 명확한 지시 사항을 통해 보다 일관된 구조를 가진 답변을 얻을 수 있습니다.

## 연습 2: 전문 용어 이해하기

**상황:** 새로운 프로젝트에서 등장한 전문 용어를 이해하고 싶습니다.

> 블록체인 컨센서스 알고리즘이 뭐야?

초기 프롬프트

> 블록체인 컨센서스 알고리즘이 무엇인지 쉽게 설명해줘. 배경 지식이 없는 중학생 수준에서 이해할 수 있도록 비유를 사용해서 설명해줘.

개선된 프롬프트

AI의 답변

블록체인 컨센서스 알고리즘은 여러 사람들이 모두 같은 정보를 공유하고, 그 정보가 정확하다는 데 동의하도록 만드는 방법을 말합니다. 이를 쉽게 설명하기 위해 학교 친구들과의 투표 상황을 비유로 들어볼게요.

비유: 친구들과의 투표
어느 날, 학교에서 점심 메뉴를 고르는 투표를 한다고 상상해봅시다. 친구들 중 몇 명이 이 투표를 관리해야 하고, 그 중 누군가가 모든 사람이 올바른 투표 결과를 공유하고 있는지 확인하는 역할을 맡는다고 할 수 있겠죠. 이때 중요한 점은 모든 친구들이 같은 결과를 알고 있어야 한다는 것입니다. 만약 일부 친구들만 투표 결과를 알고, 다른 친구들은 엉뚱한 결과를 가지고 있다면 문제가 생기겠죠? 그래서 우리는 모두가 같은 정보를 가지고 있다는 것을 확실히 해야 합니다. 이것이 컨센서스(합의)입니다.

AI의 답변

### 컨센서스 알고리즘의 역할
블록체인에서도 여러 컴퓨터(노드)가 같은 정보를 기록하는데, 이 과정에서 모두가 같은 결과에 동의해야 합니다. 블록체인에서는 이 합의를 도출하는 방법이 바로 컨센서스 알고리즘입니다.

### 대표적인 컨센서스 알고리즘
작업 증명(Proof of Work, PoW): 친구들 중 하나가 수학 문제를 풀고 그 답을 알려주는 것과 비슷합니다. 문제를 푼 친구가 맞다면, 다른 친구들도 그 답에 동의하게 됩니다. 이를 통해 다들 같은 정보에 동의하는 것이죠. 하지만 이 방법은 수학 문제를 푸는 데 시간이 걸리고, 에너지가 많이 듭니다.

지분 증명(Proof of Stake, PoS): 여기서는 수학 문제 대신, 친구들 중 일부가 점심 메뉴를 선택할 권리를 미리 가지고 있는 방식입니다. 이들은 점심 메뉴에 투표할 때, 자신이 가지고 있는 권리를 활용해 더 빠르게 결정할 수 있습니다.

### 결론
블록체인의 컨센서스 알고리즘은 여러 사람들이(또는 컴퓨터들이) 같은 정보를 가지고 있다는 것을 확인하는 방법이에요. 친구들 사이에서 투표 결과를 모두가 동일하게 받아들이는 것처럼, 블록체인에서는 여러 컴퓨터가 같은 데이터를 공유하고 동의하도록

중략 〉

복잡한 알고리즘에 대해 보다 쉽고 친절한 설명으로 작성되었습니다. 초등학생도 이해할만한, 대학원생 논문 수준으로 등, 다양한 형태의 답변을 요구할 수 있습니다.

## 연습 3: 고객 만족도 설문 작성

**상황:** 제품 출시 후 고객 만족도 조사를 위한 설문지를 만들고자 합니다.

설문지 만들어줘.

초기 프롬프트

우리 회사의 신제품인 스마트 워치에 대한 고객 만족도 설문지를 만들어줘. 제품의 디자인, 기능, 가격, 사용 편의성에 대한 질문을 포함하고, 각 항목은 5점 척도로 평가할 수 있게 해줘. 추가로 개선 사항을 묻는 주관식 문항도 포함해줘.

개선된 프롬프트

AI의 답변

스마트 워치 고객 만족도 설문지
안녕하세요! 저희 스마트 워치를 사용해 주셔서 감사합니다. 고객님의 소중한 의견은 저희 제품 개선에 큰 도움이 됩니다. 아래 설문 항목에 솔직한 답변 부탁드립니다.

1. 제품 디자인에 대한 만족도
제품의 외관, 스타일, 크기, 색상 등 디자인 전반에 대해 어떻게 생각하시나요?
(1: 매우 불만족, 5: 매우 만족)
1 매우 불만족
2 불만족
3 보통
4 만족
5 매우 만족

AI의 답변

2. 제품 기능에 대한 만족도
스마트 워치의 기능(예: 건강 모니터링, 알림, 배터리 성능 등)에 대해 어떻게 평가하시나요?
(1: 매우 불만족, 5: 매우 만족)
1 매우 불만족
2 불만족
3 보통
4 만족
5 매우 만족

3. 가격 대비 만족도
스마트 워치의 가격에 비해 성능 및 품질이 만족스러우신가요?
(1: 매우 불만족, 5: 매우 만족)
1 매우 불만족
2 불만족
3 보통
4 만족
5 매우 만족

4. 사용 편의성에 대한 만족도
스마트 워치의 조작법, 인터페이스, 착용감 등 사용 편의성에 대해 어떻게 생각하시나요?
(1: 매우 불만족, 5: 매우 만족)
1 매우 불만족
2 불만족
3 보통
4 만족
5 매우 만족

추가 질문 (주관식)
5. 개선이 필요하다고 생각되는 부분이 있다면 자유롭게 작성해 주세요.
(예: 디자인, 기능, 가격, 사용성 등)

감사합니다! 고객님의 피드백은 저희 제품 개선에 소중하게 반영됩니다.

중략 >

## 마무리

이번 챕터에서는 ChatGPT와 같은 언어 모델(LLM)을 최대한 효과적으로 활용하기 위한 프롬프트 작성법을 다루었습니다. 우리는 "구체적인 질문하기", "단계별 질문하기", "다양한 형식 요청하기"라는 세 가지 핵심 전략을 통해 프롬프트 작성의 기본 원칙과 프롬프트의 6가지 요소인 프롬프트 프레임워크를 배웠습니다. 또한 필요시 활용할 수 있는 Tone과 Writing style 조정을 통해 어투를 변경하는 기능을 학습했습니다. 이러한 전략들을 활용하여 ChatGPT의 답변 품질을 높이고, 다양한 상황에서 AI를 더욱 효과적으로 활용할 수 있습니다.

첫 번째로, 구체적인 질문하기는 AI가 보다 명확한 맥락을 이해하고, 그에 따라 정확하고 유용한 답변을 제공할 수 있도록 돕습니다. 두 번째로, 단계별 질문하기는 복잡한 문제를 작은 단계로 나누어 각 단계에서 구체적인 답변을 얻는 데 유용합니다. 세 번째로, 다양한 형식 요청하기는 특정 형식으로 정보를 제공받아 이해를 돕고, 필요한 정보를 더욱 쉽게 활용할 수 있게 합니다. 마지막으로 프롬프트 프레임워크는 다양한 상황에서 보다 높은 수준의 답변을 얻을 수 있도록 가이드 해줍니다.

이러한 전략들을 통해 ChatGPT의 잠재력을 최대한 활용하고, 다양한 응용 상황에서 AI와의 상호작용을 최적화할 수 있습니다. 더 나아가, 실제 예시와 실습을 통해 이 원칙들을 적용하는 방법을 연습함으로써, 프롬프트 작성에 대한 능력을 향상하고 더 나은 결과를 얻을 수 있을 것입니다.

다음 챕터에서는 이러한 프롬프트 엔지니어링 기술들을 사용하여 실제 업무와 일상생활에 어떻게 적용할 수 있는지 자세히 알아보겠습니다.

# CHAPTER 3

# 일상 생활에서의
# 활용법

나만의 여행 플래너

나만의 요리사

나만의 외국어 과외 선생님

나만의 검색 엔진

# 03
## 일상 생활에서의
## 활용법

  ChatGPT는 현대인의 일상 속에서 다채롭게 활용될 수 있는 도구입니다. 여행 플래너, 요리사, 외국어 과외 선생님, 검색 엔진 등 사용자가 원하는 다양한 역할을 수행 가능하며, 사용자의 필요에 맞춘 맞춤형 서비스를 제공합니다. 이번 챕터에서는 ChatGPT가 어떻게 일상 생활에서 도움을 줄 수 있는지 간단히 소개합니다.

**나만의 여행 플래너**

  여행 계획은 설렘과 함께 여러 가지 선택의 과정을 필요로 합니다. ChatGPT는 사용자의 취향에 맞춘 여행지를 추천하고, 이동 경로와 숙소 정보를 제공하는 등, 맞춤형 여행 플래너 역할을 합니다.

**나만의 요리사**

  새로운 요리를 시도하거나 재료를 활용하고 싶을 때, ChatGPT는 다양한 레시피와 요리 팁을 제공할 수 있습니다. 주어진 재료에 맞는 요리를 추천하고, 조리법을 단계별로 설명해 주며 집에서도 쉽게 요리를 즐길 수 있도록 돕습니다.

### 나만의 외국어 과외 선생님

외국어를 배우고 싶을 때, 언어 학습을 도울 수 있는 ChatGPT는 문법, 단어 연습, 회화 연습 도구로 활용할 수 있으며, 개인 맞춤형 학습 경험을 지원합니다. 실시간 피드백을 통해 학습 과정을 보다 쉽게 이어 나갈 수 있으며, 사용자가 학습하고 싶은 주제나 상황을 구체적으로 지정하면 그에 맞춘 학습 자료와 연습 문제를 제공합니다.

### 나만의 검색 엔진

필요한 정보를 신속하게 찾고자 할 때, ChatGPT는 검색 엔진 역할을 수행합니다. 질문을 이해하고 요약된 정보를 제공하여, 맞춤형 답변을 통해 복잡한 정보 탐색을 단순화합니다. 검색 주제를 보다 구체적으로 정의할수록, 더욱 정밀한 정보를 얻을 수 있습니다. 예를 들어 특정 날짜의 주식시장 현황이나, 특정 지역의 여행 정보 등을 구체적으로 요청하면 그에 맞는 맞춤형 결과를 제공합니다.

이처럼 ChatGPT는 다양한 역할을 수행하며, 일상 생활의 여러 측면에서 편리한 디지털 파트너로 사용될 수 있습니다. 다양한 상황에서 구체적이고 명확한 질문을 통해 더욱 유용한 정보를 얻을 수 있으며, 이를 통해 일상에서의 편의성을 극대화할 수 있습니다.

## 나만의 여행 플래너

여행은 우리 삶에 새로운 활력을 불어넣고, 세상에 대한 시야를 넓혀주는 소중한 경험입니다. 하지만 한 번도 여행을 가보지 않은 사람에게는 어디서부터 시작해야 할지 막막하게 느껴질 수 있습니다. 특히 해외 여행이라면 언어, 문화, 교통 등 낯선 환경에서의 준비가 필요하죠. 이번 장에서는 ChatGPT를 활용하여 처음 여행을 계획하는 독자들도 손쉽게 나만의 여행 플래너를 만들어보는 방법을 소개하겠습니다. 일본 여행을 예시로 들어, 단계별로 어떻게 계획을 세우고 정보를 얻을 수 있는지 알아보겠습니다.

### ChatGPT를 여행 플래너로 활용하기

ChatGPT는 광범위한 지식과 정보를 바탕으로 여행 계획에 필요한 다양한 도움을 제공합니다. 목적지 선정부터 일정 구성, 숙소 추천, 현지 정보까지, 마치 개인 여행 컨설턴트처럼 활용할 수 있습니다. 예를 들어, 사용자가 특정 예산 내에서 편안한 숙소를 찾고 싶다면, ChatGPT는 지역별로 가격대에 맞는 숙박 시설을 추천해줄 수 있습니다. 또한, 사용자의 관심사에 따라 역사적인 명소, 현대적인 관광지, 혹은 자연 경관이 아름다운 곳 등 다양한 목적지를 제안할 수 있습니다.

또한, ChatGPT는 단순한 정보 제공에 그치지 않고, 사용자의 일정을 효율적으로 배치해주거나 예상 이동 시간까지 고려해주는 등 더 깊이 있는 계획을 세우도록 도와줍니다. 예를 들어, 도쿄에서의 첫날 오후에는 아사쿠사와 스미다 강 근처를 방문하고, 저녁에는 스카이트리 전망대를 추천하는 방식으로 여행의 동선을 효율적으로 계획할 수 있습니다. 이를 통해 사용자는 시간과 비용을 절약할 수 있고, 여행의 경험을 극대화할 수 있습니다.

보다 잘 활용하기 위해서는 질문을 최대한 구체적으로 작성해야 합니다. 단순히 '일본 여행 가고 싶어'라고 묻기보다는, '4박 5일 동안 일본 도쿄와 교토를 여행하고 싶어. 예산은 100만 원 정도이고, 전통문화와 맛있는 음식을 경험하고 싶어'와 같은 방식으로 질문을 작성하면, 보다 세부적이고 맞춤형의 답변을 받을 수 있습니다. 질문의 구체성에 따른 답변의 차이를 확인해보겠습니다.

**예시 1: 간단한 질문**

프롬프트

일본 여행 가고 싶은데 어떻게 해야 해?

AI의 답변

일본 여행을 계획하는 데 도움이 될 수 있는 몇 가지 기본 단계를 알려드릴게요:

1. 여권 준비
일본에 가려면 유효한 여권이 필요합니다. 여권의 만료일이 여행 종료일로부터 최소 6개월 이상 남아 있는지 확인하세요.

2. 비자 확인
한국 국적자는 관광 목적으로 90일 이하 체류할 경우 비자가 필요 없습니다. 하지만 다른 목적으로 가는 경우, 비자 요건을 확인해야 합니다.

3. 항공권 예약
일본 주요 도시(도쿄, 오사카, 후쿠오카 등)로 가는 항공편을 예약하세요. 출발일과 예산에 맞는 항공편을 검색하고 미리 예약하는 것이 좋아요.

4. 숙소 예약
호텔, 게스트하우스, 에어비앤비 등 다양한 숙박 옵션이 있으니 원하는 위치와 예산에 맞게 숙소를 선택하세요. 도쿄의 경우 신주쿠, 시부야 같은 인기 지역이 좋고, 교토나 오사카도 관광하기에 편리한 지역들이 많아요.

5. 교통카드 준비
일본의 교통 시스템은 매우 발달되어 있어, JR 패스나 지역별 교통카드를 준비하는 것이 편리합니다. JR 패스는 일본 전역을 기차로 여행할 계획이라면 유용할 수 있어요.

AI의 답변

6. 여행 일정 계획
일본에서 방문하고 싶은 도시나 명소를 정리하고, 그에 따라 일정을 계획하세요. 예를 들어, 도쿄에서는 스카이트리, 아사쿠사, 하라주쿠 등이 인기 있고, 교토에서는 금각사, 후시미 이나리 신사, 기온 등이 유명해요.

7. 환전 및 결제 준비
일본에서는 현금 사용이 아직도 널리 사용되므로 엔화로 일부 환전하는 것이 좋습니다. 하지만 신용카드 사용도 많이 가능하니 해외 결제가 가능한 카드를 준비하세요.

8. 필수 어플 설치
구글 지도(네비게이션), 환율 계산기, 일본어 번역 앱 등을 미리 설치해 두면 여행 중 도움이 됩니다.

9. 코로나 관련 규정 확인
현재 일본 입국에 필요한 코로나 백신 접종 증명서나 음성 확인서 등의 방역 조치가 있는지 확인해야 합니다.

이러한 준비를 바탕으로 여행을 계획하면 더 즐겁고 편리한 일본 여행이 될 수 있을 거예요!

중략 >

 

이처럼 포괄적인 질문을 하면 일본 여행과 관련된 다양한 팁과 기본적인 정보를 얻을 수 있지만, 세부적인 여행 계획을 세우기에는 정보가 다소 일반적일 수 있습니다. 따라서 사용자가 보다 구체적인 요구사항이나 관심사를 반영한 질문을 한다면, 더욱 세밀하고 실질적인 계획을 세우는 데 큰 도움이 될 것입니다.

## 예시 2: 상세한 내용을 넣어서 질문했을 때

프롬프트

한 번도 해외 여행을 안 가봤는데, 4박5일 동안 일본 도쿄를 여행하고 싶어. 예산은 100만 원 정도이고, 일본의 전통 문화와 맛있는 음식, 도쿄의 주요 여행지들을 경험하고 싶어. 여행 전문가로서 어떤 일정으로 계획하면 좋을지 알려줘. 여행지별로 소요되는 시간도 대략적으로 추가해서 테이블 형태로 만들어줘.

AI의 답변

| 날짜 | 여행지 | 추천 활동 | 소요 시간 | 비고 |
|---|---|---|---|---|
| 1일차 | 도착 및 체크인 | 도쿄 도착 후 숙소 체크인, 주변 탐방 | 3시간 | 나리타/하네다 공항 도착 후 이동 |
| | 아사쿠사(浅草) | 센소지(浅草寺) 방문, 나카미세 거리 구경, 전통 간식 시식 | 2~3시간 | 전통 문화 체험 |
| | 스미다 강 근처 탐방 | 스카이트리 야경 감상 | 1~2시간 | 스카이트리 전망대 입장 선택 가능 |
| 2일차 | 메이지 신궁(明治神宮) | 도쿄 도착 후 숙소 체크인, 주변 탐방 | 2~3시간 | 전통 신사 |
| | 하라주쿠(原宿) 및 오모테산도(表参道) | 트렌디한 거리 구경, 유명한 팬케이크 가게 방문 | 2~3시간 | 카페 및 길거리 음식 추천 |
| | 시부야(渋谷) | 시부야 스크램블 교차로, 쇼핑몰 구경, 이자카야 저녁 식사 | 3시간 | 유명한 거리 음식 및 쇼핑 |
| 3일차 | 우에노 공원(上野公園) 및 박물관 | 우에노 동물원, 도쿄 국립 박물관 등 탐방 | 3~4시간 | 전통 미술품 감상 가능 |
| | 아키하바라(秋葉原) | 전자 상가, 만화/애니메이션 관련 샵 구경 | 2시간 | 현대 일본 문화 체험 |
| | 긴자(銀座) | 고급스러운 상점 및 레스토랑 구경, 저녁 식사 | 2~3시간 | 쇼핑 및 고급 레스토랑 |

AI의 답변

| | | | | |
|---|---|---|---|---|
| 4일차 | 츠키지 시장(築地市場) | 신선한 해산물 아침 식사, 시장 구경 | 2~3시간 | 스시 등 해산물 추천 |
| | 오다이바(お台場) | 대형 쇼핑몰, 오락 시설, 레인보우 브리지 전망 감상 | 3~4시간 | 바다 전망, 휴식 |
| | 롯폰기 힐스 (六本木ヒルズ) | 도쿄 타워 야경, 현대 미술 전시 관람 | 2~3시간 | 도쿄 타워 전망대 추천 |
| 5일차 | 자유 시간 & 기념품 쇼핑 | 남은 시간 동안 원하는 장소 재방문 또는 기념품 쇼핑 | 3~4시간 | 도쿄역, 공항 근처에서 쇼핑 추천 |
| | 공항으로 이동 | 출국 준비 및 공항 이동 | 3시간 | 공항에서 여유 시간 확보 |

상세 여행 가이드

**숙소 선택**: 예산을 고려해 도쿄 시내의 저렴한 호텔이나 호스텔을 선택하는 것이 좋습니다. 도쿄 중심지(신주쿠, 시부야, 아사쿠사) 근처에 숙소를 잡으면 교통비를 절약할 수 있습니다.

**교통**: 교통비를 아끼기 위해, 도쿄 메트로 패스 또는 JR 패스(지역 한정)를 사용하는 것이 좋습니다.

**식비**: 도쿄에서는 다양한 음식 옵션이 있지만, 이자카야나 현지 식당에서 가벼운 식사를 하는 것이 예산 관리에 도움이 됩니다. 츠키지 시장의 신선한 해산물이나 길거리 음식도 저렴하면서 맛있습니다.

**입장료**: 일부 박물관이나 전망대는 입장료가 있지만, 무료로 이용 가능한 공원이나 신사도 많습니다. 여행 일정에 맞춰 무료/유료 옵션을 적절히 선택하세요.

이 일정은 도쿄의 전통과 현대적 매력을 모두 느낄 수 있는 곳들을 포함하고 있습니다. 여행지별로 소요되는 시간을 참고해서 자신만의 여유로운 일정을 만들어 보세요!

중략 〉

이처럼 구체적인 질문을 하면 개인의 상황과 선호도에 맞춘 상세한 여행 계획을 요청한 형식으로 받을 수 있습니다.

## ChatGPT로 최대한의 도움 받기 위한 방법

### 1. 세부적인 정보 제공
- **여행 기간:** 정확한 날짜와 일수
- **예산:** 총 예산 또는 항목별 예산
- **관심사:** 역사, 예술, 음식, 쇼핑 등
- **특별 요청 사항:** 채식주의자 식당, 장애인 편의 시설 등

> 10월 10일부터 7일간 오사카와 교토를 여행하고 싶어요. 역사적인 장소를 방문하고 싶고, 예산은 150만 원입니다. 추천 일정과 교통 방법을 알려주세요.

### 2. 추가적인 세부 정보 요청
- 현지 축제나 이벤트 정보
- 특정 음식이나 레스토랑 추천
- 교통 패스나 할인 티켓 정보

> 제가 여행하는 기간인 10월에 교토에서 전통 축제가 있나요? 있다면 어떻게 참여할 수 있을까요?

### 3. 여행 준비에 대한 조언
- **필요한 서류:** 여권, 비자, 여행자 보험 등
- 환전과 결제 방법
- 현지 에티켓과 규칙

일본에서 지켜야 할 예의나 주의사항이 있을까요?

예시 프롬프트

## GPTs를 활용한 여행 필살기

지금까지 ChatGPT를 활용하여 여행의 전반적인 계획을 알아보았다면, 이번에는 항공편 예약과 관련해서 유용하게 사용할 수 있는 GPT Store 내의 커스터마이징된 플러그인을 소개하고자 합니다. 해당 플러그인을 사용하기 위해 GPT Store와 관련하여 챕터5 '중급 활용 방법'에서 후술하오니 사용하기 전 참고 바랍니다.

### Kayak

항공권, 호텔, 렌터카 예약을 제공하는 글로벌 서비스로 ChatGPT를 커스터마이징하여 GPT Store에 출시하였습니다. 해당 GPT 사용시 Kayak에서 제공하는 데이터를 바탕으로 실시간으로 예약 가능한 항공권, 호텔, 렌터카를 확인해줘 여행 계획을 더욱 편리하게 세울 수 있습니다.

24년 10월 5일에 서울에 예약 가능한 4성급 이상 호텔 좀 알아봐줘, 리뷰가 좋은 순으로 보여주고 한국어로 답변해줘.

프롬프트

AI의 답변

2024년 10월 5일 서울에서 예약 가능한 4성급 이상의 호텔 중 리뷰가 좋은 순서대로 추천드리는 호텔은 다음과 같습니다:

서울 올림픽 파크텔 (Seoul Olympic Parktel)
평점: 8.8/10 (1,947개 리뷰)
무료 조식, 무료 취소 가능
1박 요금: $135
예약하기

메이필드 호텔 & 리조트 서울 (Mayfield Hotel & Resort Seoul)
평점: 8.7/10 (1,184개 리뷰)
피트니스 센터, 스파, 수영장 등 다양한 편의시설 제공
1박 요금: $232
예약하기

롯데 시티 호텔 명동 (LOTTE City Hotel Myeongdong)
평점: 8.5/10 (6,311개 리뷰)
피트니스 센터 제공
1박 요금: $259
예약하기

이 외에도 더 많은 옵션을 보시려면 여기에서 확인하실 수 있습니다. 더 궁금한 점이 있으면 알려주세요!

중략 >

예약하기 링크 클릭 시 바로 예약이 가능한 화면으로 넘어가며 손 쉽게 예약을 할 수 있으니, 적극적으로 활용하기 바랍니다.

이처럼 ChatGPT를 활용하면 처음 방문하는 곳에 대한 정보도 쉽고 빠르게 확인하여 계획을 짤 수 있습니다. 기존 검색을 통해 알아보던 방식과는 사뭇 다른 느낌의 진행 방식입니다. 더 많은 대화를 통해 여러분 만의 여행 계획을 만들어 보시길바랍니다.

## 나만의 요리사

이번 파트에서는 ChatGPT를 활용하여 누구나 손쉽게 나만의 요리사를 갖는 방법을 소개하겠습니다. 이전 내용들을 정확하게 숙지하셨다면, 구체적으로 질문하여 원하는 답변을 얻는 방법에 대해서는 익숙해졌을 거라 생각합니다. 그래서 이번에는 예시로 특정 가게를 방문한 후 찍은 사진을 바탕으로, 레시피를 확인하고 요리법에 대해 조언을 얻는 과정을 진행해 보겠습니다.

### 파일 업로드를 통한 이미지 인식

GPT-4 이후의 ChatGPT 모델은 멀티 모달을 지원하여 이미지, 음성 등 기존의 텍스트를 넘어 다양한 데이터 처리를 지원하기 시작하였습니다. 예를 들어, 요리법을 찾고 싶을 때 음식의 사진을 업로드하면, ChatGPT는 해당 요리가 무엇인지 파악하고 이를 바탕으로 레시피를 제안할 수 있습니다. 또한, 요리 과정에서 발생할 수 있는 질문들, 예를 들어 "이 소스의 색이 맞나요?" 또는 "이렇게 자른 재료의 크기가 적당한가요?" 같은 질문에도 실시간으로 도움을 받을 수 있습니다.

이번 파트 전 까지의 내용은 텍스트 형식의 프롬프트를 잘 작성하여 원하는 결과를 얻는데 초점을 맞췄다면 이번에는 사진 한 장 만으로 원하는 답변을 얻는 방법을 알아보도록 하겠습니다. 사진을 통해 레시피를 얻고, 특정 요리법에 대해 추가적으로 궁금한 점을 바로 질문할 수 있다는 점은 요리 초보자에게 특히 유용합니다. 예를 들어, 레스토랑에서 찍은 맛있는 요리 사진을 통해 집에서 비슷한 맛을 재현할 수 있는 레시피와 요리 팁을 얻을 수 있습니다. 이는 단순히 검색으로는 얻기 어려운, 독특하고 유용한 정보를 제공합니다. 이러한 이미지 인식 기능은 단순한 텍스트 기반의 대화보다 더 풍부한 상호작용을 가능하게 하며, 다른 여러 분야에서 활용될 수 있습니다.

예시 이미지

[이미지 3.1] 요리이미지

이번에 내가 방문한 레스토랑의 메뉴 사진을 보여줄거야. 어떤 메뉴인지 찾아보고, 메뉴명을 알려주고 레시피와 요리법을 구체적으로 알려줘! 바로 요리할 수 있도록 최대한 구체적이며 시간까지 명시해서 알려줘.

예시 프롬프트

파일 업로드는 프롬프트 입력창 내에 왼쪽 클립 모양의 파일첨부 버튼을 클릭하여 업로드하고, 위의 예시 프롬프트 내용을 입력 후 질문을 요청하면 됩니다.

AI의 답변

사진 속 메뉴는 그릴에 구운 문어 다리와 함께, 녹색 소스를 곁들인 요리로 보입니다. 이와 비슷한 메뉴는 흔히 "그릴드 옥토퍼스(Gilled Octopus)"로 불리며, 다양한 허브와 녹색 소스(예: 바질 페스토 또는 그린 에멀젼 소스)를 사용하는 경우가 많습니다. 요리의 비주얼과 소스, 가니시 등을 고려하면 이 요리는 "그릴드 문어 다리와 바질 페스토" 또는 "그릴드 문어 다리와 아루굴라 페스토"일 가능성이 큽니다.

요리명: 그릴드 문어 다리와 바질 페스토
재료: 문어 다리: 1~2개
올리브유: 3 큰술
소금과 후추: 적당량
마늘: 3쪽 (다진 것)
레몬: 1개 (주스용)
신선한 바질 잎: 2컵
아루굴라 (루꼴라): 1컵
파마산 치즈: 1/2컵 (간 것)
잣 또는 피스타치오: 2 큰술
물: 1컵 (문어 삶을 때 사용)
파프리카 가루 (가니시용)
추가로 아루굴라 (장식용)

요리법:
1. 문어 준비
문어 삶기: 큰 냄비에 물을 끓이고, 문어 다리를 넣습니다. 약간의 소금을 넣고 약 30분간 삶습니다. 문어가 부드러워질 때까지 익힙니다. 익은 문어는 꺼내서 물기를 뺀 후 그릴 준비를 합니다.
문어 양념하기: 삶은 문어 다리를 올리브유, 다진 마늘, 소금, 후추로 양념합니다. 이 상태로 10분 정도 재워두면 문어가 더 맛있어집니다.

**AI의 답변**

2. 그릴에 굽기
그릴 예열: 그릴을 중간 불로 예열합니다.
문어 굽기: 문어 다리를 그릴에 올려 약 4~5분씩 양면을 구워줍니다. 문어가 바삭한 갈색으로 변하고 그릴 자국이 생기면 완성입니다.

3. 바질 페스토 준비
페스토 만들기: 믹서기에 신선한 바질 잎, 아루굴라, 파마산 치즈, 잣 또는 피스타치오, 레몬 주스, 올리브유 2큰술, 소금, 후추를 넣고 곱게 갈아줍니다. 부드러운 페스토 소스가 되도록 갈아줍니다.

4. 완성 및 플레이팅
플레이팅: 접시에 바질 페스토를 얇게 펴고, 그 위에 구운 문어 다리를 올립니다.
가니시 추가: 파프리카 가루를 뿌려 장식하고, 아루굴라 잎을 몇 개 추가하여 마무리합니다.

요리 시간:
문어 삶기: 30분
문어 굽기: 8~10분
페스토 준비: 5분
전체 조리 시간: 약 45~50분

중략 >

  구체적인 답변을 바탕으로 실제 조리 과정에서 생기는 궁금한 점 등을 실시간으로 물어보며 요리를 완성할 수 있습니다. 단순히 요리뿐만이 아니라 풍경을 통한 위치 찾기 등 단순한 파일 업로드를 통해 할 수 있는 업무는 무궁무진합니다. 텍스트뿐만이 아니라 이미지, 음성, 그리고 현재 지원하고 있지는 않지만 향후 가능해질 비디오 분야까지 아우르며 다양한 기능 사용에 익숙해지시기를 바랍니다.

# 나만의 외국어 과외 선생님

외국어를 배우는 것은 새로운 세계를 열어주는 중요한 도전입니다. 하지만 개인의 목표와 학습 속도에 맞춰 수업을 진행할 수 있는 과외 선생님을 찾는 일은 쉽지 않을 수 있습니다. ChatGPT를 활용하면, 나만의 외국어 과외 선생님 역할을 수행해줄 수 있습니다. ChatGPT는 다양한 언어로 소통할 수 있는 능력과 학습자에게 맞춘 학습 방법을 제공하여, 누구나 자신만의 페이스대로 외국어를 배울 수 있도록 도와줍니다. 이번 파트에서는 ChatGPT를 외국어 학습 도구로 활용하는 방법에 대해 알아보겠습니다.

## ChatGPT를 외국어 과외 선생님으로 활용하기

ChatGPT는 단순히 질문에 답하는 것뿐만 아니라, 학습자가 외국어 능력을 꾸준히 발전시킬 수 있도록 체계적인 학습 계획을 제공합니다. 단어 암기, 문법 연습, 듣기 및 말하기 훈련 등 다양한 학습 방법을 활용하여 원하는 외국어를 효과적으로 배울 수 있습니다. 학습자마다 다른 학습 스타일에 맞게, 회화 위주의 연습부터 문법 설명까지 다양한 방식으로 외국어 과외 수업을 구성할 수 있습니다. 잘 활용하기 위해서는 질문을 최대한 구체적으로 작성해야합니다. 질문의 구체성에 따른 답변의 차이를 확인해보겠습니다.

### 예시 1: 간단한 질문

영어 회화 연습 좀 도와줘.

프롬프트

AI의 답변

물론이죠! 어떤 주제에 대해 대화를 나누고 싶으신가요? 일상적인 대화, 여행, 일, 취미 등 원하는 주제가 있다면 말씀해 주세요. 아니면 제가 주제를 제안해도 좋습니다!

## 예시 2: 구체적인 질문

일상 생활에서 자주 쓰이는 영어 표현을 배우고 싶어. 예를 들어, 카페에서 커피 주문할 때 필요한 표현들을 알려줘.

프롬프트

AI의 답변

1. 기본 주문 표현
Can I get a [커피 종류], please?
(예: Can I get a latte, please? = 라떼 하나 주시겠어요?)
I'd like a [커피 종류], please.
(예: I'd like an Americano, please. = 아메리카노 하나 주세요.)
Could I have a [커피 종류]?
(예: Could I have a cappuccino? = 카푸치노 하나 주실 수 있나요?)
2. 사이즈 선택
Small/Medium/Large, please.
(예: I'd like a large coffee, please. = 큰 사이즈 커피로 주세요.)
Can I get that in a [size]?
(예: Can I get that in a medium? = 중간 사이즈로 받을 수 있을까요?)
3. 테이크아웃/매장 이용
Is this for here or to go?
(이건 매장에서 드실 건가요, 포장하시겠나요?)
For here, please.
(매장에서 마실게요.)
To go, please.
(포장해 주세요.)

AI의 답변

4. 우유, 시럽 등 추가 주문
Can I get that with [우유 종류]?
(예: Can I get that with oat milk? = 귀리 우유로 주세요.)
Can I add some vanilla syrup?
(바닐라 시럽 추가할 수 있을까요?)
No sugar, please.
(설탕 없이 주세요.)
With extra ice, please.
(얼음을 좀 더 넣어 주세요.)
5. 계산 관련
How much is it?
(얼마인가요?)
Can I pay by card?
(카드로 결제할 수 있나요?)
Can I get a receipt, please?
(영수증 받을 수 있을까요?)

이 표현들을 익혀두면 카페에서 커피를 주문할 때 유용할 거야! 상황에 따라 조금씩 변형해서 사용하면 좋고, 자연스럽게 연습해보면 더 편하게 사용할 수 있을 거야. :)

중략 >

## 외국어 학습의 다양한 방식

ChatGPT는 언어 학습의 모든 영역을 포괄적으로 지원할 수 있습니다. 단순한 단어 암기부터 문법 설명, 발음 교정, 그리고 대화 연습까지 포함됩니다. 아래는 ChatGPT를 외국어 과외 선생님으로 활용할 수 있는 몇 가지 방법입니다.

### 1. 단어 학습

매일 새로운 단어를 제시하고, 이를 문장으로 사용하는 연습을 도울 수 있습니다.

매일 5개의 새로운 스페인어 단어를 알려줘. 각 단어로 문장을 만들어줘.

예시 프롬프트

AI의 답변

물론입니다! 오늘 배울 5개의 스페인어 단어와 문장을 한국어 발음 표기와 함께 알려드릴게요.

perro (개)
발음: 페로
문장: El perro corre rápido. (그 개는 빨리 달려요.)
발음: 엘 페로 코레 라삐도.

familia (가족)
발음: 파밀리아
문장: Mi familia es muy grande. (내 가족은 아주 커요.)
발음: 미 파밀리아 에스 무이 그란데.

comida (음식)
발음: 코미다
문장: Me gusta la comida mexicana. (나는 멕시코 음식을 좋아해요.)
발음: 메 구스타 라 코미다 멕시까나.

escuela (학교)
발음: 에스꿀레아
문장: La escuela está cerca de mi casa. (학교는 내 집 근처에 있어요.)
발음: 라 에스꿀레아 에스따 세르까 데 미 까사.

agua (물)
발음: 아구아
문장: El agua está fría. (물이 차가워요.)
발음: 엘 아구아 에스따 프리아.

이 단어들을 통해 스페인어 발음과 문장 구성을 연습해보세요! 매일 조금씩 하면 금방 실력이 향상될 거예요!

중략 >

## 2. 문법 연습

특정 문법 규칙을 설명하고, 이에 따른 연습 문제를 제공하여 이해도를 높일 수 있습니다.

영어의 과거 시제와 현재 시제의 차이를 설명해줘. 그리고 예문을 몇 가지 들어줘.

예시 프롬프트

AI의 답변

영어의 과거 시제와 현재 시제는 말하는 시점을 기준으로 동작이나 상태가 언제 일어났는지를 나타내는 방법입니다.

1. 현재 시제 (Present Tense)
현재 시제는 지금 또는 항상 일어나거나 일반적인 사실을 말할 때 사용합니다.

현재 시제 예문:
I eat breakfast every day. (나는 매일 아침을 먹어요.)
She plays the piano well. (그녀는 피아노를 잘 쳐요.)
The sun rises in the east. (해는 동쪽에서 떠요.)
→ 이 문장은 자연 현상과 같이 변하지 않는 사실을 나타냅니다.

2. 과거 시제 (Past Tense)
과거 시제는 이미 일어난 일이나 과거에 있었던 상태를 말할 때 사용합니다.

과거 시제 예문:
I ate breakfast yesterday. (나는 어제 아침을 먹었어요.)
She played the piano at the concert. (그녀는 콘서트에서 피아노를 쳤어요.)
They visited New York last year. (그들은 작년에 뉴욕을 방문했어요.)
→ 이 문장들은 과거에 일어난 특정한 행동이나 사건을 나타냅니다.

차이점 정리:
현재 시제는 지금 일어나거나 일반적인 사실을 말합니다.
"I walk to school." (나는 학교에 걸어가요.) → 항상 하는 일 또는 현재 상태.
과거 시제는 이미 끝난 일을 말합니다.
"I walked to school yesterday." (나는 어제 학교에 걸어갔어요.) → 과거에 일어난 일.
현재 시제와 과거 시제를 구분할 때는 동사의 형태가 중요하니 동사의 변화도 함께 익히는 것이 좋아요!

중략 >

## 3. 회화 연습

가상의 대화를 시뮬레이션 하여 실시간으로 회화 연습을 진행할 수 있습니다.

프랑스어로 레스토랑에서 주문하는 대화를 연습해보고 싶어. 내가 손님 역할을 할게.

예시 프롬프트

AI의 답변

좋아요! 저는 웨이터 역할을 할게요. 프랑스어로 레스토랑에서 주문하는 상황을 연습해봅시다. 대화를 시작할게요!

웨이터: Bonjour ! Vous désirez une table pour combien de personnes ?
(안녕하세요! 몇 분이 앉으실 테이블을 원하시나요?)

# ChatGPT로 최대한의 학습 효과를 얻기 위한 팁

### 1. 구체적인 학습 목표 설정

배우고자 하는 언어의 목표와 학습 기간을 명확히 설정하여 효과적인 학습 계획을 세울 수 있습니다.

한 달 동안 프랑스어 기본 회화 50문장을 배우고 싶어.

예시 프롬프트

### 2. 학습 기록 활용

ChatGPT와의 대화 내용은 자동으로 기록되므로 향후 복습 자료로 활용할 수 있습니다.

매일 배운 단어와 문장을 목록으로 정리해줘.

예시 프롬프트

## 3. 피드백 요청

ChatGPT는 실시간으로 피드백을 제공하므로, 답변에 대한 피드백을 받으며 학습의 질을 높일 수 있습니다.

내가 영어로 말한 문장에서 문법적인 오류를 찾아 고쳐줄 수 있어?
예시 프롬프트

## 고급 음성 모드를 활용한 실시간 외국어 대화

최근 ChatGPT는 모바일 어플리케이션에서 활용가능한 고급 음성모드를 출시하였습니다. 해당 기능을 활용하면 ChatGPT와 실시간 음성으로 대화를 주고받을 수 있습니다. 외국어 공부에 있어서 가장 효율적인 방법은 직접적인 대화라고 생각합니다. 챕터 5 중급 활용방법의 GPT와 통화하기 파트에 사용 방법을 후술하였으니, 해당 파트를 학습 후 아래 내용을 참고하여 적극적으로 사용하시기 바랍니다.

너는 지금부터 미국인 영어 과외 선생님이야. 나와 영어로 대화해볼까?
예시 대화
(실제 음성)

AI의 답변 및
필자의 대화
(실제 음성)

ChatGPT의 말: Hello! How are you today?
나의 말: I'm working on writing a book in PC Cafe.
ChatGPT의 말: That sounds exciting!
나의 말: How about you?
ChatGPT의 말: Well, I'm here to chat with you, so I'm doing great! What's your book about?

고급 음성모드의 경우 실제 외국인의 억양과 거의 동일하며 기존에도 음성 대화가 가능한 표준 음성모드가 있었으나, 신규 출시된 고급 음성 모드의 경우 훨씬 자연스러운 발화가 가능합니다. 다만, 현재는 유료 플랜 구독자들만 사용이 가능하니 참고하시길 바랍니다. 외국어 학습뿐만 아니라, 책이나 이야기를 넣어 동화구연, 책 요약 등도 가능하며 회의에 참여시켜 아이디어를 얻는 등 다양하게 활용이 가능합니다.

## 나만의 검색 엔진

　인터넷에서 원하는 정보를 찾는 일은 생각보다 시간이 많이 걸릴 수 있습니다. 하지만 ChatGPT를 활용하면, 마치 개인 맞춤형 검색 엔진처럼 원하는 정보를 쉽고 빠르게 찾을 수 있습니다. 특히 구체적인 정보나 특정 질문에 대한 답을 얻는 데 효과적입니다. 이번 파트에서는 ChatGPT를 검색 도구로 활용하는 방법에 대해 알아보겠습니다.

### ChatGPT를 검색 엔진으로 활용하기

　ChatGPT는 방대한 데이터베이스와 정보 처리 능력을 통해 사용자가 찾고자 하는 정보를 효율적으로 제공할 수 있습니다. 다양한 주제에 대해 신속하고 정확한 답변을 제공하며, 복잡한 질문에도 구체적인 답을 찾는 데 유용합니다. 또한 실시간 검색 기능을 제공하며 뉴스 사이트, 전문 지식 및 학술 사이트 등 관련 분야와 유사성이 높은 출처의 정보를 탐색합니다.

요즘 한국에서 인기있는 책을 검색해서 추천해줘.

예시 프롬프트
(간단한 질문)

AI의 답변

2024년 현재 한국에서 인기 있는 책 중 몇 가지를 소개해드리겠습니다.
김훈의 산문집 '허송세월' 김훈 작가가 생과 사를 넘나드는 경험과 인생의 비애를 담담하게 풀어낸 산문집입니다. 그의 섬세하고 명료한 문체가 돋보이며, 한국 문학계에서 큰 반향을 일으키고 있습니다.

소설 '모순' 출간된 지 20년이 넘었음에도 여전히 많은 사랑을 받고 있는 작품입니다. 안진진이라는 주인공을 통해 인생의 모순을 통찰하며, 독자들로 하여금 삶을 다시금 생각하게 만드는 소설입니다.

AI의 답변

'도둑맞은 집중력' (요한 하리)
현대인의 집중력 상실 문제를 깊이 있게 다룬 인문서로, 아직도 많은 독자들의 관심을 받고 있습니다. 집중력 회복을 위한 과학적 접근과 통찰이 매력적인 책입니다

'세이노의 가르침' 자수성가한 성공자가 자신의 경험을 바탕으로 성공 비결을 전달하는 자기계발서로, 최근 자기계발 분야에서 꾸준히 인기를 끌고 있습니다.

'파친코' (이민진)
이민진 작가의 베스트셀러로, 드라마로도 큰 화제가 되었습니다. 역사적 배경을 바탕으로 한 감동적인 가족 서사가 인기를 끌고 있습니다.

이 외에도 경제 경영서인 '불변의 법칙'(모건 하우절), 에세이 '나는 메트로폴리탄 미술관의 경비원입니다'(패트릭 브링리) 등 다양한 장르의 책들이 현재 베스트셀러 목록에 올라 있습니다.

이 책들은 독자들에게 깊은 감동과 교훈을 주는 작품들이니, 관심 있는 분야에서 선택해 보시는 것을 추천합니다.

중략 〉

위와 같은 답변을 생성하고자 AI는 먼저 Bing에서 '2024년 한국에서 인기있는 책 베스트셀러' 라는 키워드로 첫번째 검색을 진행한 후 교보문고, 티스토리, 네이버 블로그에서 추가적인 검색을 진행하여 베스트 셀러 리스트를 정리하였습니다. 이와 같이 ChatGPT를 활용한 실시간 검색 기능은 기존의 검색 사이트 내 직접 검색과 다르게 다양한 출처에서 동시다발적인 검색 및 비교 분석등이 용이하므로 적극적으로 활용하시기 바랍니다.

오늘은 2024년 10월 2일 수요일이야. 오늘 한국 주식시장 현황에 대해서 검색하고, 요약해줘. 주요 종목들도 언급해줘.

예시 프롬프트
(상세한 질문)

AI의 답변

2024년 10월 2일 한국 주식시장은 전반적으로 약세를 보였습니다. 코스피 지수는 2,561.69포인트로 전일 대비 1.22% 하락했고, 코스닥 지수는 762.13포인트로 0.23% 하락했습니다. 이러한 하락세는 중동 정세의 불안과 미국 증시의 하락이 주요 원인으로 지목되고 있습니다.

특정 업종에서는 상승세가 나타났습니다. 방위산업, 석유/에너지, 제약/바이오 관련 종목들이 강세를 보였으며, 2차 전지와 화장품 관련 주식들도 일부 주목받았습니다.
주요 상승 종목

이스타코: 3.45% 상승 (630원)
KC그린홀딩스: 8.70% 상승 (1,000원)
KC코트렐: 11.76% 상승 (627원)
에코프로: 4.29% 상승 (92,400원)
엔씨소프트: 4.19% 상승 (199,000원)

주요 하락 종목
SK하이닉스: 3.15% 하락 (169,100원)
현대차: 2.87% 하락 (237,000원)
POSCO홀딩스: 2.47% 하락 (375,500원)
삼성전자: 0.33% 하락 (61,300원)

오늘 시장은 대외적인 불확실성이 반영되어 전반적인 약세를 보였으나, 방산주와 2차전지 관련 주식들이 상대적으로 긍정적인 흐름을 보였습니다.

중략 〉

질문에 대하여 ChatGPT는 전일 주식 시장의 전반적인 시황을 정확하게 검색하고 요약했습니다. 실시간 검색의 강력한 기능을 고려할 때, 앞으로 일반적인 검색 엔진의 검색 방식에도 큰 변화가 있을 가능성이 있습니다. 실제로 OpenAI는 현재 SearchGPT라는 검색 엔진을 제한적으로 일부 사용자에게 공개하고 테스트를 진행 중입니다.

## ChatGPT 검색 커스터마이징

ChatGPT를 통해 검색을 하는 사용자들은 각자의 관심사가 상이합니다. IT 업계에 종사하는 사용자들은 특정 코드에 대한 질문, SQL에 대한 질문을 가장 많이 하고, 마케팅에 종사하는 사용자들은 SEO 최적화가 되는 문구 작성 등 마케팅과 유관된 질문을 가장 많이 합니다. 그렇기에 가장 관련성 높은 결과값을 얻고자 한다면 질문을 하기 전 맞춤형 사용자 지침(챕터1 가입 및 설정 참고)을 통해 미리 세팅해두거나 새로운 대화의 시작에 앞서 맥락을 미리 커스터마이징 할 필요가 있습니다. 이번 파트에서는 미리 직업과 관심사를 알려주고, 실시간 검색을 진행해보겠습니다. 또한, 커스터마이징을 위해 맞춤형 사용자 지침 뿐만 아니라 메모리(챕터 1 가입 및 설정 참고) 기능을 활성화 하여 사용자의 정보를 기억하도록 할 필요가 있습니다.

나는 퍼포먼스 마케팅 분야에 종사하고 있어. 20대, 30대 대상 고객들을 상대로 타겟 마케팅을 진행하고 싶어. 최근 20대, 30대들이 문화적으로 가장 관심있어 하는 컨텐츠가 어떤건지 검색해서 알려줘. 문구 작성에 참고하고자 해. 그리고 이 정보를 기억해줘.

예시 프롬프트

마케터로서, 마케팅분야에서 자주 나올 수 있는 질문입니다. 특정 연령층을 대상으로 인기 많은 컨텐츠를 확인하기 위해 넓은 범위에서 검색을 요청 하였습니다. 보다 정확한 검색을 위해선, 기간을 명시하는 것이 좋습니다. "2024년도 20, 30대 한국 사람들이 좋아하는 컨텐츠" 라는 형태로 보다 디테일한 질문을 하는 방법이 있습니다. 여러 번의 질문을 통해, 보다 퀄리티 높은 검색을 해보시길 바랍니다.

AI의 답변

최근 20대와 30대가 가장 관심을 가지고 있는 콘텐츠는 빠르게 변화하고 있으며, 이를 반영한 마케팅 전략을 수립하는 것이 중요합니다. 다음은 이들이 현재 주목하고 있는 주요 콘텐츠 트렌드입니다:

짧은 영상 콘텐츠:
틱톡(TikTok), 인스타그램 릴스(Instagram Reels), 유튜브 쇼츠(YouTube Shorts) 등 짧은 영상 형식의 콘텐츠가 20대와 30대에게 매우 인기가 있습니다. 이러한 플랫폼에서 짧고 임팩트 있는 메시지를 전달하는 것이 효과적입니다.

OTT 스트리밍 콘텐츠:
넷플릭스, 디즈니+, 애플 TV+와 같은 스트리밍 플랫폼은 여전히 중요한 엔터테인먼트 소스입니다. 특히, 드라마, 다큐멘터리, 리얼리티 쇼가 큰 관심을 받고 있으며, 지역적 콘텐츠(예: 한국 드라마)도 글로벌하게 인기를 끌고 있습니다.

게임 및 e스포츠:
클라우드 기반의 모바일 게임, e스포츠는 20대, 30대가 시간과 돈을 투자하는 주요 영역 중 하나입니다. 특히, 이들은 게임을 통해 커뮤니티 활동을 즐기고 소셜 활동의 일부로 받아들이고 있습니다.

레트로 및 노스텔지어 콘텐츠:
과거의 영화, 애니메이션, 패션을 다시 돌아보는 복고 콘텐츠도 젊은 층 사이에서 트렌드로 자리 잡고 있습니다. 이들은 노스텔지어를 자극하는 콘텐츠에 큰 흥미를 보이며, 브랜드도 이를 반영한 마케팅을 진행하고 있습니다
일부로 받아들이고 있습니다.

웰빙 및 자기 개발 콘텐츠:
스트레스 해소와 정신 건강을 위한 마인드풀니스, 명상 앱 및 피트니스 콘텐츠도 인기가 많습니다. 이를 통해 개인의 자기 개발과 정신적 웰빙을 추구하는 경향이 강해지고 있습니다이러한 트렌드를 바탕으로, 타겟 마케팅에선 짧은 영상, 스트리밍 콘텐츠, 게이밍, 레트로 감성, 그리고 웰빙을 강조한 마케팅 메시지가 효과적일 것입니다.

중략 〉

커스터마이징을 위해 사용자의 배경 및 관심사에 대해 설명해주고, 메모리 기능을 활성화하여 지속적으로 이를 이용할 필요가 있습니다. 이번 챕터에서 배운 강력한 실시간 검색 기능 및 개인 커스터마이징을 잘 활용하여 독자분들의 소중한 시간을 아낄 수 있길 바랍니다.

# 마무리

이번 챕터에서는 ChatGPT를 일상 생활에서 어떻게 다양하게 활용할 수 있는지 살펴보았습니다. 우리는 '나만의 여행 플래너', '나만의 요리사', '나만의 외국어 과외 선생님', 그리고 '나만의 검색 엔진'으로서의 ChatGPT의 역할을 알아보았습니다.

첫째, '나만의 여행 플래너'에서는 ChatGPT를 통해 개인의 선호도와 예산에 맞는 맞춤형 여행 일정을 세우는 방법을 알아보았습니다. 구체적인 정보를 제공함으로서 상세하고 현실적인 여행 계획을 수립할 수 있었으며, GPT Store의 Kayak 플러그인을 활용하여 실시간 항공편과 숙박 정보까지 확인하는 방법을 배웠습니다.

둘째, '나만의 요리사'에서는 이미지 업로드 기능을 활용하여 음식 사진을 통해 레시피와 요리법을 알아내는 방법을 배웠습니다. 이를 통해 새로운 요리를 시도하거나 맛집의 음식을 집에서 재현할 수 있는 가능성을 확인하였습니다.

셋째, '나만의 외국어 과외 선생님'으로서 ChatGPT를 활용하여 단어 학습, 문법 연습, 회화 연습 등 다양한 외국어 학습 방법을 알아보았습니다. 개인의 학습 목표와 속도에 맞춰 학습 계획을 세우고, 실시간 피드백과 고급 음성 모드를 통해 학습 효과를 극대화할 수 있었습니다.

넷째, '나만의 검색 엔진'으로서 ChatGPT를 활용하여 원하는 정보를 빠르고 정확하게 찾는 방법을 살펴보았습니다. 맞춤형 사용자 지침과 메모리 기능을 통해 개인화된 검색 경험을 제공받을 수 있었으며, 실시간 검색 기능을 통해 최신 정보에도 접근할 수 있었습니다.

이러한 다양한 활용 사례를 통해 ChatGPT가 일상 생활에서 얼마나 유용한 도구가 될 수 있는지 확인할 수 있었습니다. ChatGPT는 개인의 비서이자 조언자로서 우리의 삶을 더욱 편리하고 풍요롭게 만들어줄 수 있습니다.

다음 챕터에서는 이러한 ChatGPT의 기능들을 업무에 적용하여 문서 작성과 자동화를 통해 생산성을 향상시키는 방법을 알아보겠습니다. 이를 통해 여러분은 일상 생활뿐만 아니라 업무에서도 ChatGPT를 활용하여 더욱 효율적이고 효과적인 결과를 얻을 수 있을 것입니다.

# CHAPTER 4

# 업무에 활용하기
# 문서 작성과 자동화

보고서 작성

신사업 기획안 작성

고객 클레임 응대 문서 작성

마케팅 콘텐츠 작성

## 04

## 업무에 활용하기: 문서 작성과 자동화

ChatGPT는 다양한 업무 환경에서 문서 작성과 자동화를 통해 생산성을 크게 향상시킬 수 있는 도구입니다. 특히, 보고서와 사업 기획안 같은 비즈니스 문서 작성, 고객 응대 문서, 마케팅 콘텐츠 작성에 있어서 유용성이 두드러집니다.

비즈니스 문서 작성에서는 회의록 업로드를 통한 보고서 생성 및 시장 분석, 목표 설정, 실행 계획 작성 등 복잡한 작업을 체계적으로 지원합니다. ChatGPT는 방대한 데이터셋을 바탕으로 시장의 최신 트렌드를 분석하고, 이를 토대로 구체적인 비즈니스 전략을 제안할 수 있습니다. 이러한 기능은 특히 요즘처럼 빠르게 변화하는 시장 환경에 적응하고 경쟁력을 유지하는 데 필수적입니다.

고객 응대 문서 작성에서는 신속하고 일관성 있는 대응을 통해 고객 만족도를 높일 수 있습니다. 예를 들어, 고객 클레임 처리 과정에서 AI를 활용하면 표준화된 사과 메시지를 빠르게 생성하여 고객에게 전달할 수 있습니다. 이는 고객과의 신뢰를 구축하고, 문제 해결을 위한 대응 시간을 단축시키는 데 도움을 줍니다.

마케팅 콘텐츠 작성은 제품이나 서비스를 효과적으로 홍보하기 위해 필요한 중요 요소입니다. ChatGPT는 SNS 홍보 글, 광고 문구와 슬로건, 블로그 포스팅 등 다양한 마케팅 콘텐츠를 신속하게 작성할 수 있으며 검색엔진에 최적화된 문구를 작성하여 비즈니스 성과에 기여할 수 있습니다.

생성형 AI는 문서 작성과 자동화의 새로운 표준을 제시하고 있습니다. 이를 통해 기업은 시간과 비용을 절약하고, 더 나은 품질의 문서를 빠르게 작성할 수 있습니다. 또한, 자동화된 문서 처리는 데이터 입력 오류를 줄이고, 정보의 일관성을 유지하며, 중요한 업무에 더 많은 시간을 할애할 수 있게 합니다.

이번 챕터에서는 이러한 AI 기술의 활용 방법을 상세히 살펴보고, 실제 업무에서 어떻게 적용할 수 있는지 다양한 예시와 실습을 통해 안내할 것입니다. 이를 통해 ChatGPT를 활용하여 업무 효율성을 극대화하고, 더 나은 성과를 달성할 수 있을 것입니다.

## 보고서 작성

### 회의록으로 보고서 만들기

효과적인 보고서를 작성하기 위해서는 명확하고 상세한 회의록 작성이 중요합니다. 회의록은 회의에서 논의된 주요 사항과 결정된 내용, 향후 계획을 정리한 문서로, 이를 토대로 작성된 보고서는 일관된 정보를 제공합니다.

기업에서는 회의록 작성이 빈번하게 이루어지며, 특히 중요한 의사결정 회의 후에는 이를 기반으로 한 보고서를 작성하게 됩니다. 이 과정에서 ChatGPT와 같은 생성형 AI 도구를 활용하면 큰 도움이 됩니다. ChatGPT는 회의록의 핵심 내용을 빠르게 요약하고, 이를 보고서 형식으로 재구성하여 경영진에게 중요한 정보를 효율적으로 전달할 수 있도록 돕습니다.

예를 들어, 여러 팀 간 협업 회의 후 각 팀의 의견을 통합한 보고서를 작성할 때, ChatGPT는 논의된 사항과 결론을 체계적으로 정리해 보고서 작성 과정을 단순화합니다. 따라서, ChatGPT와 같은 AI 도구를 활용하면 회의록 작성 및 보고서 작성에서 효율성을 높이고, 일관된 커뮤니케이션을 유지할 수 있습니다.

이제 실제 회의록을 바탕으로 ChatGPT를 활용하여 보고서를 작성해 보겠습니다.

### 1. ChatGPT를 활용한 회의록 요약

회의 종료 후 작성한 회의록을 ChatGPT에게 요약을 지시해보겠습니다. 파일 업로드를 통해 회의록을 업로드하거나, 대화창에 입력을 통해 ChatGPT에게 회의록을 전달합니다. 또한, 길고 복잡한 글을 ChatGPT에게 질의할때는 Markdown형태 〈내용〉회의록〈/내용〉로 특정 파트의 시작과 끝을 알려주는 구분값을 포함하면 ChatGPT가 더 잘 인지하니 프롬프트 작성시 참고하시길 바랍니다.

기업에서 생성형 AI도입과 관련하여 회의를 진행하였어. 아래 내용은 작성한 회의록이야. 회의록의 중요 내용을 요약해줘.

예시 프롬프트

〈회의록〉
회의록
회의 일시: 2023년 5월 20일 오후 2시
회의 장소: 본사 15층 대회의실
참석자:
김윤철 (기술이사, CTO)
박철수 (정보관리이사, CIO)
이민준 (인사팀장)
이성복 (마케팅팀장)
사종철 (개발팀 리더)
김수현 (리스크 관리팀장)
최은영 (컴플라이언스 팀장)
회의 주제: 생성형 AI 도입 검토 및 적용 방안 논의

1. 개회 및 인사말 (김윤철 기술이사)
김윤철 CTO: "모두 참석해 주셔서 감사합니다. 대표이사님께서 긴급한 일정으로 참석하지 못하셨지만, 저희가 오늘 논의할 사항은 회사의 미래에 매우 중요한 생성형 AI 도입에 관한 것입니다. 각 부서의 전문 지식을 바탕으로 심도 있는 논의를 통해 최적의 방안을 찾아보도록 합시다."

〈/회의록〉

중략 〉

AI의 답변

회의 요약
일시: 2023년 5월 20일 오후 2시
장소: 본사 15층 대회의실
참석자: 김윤철(CTO), 박철수(CIO), 이민준(인사팀장), 이성복(마케팅팀장), 사종철(개발팀 리더), 김수현(리스크 관리팀장), 최은영(컴플라이언스 팀장)

주제: 생성형 AI 도입 검토 및 적용 방안 논의

주요 논의 내용:
생성형 AI의 개요 및 적용 가능성 (김윤철 CTO)
생성형 AI를 통해 투자 보고서 자동 생성, 고객 맞춤형 상담, 시장 예측 모델 개선 등 업무 효율성 및 고객 서비스 향상 기대.

현재 IT 인프라 및 기술적 고려 사항 (박철수 CIO)
추가적인 서버 자원과 데이터 처리 능력 향상 필요.
데이터 보안과 개인정보 보호 체계 강화 필요.

리스크 및 컴플라이언스 고려 사항
(김수현 리스크 관리팀장, 최은영 컴플라이언스 팀장)
모델의 정확성과 신뢰성 확보 필수.
금융 규제 준수 및 법적 이슈 사전 파악 필요.

인력 및 교육 계획 (이민준 인사팀장)
AI 전문 인력 채용과 내부 직원 대상 교육 프로그램 마련.
대학 및 연구기관과의 협력을 통한 인재 확보 검토.

마케팅 및 고객 서비스 측면의 고려 사항 (이성복 마케팅팀장)
고객 맞춤형 투자 정보 제공으로 서비스 질 향상 기대.
AI 기반 챗봇 도입으로 24시간 고객 응대 가능.

중략 〉

이렇게 단순 복사, 붙여넣기 만으로 깔끔하게 요약이 가능합니다. 다음은 지난 번 챕터2 효율적인 프롬프트 작성법에서 배운 페르소나 부여를 바탕으로 보고 전 임원의 관점에서 중요 포인트를 생각하여 보고서 작성에 도움을 줄 수 있는 방법을 알아보겠습니다.

## 2. 최종 보고서 작성 전 중요 체크리스트 확인하기

작성한 보고서를 결재 담당 임원에게 전달하기 전 미리 주요 예상 질문 및 중요 포인트등을 ChatGPT에게 페르소나를 부여한 질문을 통해 확인할 수 있습니다. 실제로 업무에 활용하기 위해서는 구체적인 맥락 또는 해당 임원의 배경에 대한 정보를 추가적으로 알려주면 더욱 구체적인 답변을 제공합니다.

너는 회사의 대표이사야. 생성형 AI도입과 관련하여 각 사업부의 임원 및 개발팀이 회의를 하였고, 최종적으로 너에게 보고서를 곧 전달할 예정이야. 대표이사의 관점에서 어떤 부분들을 중요포인트로 볼 지 알려줘.

예시 프롬프트

AI의 답변

회사의 대표이사로서 생성형 AI 도입과 관련하여 각 사업부 임원 및 개발팀이 준비한 보고서를 검토할 때 다음과 같은 중요 포인트를 중점적으로 살펴보겠습니다:

전사적 전략과의 연계성
생성형 AI 도입이 회사의 장기적인 비전과 전략적 목표에 어떻게 부합하는지 확인해야 합니다. 이를 통해 경쟁 우위를 확보하거나 신규 비즈니스 기회를 창출할 수 있는지 평가합니다.

비즈니스 영향과 기대 효과

중략 >

## 3. 중요 체크리스트를 반영하여 보고서 수정 및 파일 출력

업무 활용에 있어 ChatGPT가 간편한 점은 다양한 파일 형태의 입출력을 지원하기 때문입니다. 대표이사의 관점에서 확인해준 중요 체크리스트를 확인하여 보고서의 부족한 부분을 즉각적으로 확인할 수 있고, 해당 부분을 수정하여 바로 파일 형태로 생성 및 다운로드가 가능합니다. PPT의 경우 현재까지는 생성이 매끄럽지 않으나, 다음 파트에서 서술할 AI를 활용하여 PPT를 제작하는 Gamma와 같은 서비스와 연계하면 이 또한 가능합니다.

확인해 준 체크리스트를 기반으로 보고서 내용을 수정하고 .docx 워드 형태로 파일 생성해서 내가 다운로드 받을 수 있도록 해줘.

예시 프롬프트

AI의 답변

보고서 내용을 바탕으로 DOCX 형식의 파일을 생성하였습니다.
아래 링크에서 파일을 다운로드하실 수 있습니다:
생성형 AI 도입 검토 및 적용 방안 보고서 다운로드

### 4. Gamma 연계 후 PPT보고서 생성하기

기업마다 워드, 엑셀, 파워포인트 등 보고서를 작성하는 소프트웨어들이 상이합니다. 지금까지 회의록을 요약 및 수정 후 워드 파일로 생성하는 법을 알아보았다면 해당 보고서를 PPT 형태로 생성하는 법을 알아보겠습니다. ChatGPT에서도 파워포인트 PPT 파일을 생성할 수 있지만 아직까지는 결과물의 퀄리티가 높지 않기에 AI를 활용한 무료 PPT 제작 서비스인 Gamma (https://gamma.app/)를 사용하는 방법에 대해서 알아보겠습니다.

링크를 통해 사이트 진입 후 구글 연계로 회원 가입을 빠르게 진행합니다. 이후 아래 이미지와 같이 '새로 만들기' 버튼을 클릭합니다.

[이미지 4.1] Gamma_새로만들기

버튼을 클릭하면 1. 텍스트로 붙여넣기, 2. 생성, 3. 파일 또는 URL 가져오기 라는 세 가지 옵션을 줍니다. 이번에는 작성된 보고서를 텍스트로 붙여 넣어서 슬라이드를 만들어 보도록 하겠습니다.

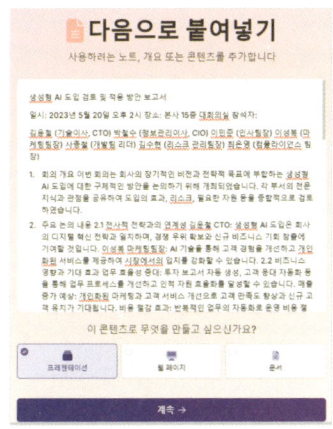

[이미지 4.2] Gamma_텍스트

프레젠테이션 선택 후 계속 버튼을 누르면 아래와 같은 옵션 화면이 등장합니다. 무료 양식 적용 후 텍스트는 적게 표시하기 위하여 응축으로 선택하고 진행하겠습니다.

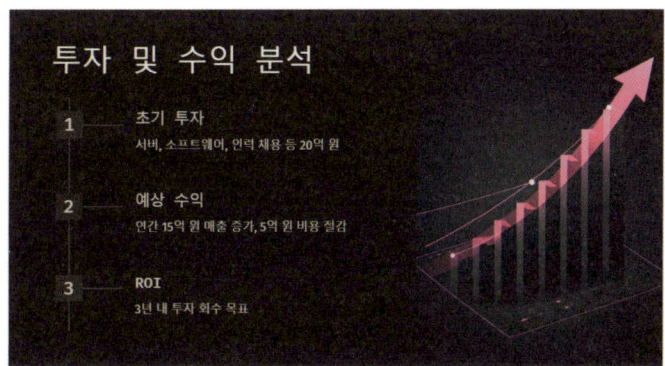

[이미지 4.3] Gamma_슬라이드

입력했던 텍스트를 기반으로 PPT 슬라이드가 자동으로 생성됨을 확인할 수 있습니다.

CHAPTER 04 업무에 활용하기 · **103**

## 신사업 기획안 작성

첫 직장은 누구에게나 설렘과 동시에 두려움을 안겨줍니다. 이번에는 신입사원의 입장에서 ChatGPT를 활용하는 방법을 소개하겠습니다. 신입사원들은 종종 창의적이고 혁신적인 아이디어를 제안하라는 요청을 받곤 합니다. 이 때, 단순히 창의적인 아이디어뿐 아니라 완성도 높은 기획안이 필요합니다. 이러한 필요성에 맞춰, 이번 파트에서는 기획안 작성을 위한 ChatGPT 활용법을 추가해 보았습니다.

### 1. 기획안 구성

이번 상황은 무역 회사의 신사업 전략팀에 입사한 신입사원이 신사업 기획안을 작성해야 하는 상황으로 가정합니다. 처음 기획안을 작성할 때는 전체 구성과 내용 확인이 막연할 수 있습니다. 이러한 과정을 Top-down 방식으로, AI를 활용해 단계별로 구성하고 진행하는 방법을 설명하겠습니다.

나는 무역회사의 신사업 전략팀에 갓 입사한 신입사원이야. 이번에 신사업 기획안을 요청받았어. 기획안을 이제 만들어보려고해. 기획안 구성 순서 및 아이디어 브레인스토밍에 도움이 필요해.

 예시 프롬프트

 AI의 답변

신사업 기획안의 구성 순서
신사업 기획안은 다음과 같은 순서로 구성하는 것이 일반적입니다:

1. 요약 (Executive Summary)
목표 및 기획 배경: 신사업의 주요 목적과 이 사업을 추진하게 된 배경을 간단히 설명합니다.

AI의 답변

핵심 내용 요약: 기획안 전체 내용을 간략히 요약하여 경영진이 빠르게 핵심을 파악할 수 있도록 합니다.

2. 시장 조사 및 분석
시장 트렌드: 산업 동향, 시장의 변화, 고객 요구사항을 조사하여 기회의 존재를 증명합니다.
시장 규모 및 성장성 분석: 진출하려는 시장의 규모와 성장 가능성을 정량적 데이터로 분석합니다.
경쟁사 분석: 주요 경쟁사와 경쟁 환경을 분석하여 우리 사업의 강점과 기회를 파악합니다.

3. 고객 및 문제 정의
타겟 고객: 신사업의 대상이 되는 고객을 정의합니다. (예: 나이, 산업군, 지역 등)
고객의 문제와 니즈: 타겟 고객이 겪고 있는 문제와 그에 대한 요구사항을 명확히 합니다.

4. 비즈니스 모델 및 가치 제안
가치 제안 (Value Proposition): 신사업이 제공할 가치와 고객의 문제를 어떻게 해결할 것인지 설명합니다.
수익 모델: 어떤 방식으로 수익을 창출할 것인지 구체화합니다. (예: 판매, 구독, 서비스 제공 등)
비즈니스 모델 캔버스: 주요 요소들을 정리하여 비즈니스 모델을 한눈에 볼 수 있도록 시각화합니다.

중략 〉

이렇게 기획안의 구성 순서 및 각 단계별로 수행해야 되는 업무를 확인할 수 있습니다. 이제 각 단계별로 기획안을 작성하는데 AI의 도움을 받아보도록 하겠습니다. 모든 단계를 진행하기에는 내용이 너무 길기에 시장 조사 및 분석 단계와 기획안 제출 전 중요 포인트 확인 및 수정하는 단계만 진행하도록 하겠습니다.

## 2. 시장 조사 및 분석

첫번째 단계인 시장 조사 및 분석을 진행해보겠습니다. 기획안의 방향성을 잡기 위한 첫 단계인 만큼 가장 많은 시간을 할애해야 하는데, ChatGPT의 도움을 받으면 빠르게 주요 트렌드를 확인할 수 있습니다.

우리 회사는 에너지 자원, 광물 자원에 관심이 많은 무역회사야. 신사업 기획안을 작성하려고 해. 먼저 시장 조사 및 분석을 수행해줘.
프롬프트

AI의 답변

신사업 기획을 위해 시장 조사 및 분석을 수행해 드리겠습니다. 아래의 내용은 에너지 자원 및 광물 자원의 무역 산업과 관련된 시장 조사 및 분석을 기반으로 신사업 기획의 방향성을 잡기 위한 기초 자료로 구성되어 있습니다. 주요 항목으로는 산업 현황, 주요 트렌드, 경쟁 환경, 기회와 위협 요인 등이 포함됩니다.

1. 산업 현황 및 성장 가능성
에너지 자원 및 광물 자원의 중요성 에너지 자원(석유, 천연가스 등)과 광물 자원(구리, 리튬, 희토류 등)은 산업과 경제 발전의 필수 요소로, 신재생에너지 및 전기차 등 다양한 미래 산업에 대한 수요가 꾸준히 증가하고 있습니다. 특히, 희소 광물의 경우 첨단 기술 제품의 핵심 부품으로 사용되어 전략적 중요성이 매우 큽니다.
시장 규모 글로벌 에너지 및 광물 자원 무역 시장은 매년 4~6% 성장하는 것으로 평가되고 있으며, 특히 중국과 인도의 급격한 산업화, 그리고 탄소중립 목표로 인해 전 세계적으로 천연가스, 리튬, 니켈 등의 자원에 대한 수요가 증가하고 있습니다. 이는 무역 규모 확대의 가능성을 높이고 있습니다.

2. 주요 트렌드
탈탄소화 및 신재생에너지 전환 탄소중립이 글로벌 화두로 떠오르면서 화석연료보다는 천연가스, 수소, 태양광, 풍력 등의 친환경 에너지 자원의 비중이 증가하고 있습니다. 이에 따라 천연가스의 수출입 비중 증가와 수소 및 신재생 에너지 관련 원자재 확보가 중요한 트렌드로 자리잡고 있습니다.

배터리 자원의 중요성 증가 전기차와 에너지 저장 시스템의 확산으로 리튬, 니켈, 코발트 등 배터리 관련 광물 자원의 수요가 급증하고 있습니다. 이로 인해 주요 배터리 자원의 확보 및 안정적인 공급망 구축이 에너지 및 광물 무역의 중요한 요소로 떠오르고 있습니다.

지정학적 리스크 및 공급망 다변화 러시아-우크라이나 전쟁과 같은 지정학적 리스크로 인해 주요 자원의 공급망이 불안정해지면서, 공급망의 다변화와 안정적인 자원 확보가 중요해졌습니다. 이를 해결하기 위해 많은 나라들이 자원 수입처를 다변화하거나 자체 개발을 추진하고 있습니다.

중략 >

산업 현황, 주요 트렌드, 경쟁 환경, 기회와 위협 요인 등을 포함하여 구체적인 내용들을 포함하여 시장 조사를 수행하였습니다. 특정 지역, 특정 자원에 대한 심화 조사가 필요할 시 추가적으로 질의를 수행하면 됩니다.

이번 파트에서 배운 내용과 동일하게 각 단계별로 ChatGPT에게 질의 후 기획안 작성을 진행하면 됩니다. 한번에 기획안의 모든 부분을 커버하여 작성을 요청할 시 퀄리티 있는 내용이 나오기 어렵습니다. 챕터2에서 언급했던 것처럼 프롬프트는 최대한 구체적일수록 좋기 때문입니다. 처음 받은 기획안 구성을 토대로 차례대로 수행하시길 추천 드립니다.

## 3. 기획안 점검 및 수정

　기획안 구성과 각 단계별 진행을 마친 후, 신사업 기획안의 초안이 완성되었습니다. 그러나 이 기획안이 회사의 보고서 유형과 다를 수 있으며, 회사가 선호하는 형식과도 일치하지 않을 수 있습니다. 따라서 부서에서 작성한 우수 기획안을 참고하여 점검하고 수정하는 과정을 거쳐야 합니다. 이를 위해 채팅 창의 첨부 파일 기능을 활용하거나 텍스트를 직접 작성해 ChatGPT에 전달하여 피드백을 받을 수 있습니다. 다만, 보안 이슈로 인해 회사마다 내부 자료를 AI에 제공하는 것이 불가능할 수 있으므로, 내부 문서를 업로드하기 전에는 반드시 확인이 필요합니다.

> **Tip**
> 회사의 파일을 업로드하거나 사용할 때는 사내 문서 유출을 방지하기 위해
> 설정 - 데이터 제어 옵션의 '모두를 위한 모델 개선' 옵션을 끄고 진행하시도록 강력하게 권고 드립니다.

지금 보내주는 파일은 부서에서 작성한 과거 우수 기획안 파일이야. 해당 기획안의 구성도와 유사하게 작성할 수 있도록 지금 기획안의 내용을 점검 및 수정해줘.

프롬프트

AI의 답변

중략 >

기획안을 부서에서 작성한 과거 우수 기획안의 구성에 맞추어 수정했습니다. 주요 변경 사항은 각 항목의 구조를 명확히 하고, 세부적인 실행 계획과 리스크 관리 항목을 구체화하여 기획안의 논리적 흐름을 강화했습니다. 추가로, 향후 일정 및 추진 계획 섹션을 추가하여 실행 가능성을 높였습니다.
추가로 더 필요한 수정이나 보완할 부분이 있으면 말씀해 주세요.

# 고객 클레임 응대 문서 작성

고객 클레임은 비즈니스의 성공 여부를 좌우할 수 있는 중요한 요소입니다. 특히 경쟁이 치열한 현대 사회에서는 고객 불만을 신속하고 정확하게 처리하는 것이 매우 중요합니다. 클레임을 적절히 대응하지 않으면 고객의 이탈을 초래할 수 있으며, 심할 경우 부정적인 리뷰나 입소문을 통해 기업 이미지에 타격을 줄 수 있습니다. 반면, 적절하게 대응한 클레임은 고객 신뢰를 회복할 기회가 되며, 장기적인 고객 관계를 강화할 수 있는 기회로도 작용할 수 있습니다.

고객 클레임 처리에서 중요한 것은 '신속성', '정확성', 그리고 '공감'입니다. 고객은 문제를 신속하게 해결하기를 원하며, 그들의 상황에 대해 이해받고 있음을 느끼고자 합니다. ChatGPT를 활용하면 이러한 고객 대응 과정을 자동화하고 체계화할 수 있으며, 고객 맞춤형 응답을 손쉽게 생성할 수 있습니다.

## 고객 클레임 응대 기본 원칙

고객 클레임 응대 문서를 작성할 때에는 몇 가지 기본 원칙을 따르는 것이 좋습니다. 다음은 고객 응대 문서 작성에서 고려해야 할 핵심 요소들입니다.

### 1. 문제의 정확한 확인

고객이 불만을 제기한 문제의 원인을 정확히 파악해야 합니다. 고객이 제기한 문제에 대한 오해가 없도록 응답 문서에 명확히 기재해야 합니다.

### 2. 신속한 대응

고객의 불만에 대한 응답은 신속해야 합니다. 응답이 지연될 경우, 고객은 더욱 불만을 느낄 수 있으므로, 빠른 대응을 통해 고객의 불만을 최소화하는 것이 중요합니다.

### 3. 공감 표현

고객이 느낀 불편함에 대해 공감하는 문구를 사용하는 것이 중요합니다. 이는 고객이 자신이 존중받고 있다고 느끼게 하며, 문제 해결을 기다리는 과정에서의 불만을 줄일 수 있습니다.

## 4. 구체적인 해결책 제시

문제를 해결하기 위한 구체적인 방안을 제시해야 합니다. 단순히 "조치 중입니다"라고 응답하는 것보다는, "어떠한 조치를 언제까지 취할 것"이라는 구체적인 계획을 제시해야 합니다.

## 5. 재발 방지 약속

같은 문제가 재발하지 않도록 어떤 조치를 취할 것인지 설명하는 것이 중요합니다. 이는 고객에게 신뢰를 주며, 장기적인 관계 형성에 도움이 됩니다.

# 표준 템플릿 생성

고객 클레임 기본 원칙을 준수하며 자동화 된 업무 처리를 위해 표준 템플릿 생성이 필요합니다.

프롬프트

고객 클레임 응대 문서의 표준 템플릿을 생성하고자 해. 아래 다섯 가지 기본 원칙을 고려해서 표준 템플릿 생성을 해줘. 회사명은 ABC 컴퍼니이고, 고객지원팀에서 해당 템플릿을 사용할거야.

〈기본원칙〉
1. 문제의 정확한 확인: 고객이 불만을 제기한 문제의 원인을 정확히 파악해야 합니다. 고객이 제기한 문제에 대한 오해가 없도록 응답 문서에 명확히 기재해야 합니다.

2. 신속한 대응: 고객의 불만에 대한 응답은 신속해야 합니다. 응답이 지연될 경우, 고객은 더욱 불만을 느낄 수 있으므로, 빠른 대응을 통해 고객의 불만을 최소화하는 것이 중요합니다.

3. 공감 표현: 고객이 느낀 불편함에 대해 공감하는 문구를 사용하는 것이 중요합니다. 이는 고객이 자신이 존중받고 있다고 느끼게 하며, 문제 해결을 기다리는 과정에서의 불만을 줄일 수 있습니다.

4. 구체적인 해결책 제시: 문제를 해결하기 위한 구체적인 방안을 제시해야 합니다. 단순히 "조치 중입니다"라고 응답하는 것보다는, "어떠한 조치를 언제까지 취할 것"이라는 구체적인 계획을 제시해야 합니다.

5. 재발 방지 약속: 같은 문제가 재발하지 않도록 어떤 조치를 취할 것인지 설명하는 것이 중요합니다. 이는 고객에게 신뢰를 주며, 장기적인 관계 형성에 도움이 됩니다.

〈/기본원칙〉

중략 〉

AI의 답변

[고객 클레임 응대 문서]

제목: 고객님께 드리는 사과와 문제 해결 방안 안내
발신자: ABC 컴퍼니 고객지원팀 수신자: [고객명]님 발송일: [발송일]

안녕하세요, [고객명]님.
ABC 컴퍼니 고객지원팀입니다.

우선, 저희 제품/서비스 이용 중 불편을 겪으신 점 진심으로 사과드립니다. 고객님의 말씀에 깊이 공감하며, 저희가 문제를 신속히 해결하기 위해 최선을 다하고 있음을 알려드립니다. 고객님께서 제기해주신 문제는 [문제 내용]에 관련된 것으로 파악되었습니다. 구체적으로, [문제의 원인]으로 인해 불편을 겪으신 것으로 확인되었습니다. 이 문제가 고객님의 기대에 미치지 못해 실망을 드린 점 다시 한번 죄송하게 생각합니다.

저희 ABC 컴퍼니는 고객님의 불만 사항을 신속하게 처리하기 위해 내부적으로 관련 부서와 협력하여 즉각적인 대응을 준비하고 있습니다. 고객님께서 불편을 겪으신 점을 해결하기 위해 신속히 조치를 취하겠습니다.

고객님의 불편을 저희도 충분히 이해하고 있으며, 해당 문제로 인해 겪으신 불편함에 대해 깊이 공감합니다. 고객님의 소중한 시간과 기대를 저버리지 않기 위해 앞으로도 더 나은 서비스를 제공하도록 노력하겠습니다.

문제 해결을 위해 아래와 같은 조치를 취할 예정입니다:
[해결 방안 1]: [구체적인 해결책 1]을 [기한]까지 완료할 예정입니다.
[해결 방안 2]: [구체적인 해결책 2]도 함께 진행하여 고객님의 불편을 최소화할 계획입니다.

고객님께서 요청하신 [보상/환불/교환] 절차 또한 즉시 처리될 수 있도록 진행하겠습니다.

같은 문제가 재발하지 않도록 저희 ABC 컴퍼니는 [재발 방지 조치]를 시행할 계획입니다. 이를 통해 고객님을 비롯한 모든 고객님께서 더욱 만족스러운 서비스를 제공받으실 수 있도록 최선을 다하겠습니다.

고객님의 만족을 최우선으로 생각하며, 언제든지 추가적인 문의 사항이 있으시면 저희 고객지원팀으로 연락 주시기 바랍니다. 빠르게 문제를 해결하여 고객님의 불편을 해소하겠습니다.

다시 한 번 불편을 끼쳐드려 죄송하며, 저희 ABC 컴퍼니를 믿고 이용해 주신 것에 대해 깊이 감사드립니다.

AI의 답변

감사합니다.
[고객지원팀 담당자 이름]

ABC 컴퍼니 고객지원팀
[연락처]
[이메일 주소]

이 템플릿을 바로 활용하시면 됩니다! 필요한 부분만 수정하여 사용하시면 됩니다.

중략 〉

## 실습 : 클레임 대응 문서 작성

표준 템플릿을 바탕으로 몇 가지 사례로 실제 대응 문서 작성을 해보겠습니다.

예시 프롬프트

표준 템플릿을 바탕으로 클레임 대응 문서 작성을 부탁해.
[민원1]
이름: 차연희
민원 내용: 제품의 하단 부분 손상으로 인한 환불요구
민원일시: 24년 10월 05일

AI의 답변

제목: 환불 요청에 대한 사과와 문제 해결 방안 안내
발신자: ABC 컴퍼니 고객지원팀
수신자: 차연희님
발송일: 2024년 10월 05일

안녕하세요, 차연희님.
ABC 컴퍼니 고객지원팀입니다.

우선, 저희 제품 이용 중 불편을 겪으신 점 진심으로 사과드립니다. 고객님의 말씀에 깊이 공감하며, 저희가 문제를 신속히 해결하기 위해 최선을 다하고 있음을 알려드립니다.

AI의 답변

저희 ABC 컴퍼니는 고객님의 불만 사항을 신속하게 처리하기 위해 내부적으로 관련 부서와 협력하여 즉각적인 대응을 준비하고 있습니다. 고객님의 요청에 따라 환불 절차를 바로 진행할 수 있도록 조치를 취하겠습니다.

고객님의 불편을 충분히 이해하고 있으며, 해당 문제로 인해 겪으신 불편함에 대해 깊이 공감합니다. 고객님의 소중한 시간과 기대를 저버리지 않기 위해 앞으로도 더 나은 제품과 서비스를 제공하도록 노력하겠습니다.

문제 해결을 위해 아래와 같은 조치를 취할 예정입니다:

환불 절차: [2024년 10월 07일]까지 환불 처리를 완료할 예정입니다.
고객님께서 요청하신 환불 절차 또한 즉시 처리될 수 있도록 최선을 다하겠습니다. 같은 문제가 재발하지 않도록 저희 ABC 컴퍼니는 품질 관리 프로세스를 강화하여 재발 방지 조치를 시행할 계획입니다. 이를 통해 고객님을 비롯한 모든 고객님께서 더욱 만족스러운 제품을 제공받으실 수 있도록 최선을 다하겠습니다.

고객님의 만족을 최우선으로 생각하며, 언제든지 추가적인 문의 사항이 있으시면 저희 고객지원팀으로 연락 주시기 바랍니다. 빠르게 문제를 해결하여 고객님의 불편을 해소하겠습니다. 다시 한 번 불편을 끼쳐드려 죄송하며, 저희 ABC 컴퍼니를 믿고 이용해 주신 것에 깊이 감사드립니다.

감사합니다.

김지원
ABC 컴퍼니 고객지원팀
연락처: 080-123-4567
이메일 주소: support@abccompany.com

중략 >

이렇게 클레임 대응 문서 작성 자동화를 통해 업무 생산성을 극한으로 높일 수 있습니다. 기업의 각종 고객 대응 문서 뿐만 아니라 쇼핑몰, 스마트스토어 등 고객 접점이 많은 곳에서 활용한다면 일관성 있는 표준화 된 내용을 통해 고객 응대가 가능합니다.

# 마케팅 콘텐츠 작성

마케터의 입장에서 ChatGPT는 유용한 도구입니다. 이번 파트에서는 블로그 포스팅과 SNS 콘텐츠 작성, 그리고 검색 엔진에 잘 노출되기 위한 검색 엔진 최적화(SEO) Search Engine Optimization를 위한 팁을 배워보겠습니다. 이 챕터에서 배운 내용은 블로그와 SNS 콘텐츠 작성뿐만 아니라, 스마트스토어와 쿠팡의 로켓그로스 등 쇼핑몰을 운영하는 사업자들에게도 유용합니다. 썸네일 디자인, 제품 홍보 문구 작성 등에 큰 도움이 될 수 있습니다.

## 블로그 포스팅 작성

### 1. 독자를 파악하기

블로그 포스팅은 항상 명확한 대상 독자를 염두에 두고 작성해야 합니다. 독자가 원하는 정보가 무엇인지, 어떤 문제를 해결하고자 하는지를 이해하는 것이 중요합니다. 예를 들어, 특정 제품에 관심이 있는 사람들에게는 제품의 기능, 사용 후기, 문제 해결 팁 등을 다루는 것이 효과적입니다. 이번 예시에서는 선크림 관련 콘텐츠를 작성한다고 가정하고 진행하겠습니다.

> 선크림에 관심이 있는 고객들이 원하는 정보는 무엇일까요? 이 제품이 고객의 문제를 어떻게 해결해 줄 수 있을까요?

예시 프롬프트

AI의 답변

> 선크림에 관심이 있는 고객들은 주로 다음과 같은 정보를 원합니다. 첫째, 자외선 차단 효과에 대한 과학적 설명과 SPF/PA 지수의 의미. 둘째, 피부 타입에 맞는 제품 선택 가이드(예: 민감성 피부, 지성 피부 등). 셋째, 사용 후기 및 실제 사용자들의 경험을 통한 제품의 장단점.
>
> 중략 >

블로그 게시글을 통해 독자가 콘텐츠에서 원하는 답변을 얻을 수 있도록 도와야 합니다. 독자의 관심사를 명확히 정의하고 그에 맞는 콘텐츠를 제공하는 것이 성공적인 블로그 포스팅의 기본입니다.

## 2. 문제 해결 중심의 컨텐츠 작성

사람들이 블로그에 방문하는 가장 큰 이유 중 하나는 자신의 문제를 해결하기 위해서입니다. 예를 들어, 화장품을 광고하는 블로그라면 "길어진 여름, 선크림으로 대처하는 법" 같은 주제는 독자들에게 유용한 정보를 제공하면서 제품에 대한 자연스러운 관심을 유도할 수 있습니다.

민감성 피부를 위한 선크림을 선택하려면 무엇을 고려해야 할까요?

예시 프롬프트

AI의 답변

민감성 피부를 위한 선크림을 선택하려면 몇 가지 중요한 요소를 고려해야 합니다. 첫째, 자극이 적은 성분을 사용하는지 확인해야 합니다. 예를 들어, 알로에 베라, 카모마일 등 진정 효과가 있는 성분이 포함된 선크림을 선택하는 것이 좋습니다. 둘째, 알코올이나 향료 같은 잠재적으로 자극을 줄 수 있는 성분이 없는 제품을 선택해야 합니다. 셋째, 물리적 자외선 차단제(징크 옥사이드, 티타늄 디옥사이드)가 포함된 선크림은 화학적 성분에 민감한 피부에 더 안전할 수 있습니다. 이러한 요소들을 고려해 민감성 피부에도 안전하게 사용할 수 있는 선크림을 선택하는 것이 중요합니다."

중략 >

이러한 문제 해결형 콘텐츠는 독자의 신뢰를 구축하고, 그 결과 브랜드에 대한 충성도를 높이는 데 도움이 됩니다. 문제를 정확히 이해하고, 그에 맞는 해결책을 제시하여 독자가 이를 통해 이점을 얻을 수 있도록 하는 것이 중요합니다.

## 3. 스토리텔링 기법 활용

블로그 포스팅에서 스토리텔링 기법을 사용하는 것은 독자의 흥미를 끌고 콘텐츠와의 감정적 연결을 만들어 줍니다. 독자의 공감을 이끌어낼 수 있는 개인적 경험이나 고객 사례를 활용해 이야기를 풀어가면 독자가 더 쉽게 몰입할 수 있습니다.

> 선크림과 관련하여 스토리텔링 기법을 활용해서 블로그 포스팅 글을 작성해줘.
>
>
> 예시 프롬프트

AI의 답변

> 여름철 필수 아이템: 선크림 사용의 중요성과 추천 제품
> 안녕하세요, 뷰티 블로거 미소입니다! 🌞
>
> 최근 들어 날씨가 점점 더워지고 햇빛이 강해지고 있어요. 여러분은 피부 관리 잘하고 계신가요? 저는 얼마 전 작은 실수로 큰 교훈을 얻었답니다.
>
> 작은 실수, 큰 깨달음
> 지난 주말, 친구들과 함께 야외 피크닉을 갔어요. 날씨가 조금 흐려서 선크림을 바르지 않고 나갔는데, 그날 저녁 거울을 보니 얼굴이 붉게 달아오르고 있더라고요! 구름 낀 날에도 자외선은 우리 피부를 공격한다는 사실을 깜빡했죠.
>
> 선크림의 중요성
>
> 이 경험 이후로 선크림의 중요성을 다시 한 번 깨달았어요. 자외선은 피부 노화의 주범이며, 기미와 주근깨의 원인이 되기도 하죠. 따라서 매일매일 선크림을 바르는 것은 선택이 아닌 필수입니다.
>
> 중략 >

이렇게 블로거의 말투를 흉내내어 포스팅을 작성하는 것도 가능합니다. 글 쓰기에 자신이 없다면, 프롬프트에 유명 블로거들의 관련 글 몇 개를 샘플로 주고, 유사하게 작성해달라고 하는 것도 좋은 방법입니다.

## 4. 구조적 글 쓰기

- **제목과 서론:** 포스팅 제목은 독자의 관심을 끌어야 하며, 서론에서는 글의 주요 내용을 간단히 요약합니다. 제목은 독자의 관심을 단번에 끌 수 있는 매력적인 요소로 구성되어야 하며, 서론에서는 포스팅에서 다룰 주제와 문제를 간략히 설명하고 독자에게 기대감을 심어줍니다.

- **본론:** 본론에서는 문제를 분석하고 해결 방법을 제시합니다. 소제목을 활용하여 내용을 체계적으로 나누면 독자들이 더 쉽게 이해할 수 있습니다. 각 소제목은 독자들이 어떤 내용을 기대할 수 있는지를 명확히 보여줘야 하며, 핵심 내용들을 구조적으로 제시함으로써 독자들의 집중을 돕습니다. 본론에서는 자세한 설명과 함께 예시나 그림을 통해 독자들이 문제를 해결하는 데 필요한 모든 정보를 제공합니다.

- **결론:** 결론에서는 주요 포인트를 정리하고 독자에게 다음 행동을 유도하는 콜 투 액션(Call to Action)을 넣습니다. 결론은 독자에게 다시 한번 주요 정보를 상기시키며, 블로그에서 제시한 해결책이 독자에게 얼마나 유익한지 강조해야 합니다. 또한, 관련 제품 구매나 추가적인 정보 제공 요청 등 구체적인 행동을 유도하는 문구를 포함해 독자가 자연스럽게 다음 단계를 밟도록 합니다.

---

선크림과 관련하여 블로그 포스팅을 글을 작성해보려고해. 구조적으로 글을 어떻게 작성하면 좋을까?

예시 프롬프트

AI의 답변

안녕하세요! 선크림에 대한 블로그 포스팅을 준비하고 계시군요. 효과적이고 독자 친화적인 글을 작성하기 위해서는 구조를 잘 잡는 것이 중요합니다. 아래에 선크림 관련 블로그 포스팅의 구성 방법을 제안해 드릴게요.

1. 도입부
관심 유발 요소
질문 던지기: "여러분은 매일 선크림을 바르고 계신가요?"
일상 에피소드: 개인적인 경험이나 최근 이슈를 간단히 언급하여 공감을 이끌어냅니다.
주제 소개
이번 포스팅에서 다룰 내용에 대한 간략한 소개를 합니다.
예: "오늘은 피부를 지키는 첫 걸음, 선크림의 중요성과 선택 방법에 대해 알아보려고 합니다."
공유 버튼 배치 및 공유 시 혜택 안내

2. 본문
A. 선크림의 중요성
자외선의 위험성
UVA와 UVB의 차이와 피부에 미치는 영향 설명
자외선으로 인한 피부 노화, 기미, 주근깨, 피부암 등의 위험성 언급
선크림 사용의 이점
피부 보호 외에도 미백, 주름 개선 등 추가적인 이점 소개
매일 선크림을 사용해야 하는 이유 강조
B. 선크림 선택 가이드
SPF와 PA 지수의 의미
SPF와 PA의 차이점과 각각의 중요성 설명
생활 패턴에 따른 적절한 지수 선택 방법 안내
피부 타입별 선크림 제형 선택
지성 피부: 유분이 적은 산뜻한 타입 추천
건성 피부: 보습력이 높은 크림 타입 추천
민감성 피부: 무향료, 무기자차 등 저자극 제품 추천
성분 및 추가 기능 고려
유해 성분 피하는 방법
미백, 주름 개선 등 부가 기능 소개

중략 >

고객 클레임 응대 문서 작성 파트와 유사하게 블로그 포스팅 또한 구조적인 표준 템플릿을 위와 유사하게 만들어 둔다면 블로그 포스팅 또한 많은 부분이 자동화가 가능합니다.

## 5. SEO를 고려한 키워드 활용

SEO<sub>Search Engine Optimization</sub>를 고려한 블로그 포스팅은 검색 엔진에서 더 높은 순위를 얻어 게시글이 많은 사람들에게 도달할 수 있도록 도와줍니다. 키워드를 글의 제목, 본문, 메타 설명에 자연스럽게 포함시키고, 구체적인 정보를 제공하는 것이 중요합니다. 다만 너무 과도한 키워드의 남용은 저품질 게시글로 분류되어 악영향을 미칠 수 있으니 항상 게시 전 확인이 필요합니다.

선크림 관련 블로그 포스팅을 작성하려고 해. SEO 관점에서 어떤 키워드를 어떻게 활용하는 것이 가장 좋을까?

예시 프롬프트

AI의 답변

안녕하세요! 선크림 관련 블로그 포스팅을 준비하시면서 SEO에 대해 고민하고 계시는군요. 효과적인 SEO 전략은 블로그의 노출을 높이고 더 많은 독자들에게 도달하는 데 중요합니다. 아래에 SEO 관점에서 선크림 관련 키워드 선정과 활용 방법을 자세히 안내해 드리겠습니다.

1. 키워드 연구
A. 기본 키워드 선정
핵심 키워드: '선크림', '자외선 차단제', 'SPF', 'PA', 'UV 차단'
롱테일 키워드: 경쟁이 높지 않고 구체적인 검색어
예: '지성 피부 선크림 추천', '무기자차 선크림 효과', '선크림 바르는 방법'

B. 키워드 도구 활용
네이버 키워드 도구: 네이버 광고 플랫폼에서 제공하는 키워드 도구를 사용해 검색량과 경쟁 정도를 확인하세요.
구글 키워드 플래너: 구글 애드워즈에서 제공하는 키워드 플래너로 글로벌 트렌드를 파악할 수 있습니다.
관련 키워드 찾기
자동 완성 및 연관 검색어 활용: 검색창에 '선크림'을 입력하면 자동으로 나타나는 연관 검색어를 참고하세요.
경쟁사 분석: 유사한 주제의 인기 블로그나 기사에서 사용한 키워드를 분석합니다.

C. 계절 및 트렌드 고려
계절성 키워드: 여름철에는 '썬블록', '강력한 자외선 차단제' 등의 키워드가 인기가 높습니다.
트렌드 키워드: 최근 인기 있는 제품이나 성분(예: '센텔라아시아티카 선크림', '나이아신아마이드 함유 선크림')을 키워드에 포함합니다.

B. 소제목(Subheading)에 키워드 활용
H2, H3 태그에 키워드 포함
소제목에 관련 키워드를 자연스럽게 포함시켜 콘텐츠 구조를 명확히 합니다.
예: "선크림 선택 시 알아야 할 SPF와 PA 차이", "무기자차 vs 유기자차, 무엇이 내 피부에 좋을까?"

중략 〉

키워드는 독자가 검색할 가능성이 높은 단어나 구문을 의미하며, 이를 효과적으로 활용하면 블로그의 가시성을 크게 높일 수 있습니다. 또한, 키워드를 자연스럽게 배치함으로써 독자들이 글을 읽을 때 불편함을 느끼지 않도록 해야 합니다. 이를 통해 검색 엔진과 독자 모두에게 긍정적인 반응을 얻을 수 있습니다.

> **Tip**
> 웨어이즈포스트의 키워드 마스터나, 키자드, 블랙키위 등 다양한 키워드 분석 사이트에서 사람들이 많이 검색하지만 블로그 발행글은 적은 키워드를 찾는 것이 핵심입니다. 흔히 많이 쓰는 '맛집'과 같은 키워드는 너무 많은 게시글이 있기 때문에 내 게시글이 노출될 확률이 낮아 경쟁력이 떨어지는 키워드입니다.

## SNS 콘텐츠 작성

SNS는 빠르고 강력한 파급력을 가진 마케팅 채널입니다. 특히 인스타그램과 같은 이미지 중심의 SNS는 제품을 빠르게 홍보하고 소비자와 소통하는 데 중요한 역할을 합니다. 이번 파트에서는 SNS 중 인스타그램에 포스팅 할 콘텐츠를 작성해보겠습니다.

인스타그램에 마케팅 콘텐츠를 작성하려고 해. 중요 요소들을 무엇이 있을까?

예시 프롬프트

AI의 답변

시각적 품질 및 일관성:
고해상도 이미지와 영상: 인스타그램은 시각 중심의 플랫폼이므로, 선명하고 매력적인 이미지를 사용해야 합니다.
브랜드 일관성 유지: 로고, 색상, 폰트 등 브랜드 아이덴티티를 일관되게 표현하여 브랜드 인지도를 높입니다.

명확한 타겟 설정:
오디언스 분석: 타겟 고객의 연령, 성별, 관심사 등을 파악하여 그들에게 맞는 콘텐츠를 제작합니다.
개인화된 메시지: 타겟층에 공감대를 형성할 수 있는 내용으로 개인화합니다.
스토리텔링:
감성적 연결: 제품이나 서비스에 대한 이야기를 통해 감성적인 연결을 유도합니다.
문제 해결 제시: 고객의 문제를 해결할 수 있는 솔루션으로서의 제품을 강조합니다.

캡션 전략:
키 메시지 전달: 핵심 내용을 명확하고 간결하게 전달합니다.
CTA(Call to Action) 포함: "지금 구매하세요", "자세히 알아보기" 등 행동을 유도하는 문구를 사용합니다.
해시태그 활용: 관련성 높은 해시태그를 사용하여 콘텐츠의 노출 범위를 확대합니다.

'사용자 참여 유도:
질문 던지기: 댓글로 답변할 수 있는 질문을 제시하여 참여를 유도합니다.
이벤트 및 프로모션: 할인 코드, 경품 행사 등을 통해 참여를 촉진합니다.

중략 〉

답변을 통해 고려해야 할 중요 요소들을 확인할 수 있었습니다. 블로그 포스팅 작성을 통해 각 단계별 진행을 해보았으니, 이번에는 모든 중요 요소들을 한번에 고려하여 포스팅 이미지 및 게시글 생성하는 것을 바로 수행해보도록 하겠습니다.

20,30 고객을 대상으로 썬크림 제품을 인스타그램 채널을 통해 마케팅하려고해. SPF 50에 해당되는 제품이고, 가격대비 우수한 성능을 강조해서 마케팅을 진행하려고해. 위에 답변한 고려해야 할 중요 요소들을 바탕으로 이미지와 함께 썬크림 마케팅 콘텐츠를 작성해줘.

[이미지 구성]
메인 이미지: 밝은 햇살 아래 해변이나 도심에서 활기차게 웃고 있는 20~30대 남녀의 모습.
제품 노출: 손에 썬크림을 들고 있거나 얼굴에 가볍게 바르는 모습.
브랜드 색상 활용: 전체적으로 산뜻한 파스텔톤을 사용하여 젊고 생동감 있는 분위기 연출.
텍스트 오버레이: 이미지 한쪽에 "SPF 50", "가성비 최고!", "피부를 지키는 현명한 선택" 등의 키워드를 세련되게 배치.

AI의 답변

[캡션]
☀️ 태양은 뜨겁게, 피부는 시원하게! 😎
여름의 강렬한 자외선, 내 피부는 안전할까요? 이제 걱정 없이 즐기세요! 우리 SPF 50 썬크림이 합리적인 가격으로 당신의 피부를 지켜드립니다. 💛
고성능 SPF 50으로 완벽 차단
 가벼운 발림성으로 산뜻하게 합리적인 가격으로 매일매일 든든하게
지금 구매하시면 특별 할인 혜택까지! 🎁
👉 [프로필 링크]에서 자세히 알아보세요!

여러분은 어떤 썬크림을 사용하고 계신가요? 댓글로 추천 이유를 공유해주세요! 😊

#썬크림 #자외선차단 #SPF50 #가성비템 #피부관리 #여름필수품 #20대 #30대 #데일리스킨케어 #스킨케어추천

[스토리텔링 요소]
태양 아래에서 자유롭게 활동하고 싶은 20~30대의 라이프스타일을 반영하여, 썬크림 사용의 필요성과 제품의 장점을 자연스럽게 연결하였습니다.

[사용자 참여 유도]
질문을 통해 팔로워들이 댓글로 자신의 경험을 공유하도록 유도하여 참여도를 높였습니다.

[콜 투 액션(Call to Action)]
프로필 링크를 통해 자세한 정보와 구매로 이어지도록 안내하였습니다.

[해시태그 전략]
관련성 높은 해시태그를 사용하여 노출 범위를 확대하였습니다.

이렇게 구성된 콘텐츠는 타겟 고객층의 관심을 끌고, 제품의 우수한 성능과 가성비를 효과적으로 전달할 수 있습니다. 또한, 시각적인 요소와 캡션을 조화롭게 활용하여 인스타그램에서의 참여도를 높일 수 있습니다.

중략 >

순차적인 프롬프트를 바탕으로 중요 요소들을 전부 점검 후 인스타그램 콘텐츠를 작성하였습니다. SNS 콘텐츠 또한 개인 맞춤형 ChatGPT를 생성해두고 표준 템플릿과 함께 자동화를 해두면 더욱 효과적으로 사용할 수 있습니다.

## 효과적인 SEO를 위한 꿀팁

검색 엔진 최적화(SEO)는 온라인 마케팅의 핵심 요소로, 웹사이트나 콘텐츠가 검색 엔진 결과 페이지에서 상위에 노출되도록 돕습니다. 이는 트래픽 증가, 브랜드 인지도 향상, 그리고 매출 증대로 이어집니다. 이 파트에서는 ChatGPT를 활용하여 효과적인 SEO 전략을 수립하고 실행하는 방법을 상세히 알아보겠습니다. 모든 예시는 선크림을 주제로 하여 실제 적용 방안을 구체적으로 제시하겠습니다.

### 1. SEO를 위한 고려사항 찾기

> 썬크림 마케팅을 진행하려고해. 효과적인 SEO를 위한 꿀팁이 뭐가 있을까?

예시 프롬프트

AI의 답변

- 키워드 연구 및 선택
썬크림 관련 주요 키워드 분석
롱테일 키워드 활용 전략
계절별 키워드 트렌드 파악
경쟁사 키워드 조사 및 벤치마킹

- 콘텐츠 최적화
SEO 친화적인 메타 태그 작성
키워드를 포함한 매력적인 헤드라인 작성
고품질의 본문 콘텐츠 구성
사용자 질문에 답변하는 FAQ 섹션 추가

- 온페이지 SEO
내부 링크 구조 최적화
이미지 최적화 및 ALT 태그 활용
모바일 친화적인 웹사이트 구축
페이지 로딩 속도 개선

- 오프페이지 SEO
고품질 백링크 구축 전략
인플루언서 및 블로거 협업
소셜 미디어 마케팅과의 연계
게스트 포스팅 활용

- 기술적 SEO
사이트맵 및 로봇.txt 설정
SSL 인증서 적용으로 보안 강화
구조화된 데이터 마크업 활용
중복 콘텐츠 해결 및 리다이렉트 설정

중략 〉

효과적인 SEO를 위한 주요 고려사항들을 상세하게 답변 받을 수 있었습니다. 키워드 연구 및 선택부터 사용자 참여 및 유지 전략까지 총 20개의 고려 사항을 전달받았습니다. 전부 진행하기에는 양이 많으니 키워드 연구 및 선택 부분만 진행해보고, 한꺼번에 진행하도록 하겠습니다.

## 2. 키워드 연구 및 선택

키워드 연구는 SEO의 출발점입니다. 선크림과 관련된 다양한 키워드를 찾아내어 콘텐츠에 활용해야 합니다. ChatGPT에게 선크림 관련 키워드 아이디어를 요청하면 롱테일 키워드부터 인기 검색어까지 폭넓은 키워드를 얻을 수 있습니다.

여름철 선크림 사용과 관련된 롱테일 키워드 아이디어를 제시해줘.

AI의 답변

여름철 선크림 사용과 관련된 롱테일 키워드 아이디어를 제시해드리겠습니다:

여름철 선크림 추천 제품

여름철 선크림 바르는 방법

지성 피부를 위한 여름철 선크림

여름철 선크림 SPF 선택 가이드

선크림 지속 시간과 재도포 방법

워터프루프 선크림 추천 및 사용법

민감성 피부용 여름 선크림 선택

선크림과 메이크업의 올바른 순서

야외활동 시 선크림 선택 요령

유분기 없는 여름 선크림 추천

중략 〉

또한, 경쟁사들이 어떤 키워드를 사용하고 있는지 분석하여 전략을 세울 수 있습니다.

선크림 시장에서 경쟁사들이 타겟팅하는 주요 키워드는 무엇인지 알려줘.
예시 프롬프트

AI의 답변

선크림 시장에서 경쟁사들이 타겟팅하는 주요 키워드는 다음과 같습니다:

선크림 추천: 소비자들이 가장 많이 찾는 키워드로, 다양한 제품 추천을 통해 구매를 유도합니다.

자외선 차단제: 선크림의 다른 표현으로, 자외선 차단 기능에 집중한 키워드입니다.

SPF 높은 선크림: 높은 자외선 차단 지수를 원하는 소비자들을 타겟팅합니다.

무기자차 선크림: 화학 성분이 아닌 무기 자외선 차단제를 찾는 소비자들에게 인기 있는 키워드입니다.

수분감 있는 선크림: 건조하지 않고 촉촉한 사용감을 원하는 고객들을 겨냥합니다.

민감성 피부 선크림: 피부가 예민한 소비자들을 위한 저자극성 제품을 홍보할 때 사용합니다.

남자 썬크림: 남성용 제품을 찾는 소비자들을 타겟으로 한 키워드입니다.

워터프루프 썬크림: 물과 땀에 강한 제품을 원하는 야외 활동자들을 대상으로 합니다.

아기용 썬크림: 어린이와 유아용 제품을 찾는 부모들을 위한 키워드입니다.

톤업 썬크림: 피부 톤을 밝게 해주는 기능성 제품에 관심 있는 소비자들을 타겟팅합니다.

중략 〉

## 3. 고려사항 체크 및 전략 수립

AI를 업무에 활용하는데 있어서 순차적으로 물어가며, 구체적으로 확인하는 부분은 Claude3나 Google Gemini등 다른 어떤 AI를 활용하던 항상 중요하게 요구되는 부분입니다. 이제, 지금까지 배운 내용을 바탕으로 효과적인 SEO를 위한 모든 고려사항을 한꺼번에 확인 후 포스팅 글을 작성하도록 해보겠습니다.

방금 전 알려준 효과적인 SEO 전략의 주요 고려사항들을 확인하여 썬크림 마케팅 콘텐츠 작성 전략을 수립해줘.

1. 키워드 연구 및 선택

전략 수립:
주요 키워드 식별: "썬크림", "자외선 차단제", "SPF 50 썬크림" 등 높은 검색량의 키워드를 식별합니다.
롱테일 키워드 활용: "민감성 피부용 썬크림", "아이들을 위한 안전한 썬크림", "지성 피부에 좋은 썬크림" 등의 구체적인 키워드를 발굴합니다.
계절별 키워드 트렌드 파악: 여름철에는 "워터프루프 썬크림", 겨울철에는 "겨울용 썬크림" 등의 시즌별 키워드를 활용합니다.
경쟁사 키워드 분석: 경쟁사들이 타겟팅하는 키워드를 분석하여 차별화된 키워드 전략을 수립합니다.

AI의 답변

실행 방안:
키워드 도구(Google Keyword Planner 등)를 활용하여 관련 키워드를 조사합니다.
발견한 키워드를 콘텐츠에 자연스럽게 포함시킵니다.

2. 콘텐츠 최적화
전략 수립:
SEO 친화적인 메타 태그 작성: 각 페이지마다 키워드를 포함한 메타 제목과 설명을 작성합니다.
매력적인 헤드라인 작성: 키워드를 포함하면서도 클릭을 유도하는 헤드라인을 만듭니다.
고품질 본문 콘텐츠 구성: 사용자에게 가치 있는 정보를 제공하는 깊이 있는 콘텐츠를 작성합니다.
FAQ 섹션 추가: 사용자들이 자주 묻는 질문을 모아 답변을 제공합니다.
실행 방안:
예: "SPF와 PA의 차이점은 무엇인가요?"라는 제목으로 상세한 설명을 제공합니다.
콘텐츠 내에 키워드를 자연스럽게 포함하고, 가독성을 높이기 위해 소제목과 목록을 활용합니다.

중략 ▶

　위의 AI의 답변은 생략되었지만, 1. 키워드 연구 및 선택부터 20. 사용자 참여 및 유지 전략까지 모든 부분에 있어서 적절한 전략을 수립해주었습니다. 이처럼 마케팅을 함에 있어서도 ChatGPT는 유용하게 활용될 수 있는 도구입니다. 여러분의 창의성을 ChatGPT를 통해 한층 더 끌어올려, 보다 효율적이고 생산적인 결과를 만들어 낼 수 있습니다.

## 마무리

이번 챕터에서는 ChatGPT를 활용하여 실제 업무에서 문서 작성과 자동화를 어떻게 효과적으로 수행할 수 있는지 깊이 있게 살펴보았습니다. 다양한 업무 환경에서 ChatGPT는 생산성을 크게 향상시키는 도구로 자리매김하고 있습니다.

보고서 작성 및 신사업 기획안 작성 파트에서는 시장 분석, 목표 설정, 실행 계획 수립 등 복잡하고 시간 소모적인 작업을 체계적으로 수행할 수 있었습니다. ChatGPT는 방대한 데이터셋을 바탕으로 시장의 최신 트렌드를 분석하고, 구체적인 비즈니스 전략을 제안하여 기업이 빠르게 변화하는 시장 환경에 적응하고 경쟁력을 유지하는 데 큰 도움을 주었습니다.

고객 응대 문서 작성에서는 신속하고 일관성 있는 대응을 통해 고객 만족도를 높일 수 있었습니다. 예를 들어, 고객 클레임 처리 과정에서 AI를 활용하여 표준화된 사과 메시지를 빠르게 생성함으로써 고객과의 신뢰를 구축하고 문제 해결 시간을 단축할 수 있었습니다.

마케팅 콘텐츠 작성 분야에서는 제품이나 서비스를 효과적으로 홍보하기 위한 다양한 콘텐츠를 신속하게 작성할 수 있었습니다. ChatGPT는 SNS 홍보 글, 광고 문구, 블로그 포스팅 등 다양한 마케팅 콘텐츠를 생성하여 더 많은 잠재 고객에게 다가갈 수 있는 기회를 제공할 수 있습니다. 또한, 효과적인 SEO를 위한 팁들을 통해 검색 엔진의 노출율을 높일 수 있는 방안에 대해서 배울 수 있었습니다.

이처럼 생성형 AI, 특히 ChatGPT는 문서 작성과 자동화의 새로운 표준을 제시하고 있습니다. 이를 통해 기업은 시간과 비용을 절약하고, 더 높은 품질의 문서를 빠르게 작성할 수 있게 되었습니다. 또한 자동화된 문서 처리는 데이터 입력 오류를 줄이고, 정보의 일관성을 유지하며, 중요한 업무에 더 많은 시간을 투자할 수 있게 합니다.

업무에 활용하기에서 배운 내용을 바탕으로, 다음 장에서는 ChatGPT의 중급 활용 방법을 탐구하며, 더 나은 생산성과 창의성을 발휘할 수 있는 다양한 방법을 소개할 예정입니다. 예를 들어, GPTs를 깊이 있게 알아보고, 이미지 생성 능력을 활용하여 시각적 콘텐츠를 제작하는 방법을 다룹니다. 또한 GPT와의 음성 통화를 통해 보다 자연스러운 상호 작용을 경험하고, 엑셀 데이터를 분석하여 비즈니스 인사이트를 도출하는 방법도 소개합니다. 마지막으로, 마케팅 문구를 만드는데GPT를 활용하여 마케팅 분야에서도 혁신을 이룰 수 있는 방법을 제시합니다.

이러한 내용들은 여러분이 AI를 더욱 능숙하게 활용하여 업무의 다양한 측면에서 혁신을 이끌어낼 수 있도록 도와줄 것입니다. 다음 장을 통해 ChatGPT의 더 깊은 가능성을 탐험하고, 여러분의 전문성을 한 단계 더 향상시켜 보시기 바랍니다.

# CHAPTER 5

# 중급 활용방법

GPTs 알아보기

GPT로 이미지 만들기

GPT와 통화하기

GPT로 엑셀 데이터 분석하기

GPT로 마케터처럼 일하기

# 05
## 중급 활용방법

중급 활용법에서는 ChatGPT로 보다 다채롭고 심화된 작업을 수행할 수 있는 방법을 다룹니다. 이 장에서는 단순한 대화나 간단한 질문을 넘어, GPT의 응용력을 극대화할 수 있는 다양한 주제를 살펴볼 것입니다.

첫 번째로, GPTs 알아보기 파트에서는 다른 사용자들이 만든 커스텀 GPT에 대해 살펴봅니다. GPT 스토어는 사용자들이 제작한 GPT를 탐색하고 사용할 수 있는 마켓플레이스로서, 사용자의 창의력을 바탕으로 AI를 새로운 방식으로 활용할 수 있는 가능성을 제공합니다.

다음으로, GPT로 이미지 만들기에서는 ChatGPT의 이미지 생성 기능을 다루며, 텍스트에서 바로 시각적 자료를 만드는 방법을 살펴봅니다. 이 기능을 통해 시각적 표현이 필요한 프로젝트에 창의적인 아이디어를 더할 수 있습니다.

또한, GPT와 통화하기에서는 텍스트 기반의 응답을 넘어 음성 통화 기능을 활용하는 방법을 배웁니다. 이를 통해 더 직관적이고 자연스러운 소통을 경험할 수 있습니다.

GPT로 엑셀 데이터 분석하기 파트에서는 데이터를 기반으로 ChatGPT를 활용하여 분석 작업을 수행하는 방법을 다룹니다. 복잡한 데이터 분석을 쉽고 빠르게 진행할 수 있는 방법을 배움으로써, 일상 업무나 프로젝트에서 ChatGPT의 활용 범위를 넓힐 수 있습니다.

마지막으로, GPT로 마케터처럼 일하기에서는 마케팅 콘텐츠 작성, 검색 엔진 최적화(SEO), 광고 문구 제작 등 마케팅 업무에서 ChatGPT를 활용하는 방법을 배웁니다. 이를 통해 GPT를 비즈니스 도구로서 보다 전문적으로 활용할 수 있는 실질적인 팁을 얻을 수 있습니다.

이와 같은 중급 활용법을 통해, 여러분은 ChatGPT의 다채로운 기능을 경험하고 실무에서도 AI를 보다 적극적으로 활용 하실 수 있을 것입니다.

## GPTs 알아보기

OpenAI가 출시한 GPT 스토어는 사용자가 직접 커스텀 GPT를 제작하고 이를 공유할 수 있는 ChatGPT 마켓플레이스입니다. 이 플랫폼은 코딩 지식 없이도 나만의 AI 모델을 만들고, 공개적으로 공유할 수 있는 환경을 제공합니다. GPT 스토어의 커스텀 GPT는 텍스트 생성뿐만 아니라 멀티모달 기능을 활용하여 이미지 생성, 데이터 분석 등 다양한 작업을 수행할 수 있도록 설계되었습니다.

스토어에는 생산성, 교육, 라이프스타일 등 다양한 카테고리의 GPT들이 있어, 사용자들은 필요에 맞는 GPT를 쉽게 찾아 활용할 수 있습니다. 또한, Zapier나 Google Sheets API와 같은 외부 도구와의 통합을 통해, 특정 데이터 기반의 답변 제공이나 맞춤형 콘텐츠 생성 등 다양한 작업을 수행할 수 있습니다.

이 플랫폼은 개인의 창의력에 기반하여 AI를 더욱 맞춤화된 방식으로 활용할 기회를 제공합니다. 나만의 GPT를 제작하고 공유함으로써, 단순히 AI를 사용하는 것을 넘어 더 큰 참여와 확장을 경험할 수 있습니다.

## 인기 GPTs

GPT 스토어에는 사용자들이 다양한 용도로 활용할 수 있는 수많은 커스텀 GPT가 등록되어 있습니다. 이 중에서도 특히 인기 있는 GPT들을 소개하겠습니다. 특정 분야에서 매우 유용하게 활용되며, 많은 사용자들이 자주 찾는 GPT들입니다.

### 1. Consensus

Consensus는 과학 논문을 검색하고, 200만 개 이상의 학술 자료를 기반으로 정확한 답변을 제공하는 GPT입니다. 주로 연구자나 학생들이 많이 사용하며, 복잡한 과학적 질문에 대한 자료를 신속하게 찾는 데 매우 유용합니다. 이 GPT는 높은 정확성 덕분에 학술 분야에서 매우 인기가 많습니다.

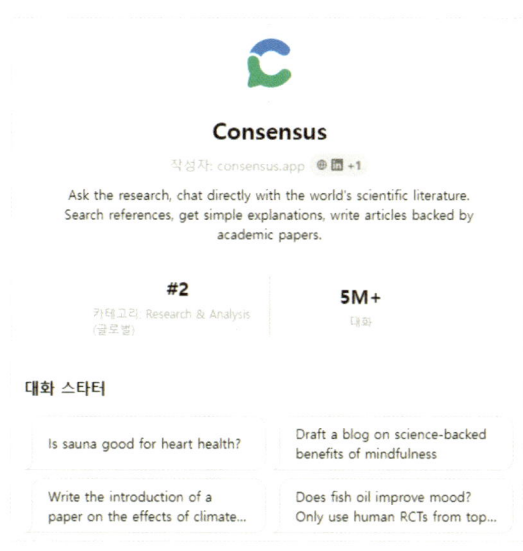

[이미지 5.1] Consensus 초기 화면

## 2. Video GPT by VEED

Veed.io에서 만든 이 GPT는 짧은 프롬프트만으로도 제품 홍보 영상, 이벤트 소개 영상, 소셜 미디어용 짧은 클립 등의 프로모션 동영상과 다양한 소셜 미디어 콘텐츠를 자동으로 생성해줍니다. 사용자와의 대화를 통해 원하는 내용을 판단하고, 요건을 정의한 후에 영상 생성이 진행됩니다.

생산성 분야 세계 랭킹 No3일 정도로, 비디오 제작을 빠르게 해야 하는 마케터나 기업들에게 인기가 많습니다. 기본적인 비디오 편집 기능도 제공되어, 단시간에 고품질의 비디오 콘텐츠를 만들 수 있다는 장점이 있습니다.

실제 Video GPT로 영상을 생성해 보면 이미지, 자막, 배경음악, TTS Text To Speech를 다양하게 활용하여 짧은 시간의 영상을 생성하는 것을 확인할 수 있습니다.

[이미지 5.2] Video GPT by VEED초기 화면

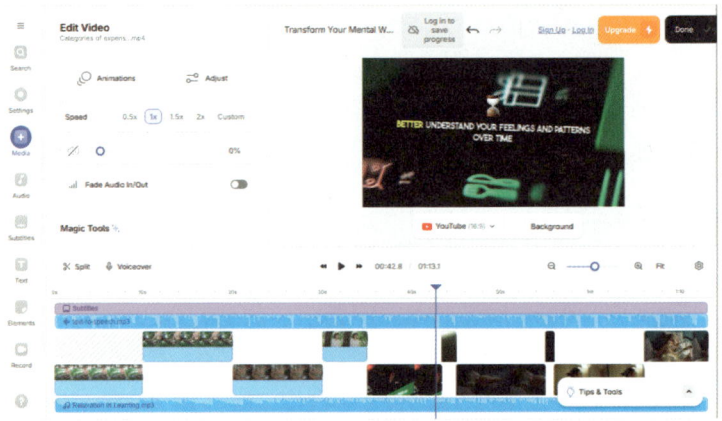

[이미지 5.3] Video GPT by VEED 결과 화면

## 3. Diagrams 〈Show Me〉 for Presentations, Code, Excel

이 GPT는 다양한 유형의 다이어그램과 차트를 자동으로 생성해줍니다. 기업에서 데이터 시각화를 자주 해야 하는 사람들에게 유용하며, 간단한 설명이나 데이터 제공만으로 복잡한 다이어그램을 빠르게 만들어줍니다. 회의나 프레젠테이션에서 시간을 절약하는 데 큰 도움이 됩니다.

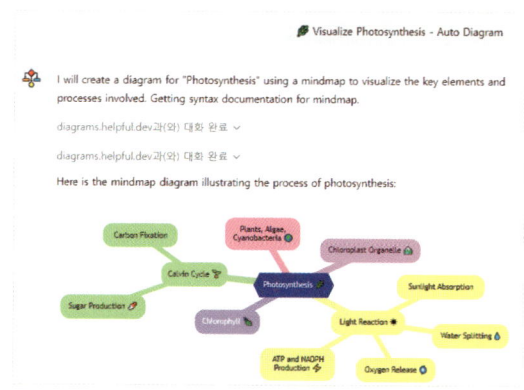

[이미지 5.4] Diagrams 결과 화면

## 4. Code Tutor

Khan Academy가 개발한 이 GPT는 코딩 교육용으로 매우 인기가 많습니다. 사용자들이 작성한 코드를 검토하고 개선할 방법을 제안해주며, 코딩 학습을 돕습니다. 특히 초보 프로그래머나 코딩을 공부하는 학생들에게 큰 도움이 되는 GPT입니다.

이외에도 Books라는 GPT는 독서 추천을, Tech Support Advisor는 IT 기술 지원을 제공하는 등 다양한 커스텀 GPT들이 있습니다. 이런 다양한 GPT 들은 스토어에서 높은 평가를 받고 있으며, 생산성, 교육, 기술 지원 등 여러 분야에서 많은 사용자들에게 사랑받고 있습니다.

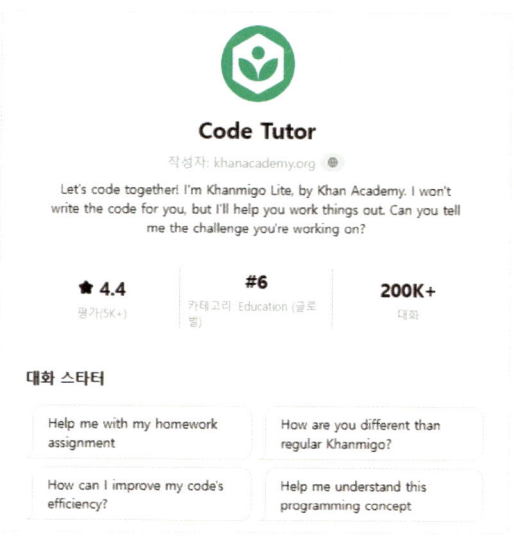

[이미지 5.5] Code Tutor설명

# GPTs로 이미지 만들기

GPT 스토어에는 텍스트를 기반으로 이미지를 생성하는 다양한 커스텀 GPT들이 있으며, 그중 Image Generator는 사용자의 텍스트 프롬프트를 바탕으로 원하는 이미지를 손쉽게 생성해 주는 강력한 도구입니다. 예를 들어, 마케팅 자료나 교육 자료용 이미지를 손쉽게 생성할 수 있습니다. 복잡한 그래픽 디자인 기술 없이도 간단한 텍스트 입력만으로 고품질의 이미지를 얻을 수 있습니다.

## Image Generator

Image Generator는 텍스트 설명을 입력하면 그에 맞는 이미지를 생성해주는 커스텀 GPT입니다. 복잡한 그래픽 디자인 기술이나 소프트웨어 없이도 간단한 텍스트 입력만으로 고품질의 이미지를 얻을 수 있어, 초보자부터 전문가까지 폭넓게 활용할 수 있습니다.

## Image Generator의 주요 기능

### 1. 사용자 친화적인 인터페이스

대화형 인터페이스로 구성되어 있어, 기술적인 지식이 부족한 사용자도 직관적으로 접근할 수 있으며 누구나 손쉽게 이미지를 생성할 수 있습니다.

### 2. 다양한 이미지 스타일 지원

사용자가 원하는 대로 현실적인 사진부터 예술적인 일러스트, 추상화된 작품에 이르기까지 다양한 스타일의 이미지를 자유롭게 생성할 수 있어 창의적인 작업에 유용합니다.

### 3. 고해상도 이미지 생성

프레젠테이션, 마케팅 자료, 출판 등 다양한 용도에 바로 적용할 수 있도록 높은 해상도의 이미지를 생성하여 품질을 보장합니다.

## Image Generator 사용 방법

### 1. GPT 스토어에서 Image Generator 찾기

ChatGPT를 실행한 후, 화면 좌측 상단에 위치한 Explore GPTs (GPT 탐색) 버튼을 클릭하여 다양한 맞춤형 GPT를 찾아볼 수 있는 GPT 스토어에 접속합니다.

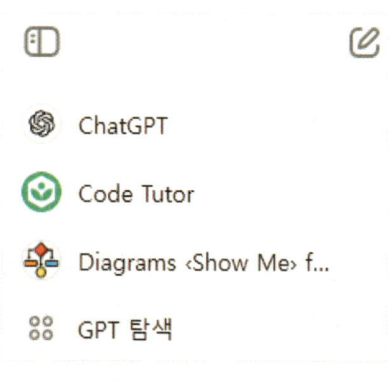

[이미지 5.6] GPT 스토어 위치

검색 창에 "Image Generator"를 입력하여 커스텀 GPT를 찾습니다. 유사한 이름을 가진 다양한 커스텀 GPT들이 있지만, 채팅 개수를 함께 표시해 주므로, 일반적으로 채팅 개수가 많은 인기 커스텀 GPT를 활용하면 좋은 결과를 얻을 수 있습니다.

[이미지 5.7] 인기 GPTs 목록

## 2. 텍스트 프롬프트 입력

Image Generator를 선택하고, 생성하고자 하는 이미지에 대한 자세한 설명을 입력합니다. 예를 들어, "노을이 지는 해변가에서 파도가 밀려오는 장면을 그려줘"와 같이 구체적으로 원하는 이미지에 대한 설명을 입력합니다.

## 3. 이미지 생성 및 확인

입력한 프롬프트를 기반으로 GPT가 이미지를 생성합니다. 생성된 이미지를 확인하고, 필요에 따라 프롬프트를 수정하여 원하는 결과물을 얻을 때까지 반복합니다. 생성형 AI는 만능이 아니므로, 마치 사람에게 하는 것처럼 사용자의 반복적인 피드백을 통해 보다 퀄리티 높은 결과물을 생성해낼 수 있습니다.

[이미지 5.8] Image Generator 생성 결과

## 4. 이미지 다운로드 및 활용

수차례의 대화를 통해 만족스러운 이미지가 생성되면, 이미지에 오른쪽 클릭이나 이미지 위에 다운로드 버튼을 클릭하여 해당 이미지를 다운로드 할 수 있습니다. 다운로드한 이미지는 문서, 프레젠테이션, 웹사이트 등 다양한 곳에 활용할 수 있습니다.

> **Tip**
> ChatGPT에서 생성한 이미지를 다운로드시 webp 라는 확장자 형태로 다운받아 지게 됩니다. 일반적인 확장자는 아니므로, "webp jpg 변환" 과 같은 키워드로 구글에 검색하여 일반적으로 사용하는 jpg, png 등의 형태로 변환하여 사용하도록 합니다.

## 5. 활용 예시

- **마케팅 자료 제작:** 마케팅 캠페인에 사용할 이미지를 만들기 위해 Image Generator를 활용할 수 있습니다.

행복한 가족이 함께 자전거를 타고 공원을 거니는 모습을 그려줘

프롬프트

AI의 답변

[이미지 5.9] 자전거를 타고 공원을 거니는 모습

입력했던 내용을 기반으로 공원에서 행복하게 자전거를 타고 있는 가족의 모습의 이미지가 그려졌습니다. 주변에는 초록 나무와 꽃들이 가득해 자연의 평화로운 느낌이 강조되었습니다. 추가적으로 색감이나 날씨등에 대한 내용들을 프롬프트에 추가하면 보다 다양한 이미지를 만들어 낼 수 있습니다.

- **교육 자료 제작:** 교육용 슬라이드나 교재에 들어갈 이미지를 손쉽게 만들 수 있습니다.

태양계의 행성들을 순서대로 보여주는 일러스트를 그려줘

프롬프트

AI의 답변

[이미지 5.10] 행성 일러스트

학습자들이 이해하기 쉬운 행성들의 이미지가 생성되어 교육 효과 증진시킬 수 있는 이미지가 생성되었습니다. 그런데, 위 그림을 보면 알파벳과 단어와 행성의 연결이 조금 이상한 것을 확인할 수 있습니다. MERCURY나 VENUS와 같은 단어는 잘 표시되었지만, JENUS, SUTTN과 같은 단어들은 무언가 이상합니다. 또한, 지구를 VENUS라고 표시하고 있습니다.

ChatGPT의 DALL-E를 기반으로 한 이미지 생성 기능은 아직까지 한글이나 알파벳과 같은 텍스트를 잘 생성해 내지 못합니다. 이런 한계점을 명확하게 인지하고 텍스트는 포토샵이나 파워포인트와 같은 다른 프로그램을 활용하여 추가해주는 것이 좋습니다.

어린이 동화책에 들어갈 그림을 그리고 싶은데 수채화 느낌으로 아기자기한 동물들이 나오는 그림을 그려줘.

프롬프트

AI의 답변

[이미지 5.11] 그림책 일러스트

　어린이 동화책에 어울리는 수채화 느낌의 그림이 생성되었습니다. 중앙에는 작은 토끼, 고슴도치, 다람쥐, 그리고 작은 부엉이가 보이며, 전체 색감은 파스텔 톤으로 부드럽고 따뜻합니다. 세부 요소들도 세심하게 그려져 있고, 어린이들이 좋아할 만한 환상적이고 포근한 숲속 가족의 이미지를 만들어냈습니다.

> **Tip**
>
> 이미지 생성시 아래 사항들을 고려하면 좋습니다.
>
> 구체성: 원하는 이미지의 세부 사항을 자세히 기술합니다.
> 색상, 배경, 분위기, 특정 사물이나 인물 등
>
> 스타일 지시: 이미지의 스타일을 명시합니다.
> 수채화 느낌, 만화 스타일, 현실적인 사진 등
>
> 목적 제시: 이미지를 사용할 목적을 밝히면 더 적합한 결과를 얻을 수 있습니다.
> 저작권 확인: 생성된 이미지의 사용 범위를 확인하고, 상업적 활용 시 저작권 문제가 없는지 검토합니다.
> 반복 생성: 처음 생성된 이미지가 만족스럽지 않다면 프롬프트를 수정하여 재 생성합니다.

GPT 스토어에서 여러분도 전세계 다른 전문가들이 만든 다양한 커스텀 GPT를 활용하거나 직접 여러분 만의 커스텀 GPT를 만들어 보시길 바랍니다. 예를 들어, 간단한 여행 계획을 세우는 GPT나 특정 지역의 맛집을 찾아주는 GPT를 만들어보는 것에서 시작해볼 수 있습니다.

# GPT와 통화하기: 고급 음성 모드

AI<sub>Artificial Intelligence</sub> 기술은 우리 삶의 다양한 측면에서 혁신을 이끌어내고 있습니다. 그 중에서도 자연어 처리와 음성 인식 분야는 특히 급속한 발전을 보이고 있습니다. 이러한 흐름 속에서 ChatGPT의 최신 업데이트인 고급 음성 모드<sub>Advanced Voice Mode</sub>는 인간과 인공지능 간의 상호작용 방식을 기존 키보드를 통한 방식과 다르게 새롭게 정의하고 있습니다.

이 기능은 단순히 음성을 텍스트로 변환하거나 텍스트를 음성으로 출력하는 것을 넘어, 대화의 맥락을 이해하고 감정이나 뉘앙스를 반영한 자연스러운 상호작용을 가능하게 합니다. 실제 사람과의 대화에서 느낄 수 있는 미묘한 뉘앙스와 감정을 포착하여, 더욱 자연스럽고 유연한 대화를 할 수 있습니다. 사용자는 이제 인공지능과의 대화에서 말을 끊거나 중간에 질문을 던지는 등, 실제 대화에서처럼 AI와 보다 자유롭게 상호작용할 수 있습니다.

이번 파트에서는 고급 음성 모드의 주요 특징과 활용 방법을 살펴보고자 합니다. 현재 이 기능은 아직까지 모바일 ChatGPT 앱에서만 사용 가능하지만, 앞으로 웹 버전이나 데스크톱 애플리케이션 등 더 다양한 플랫폼에서도 지원될 것이라 생각됩니다. 인공지능과의 대화가 어떻게 더 인간적이고 감정적인 경험으로 진화하고 있는지 함께 확인해보겠습니다.

## 주요 기능

### 1. 다양한 음성 옵션

ChatGPT의 음성 기능은 9개의 새로운 음성 옵션을 제공하며, 각 음성은 특정 성격이나 감정 스타일을 가지고 있습니다. 예를 들어, Vale는 밝고 호기심 많은 톤을 제공하며, Arbor는 침착하고 다재 다능한 음성을 제공합니다.

### 2. 실시간 반응

고급 음성 모드는 사용자가 대화 도중에 ChatGPT의 말을 끊거나 새로운 질문을 할 수 있는 기능을 지원하며, GPT는 이러한 갑작스러운 중단에도 자연스럽게 대응합니다.

### 3. 기억 기능

음성 대화에서도 메모리 기능을 활용할 수 있습니다. 메모리 기능이란, ChatGPT가 사용자와 이전에 나누었던 대화를 기억하고, 이를 기반으로 맞춤형 답변을 제공하는 것입니다. 예를 들어, 특정 질문에 대해 이미 논의한 내용을 바탕으로 더 깊이 있는 응답을 제공합니다.

## 음성 모드 사용 방법

### 1. 고급 음성 모드 활성화

애플 앱스토어나 구글 플레이스토어에서 다운로드 받은 ChatGPT 앱을 통해 마이크 아이콘을 클릭하여 음성 대화를 시작할 수 있습니다. 고급 음성 모드는 설정에서 쉽게 활성화할 수 있으며, 다양한 음성 스타일을 선택할 수 있습니다.

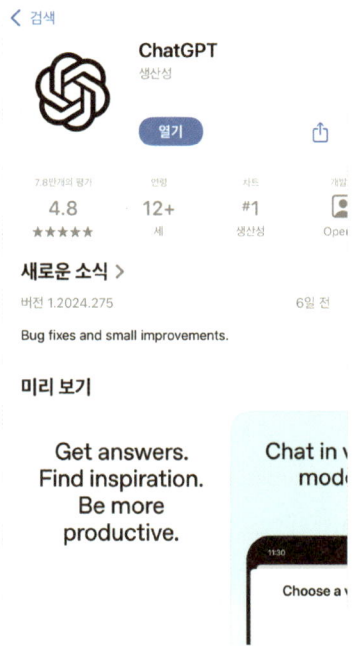

[이미지 5.12] 애플 앱스토어의 ChatGPT

애플 앱스토어 기준으로 검색창에 'ChatGPT'라고 검색하여 나오는 OpenAI사의 앱을 다운 받으면 스마트폰에서도 ChatGPT를 보다 원활하게 사용할 수 있습니다. 현재 Canvas 기능을 제외하고 모든 기능을 동일하게 사용할 수 있으니 스마트폰에서도 다운받아서 활용해 보시길바랍니다.

## 2. 실시간 대화

고급 음성 모드에서는, 사용자가 말하는 동안 대화의 흐름을 유연하게 끊거나 이어가면서 실시간으로 자유로운 대화를 진행할 수 있습니다. 음성 선택 아래에 있는 간략한 설명을 보고 원하는 음성을 선택하여 실시간으로 대화를 진행합니다.

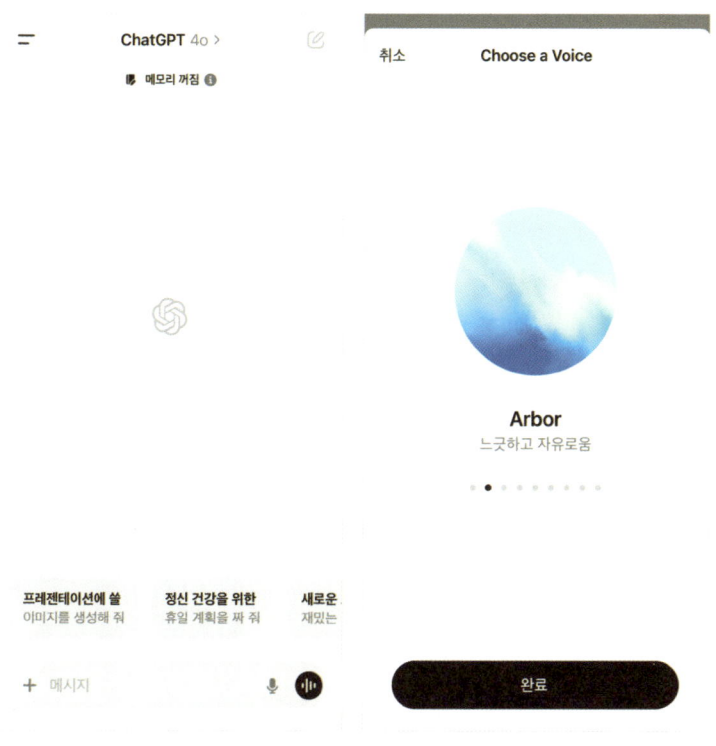

[이미지 5.13, 5.14] 고급 음성 모드

대화 진입 이후 채팅 창 옆 음성 버튼과 새 채팅 시작 버튼 클릭을 통해 고급 음성모드를 시작할 수 있습니다. 마치 사람과 대화하는 것처럼 자연스럽게 대화를 통해 답변을 얻을 수 있는 기능입니다. 대화 종료 후, 진행했던 대화 내용은 일반적인 ChatGPT 대화처럼 채팅창에 스크립트로 남게 됩니다.

# GPT로 엑셀 데이터 분석하기

ChatGPT는 텍스트나 음성 대화뿐만 아니라 사용자가 업로드한 엑셀 데이터를 분석하여, 바 차트나 라인 그래프와 같은 데이터 시각화를 생성하는 작업도 훌륭하게 수행할 수 있습니다. 이번 파트에서는 ChatGPT를 사용하여 엑셀 데이터를 분석하는 방법을 단계별로 살펴보고, 실제 예시로 매출 데이터나 설문조사 결과 데이터를 사용해 이를 어떻게 요약하고 시각화 하는지 알아보겠습니다.

ChatGPT를 사용하여 엑셀 데이터를 분석하면, 간단한 명령만으로 데이터를 요약하거나 시각화할 수 있습니다. 예를 들어, '이 엑셀 파일에 있는 매출 데이터를 요약해줘' 또는 '제품별 판매량을 바 차트로 시각화해줘'와 같은 명령을 사용할 수 있습니다. 예를 들어, 일자별 매출 데이터를 분석하거나, 제품별 판매량을 차트로 표시하는 작업을 빠르게 수행할 수 있습니다.

## 엑셀 데이터 분석 준비

### 1. 엑셀 파일 업로드

먼저 분석하려는 엑셀 파일을 ChatGPT에 업로드해야 합니다. 파일 업로드는 대화창에 드래그 앤 드롭이나 파일 선택 기능을 통해 쉽게 할 수 있습니다. 파일을 업로드한 후, 사용자가 원하는 방식으로 데이터를 분석할 수 있습니다.

### 2. 분석 요청

데이터를 분석할 때, 분석 목표를 명확하게 설정해야 합니다. 예를 들어, "2023년 1분기 매출 데이터를 요약해줘" 또는 "각 제품군의 평균 판매량을 계산해줘"와 같이 구체적으로 요청하면 됩니다. 확실치 않다면 분석하는 방법에 대해 먼저 알려달라고 요청을 해도 됩니다.

## 데이터 분석하기

### 1. 데이터 요약 통계

GPT는 엑셀 데이터를 요약해 평균, 중앙값, 최대값, 최소값과 같은 통계값을 계산할 수 있습니다. 예를 들어, "이 엑셀 데이터를 보고 지역별 판매량과 매출 평균을 계산해줘"와 같은 프롬프트를 통해 아래와 같은 판매 데이터를 요약할 수 있습니다.

엑셀 데이터 업로드는 ChatGPT-4o에서 채팅 창 좌측에 위치한 클립 모양 버튼을 클릭하여 파일을 업로드 할 수 있습니다. 작은 파일의 경우 채팅창에 일반적인 복사 붙여넣기로도 업로드가 가능합니다.

[이미지 5.15] 파일 업로드

| 항목 | 판매량 | 매출 |
|---|---|---|
| 평균 | 860 | 1,720,000 |
| 최소 | 600 | 1,200,000 |
| 최대 | 1,200 | 2,400,000 |
| 표준편차 | 221.92 | 443,846.8 |

[이미지 5.16] 데이터 통계 값 계산 결과

## 2. 필터링 및 조건부 분석

특정 조건에 맞는 데이터를 필터링할 수도 있습니다. 예를 들어, "매출이 1,500,000 이상인 지역만 필터링해줘"라고 요청하면 해당 조건에 맞는 데이터만 추출할 수 있습니다.

| | | 지역 | 판매량 | 매출 |
|---|---|---|---|---|
| 1 | 0 | 서울 | 1200 | 2400000 |
| 2 | 1 | 부산 | 850 | 1700000 |
| 3 | 2 | 대구 | 900 | 1800000 |
| 4 | 3 | 인천 | 750 | 1500000 |

[이미지 5.17] 필터링 된 결과 표시

## 3. 데이터 시각화

ChatGPT에게 주어진 엑셀 데이터를 바탕으로 그래프를 그려달라고 요청하여 차트와 그래프를 생성할 수 있습니다. 예를 들어, 아래는 지역별 판매량을 시각화한 바 차트입니다.

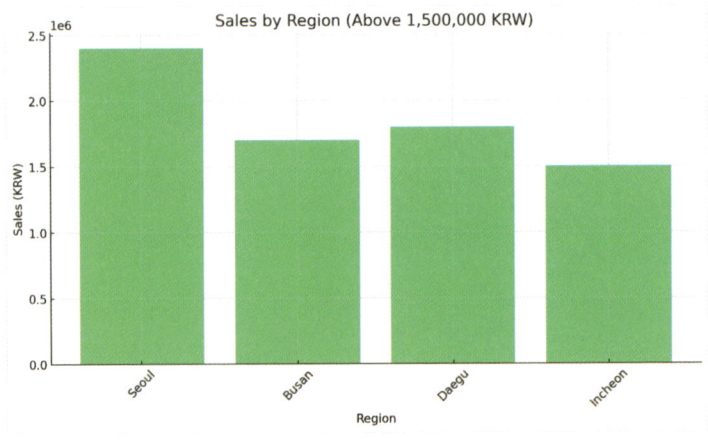

[이미지 5.18] 지역별 판매량 시각화

> **Tip**
> 그래프의 축이 깨져서 표시될 수 있습니다. 한글을 지원하지 않기 때문에 발생하는 현상으로, 영어로 변경해서 표시해달라고 다시 질문하면 올바른 내용으로 표시됩니다.

## 4. 예측 및 경향 분석

ChatGPT는 파이썬을 활용한 데이터 분석기능을 포함하고 있기 때문에, 과거 데이터를 바탕으로 미래의 경향을 예측할 수 있습니다. 예를 들어, 판매량의 변동 패턴을 분석해 다음 분기의 예상 판매량을 예측할 수 있습니다.

판매량의 변동 패턴을 분석해 다음 분기의 예상 판매량을 예측해줘
프롬프트

AI의 답변

```python
import numpy as np
from sklearn.linear_model import LinearRegression

# 판매량 데이터를 배열로 변환 (단순히 인덱스를 시간 축으로 사용)
X = np.array([i for i in range(len(data['판매량']))]).reshape(-1, 1)
y = np.array(data['판매량'])

# 선형 회귀 모델을 사용해 예측 모델 생성
model = LinearRegression()
model.fit(X, y)

# 다음 분기의 판매량 예측 (다음 분기이므로 X = 5를 예측)
next_quarter = np.array([[len(data['판매량'])]])  # 다음 분기 인덱스는 5
predicted_sales = model.predict(next_quarter)

predicted_sales
```

판매량의 추세를 분석한 결과, 선형 회귀 모델을 기반으로 다음 분기의 예상 판매량은 약 470개로 예측됩니다. 이는 주어진 데이터의 변동 패턴을 기반으로 한 단순한 예측이며, 더 정확한 예측을 위해서는 추가적인 데이터와 변수들이 필요할 수 있습니다.

중략 >

# GPT로 마케터처럼 일하기

현대 비즈니스 환경이 빠르게 변화함에 따라, 효과적인 마케팅은 그 어느 때보다 성공의 핵심 요소로 부상하고 있습니다. 마케터는 시장을 이해하고, 매력적인 콘텐츠를 제작하며, 고객과 소통하고, 캠페인 성과를 분석하는 다재 다능한 역할을 수행해야 합니다. 이제 ChatGPT와 같은 생성형 AI의 등장으로 이러한 업무의 많은 부분이 간소화되고 향상될 가능성이 열렸습니다.

이번 파트에서는 마케터의 다양한 역할을 탐색하고, 전문 마케터처럼 일하기 위해 ChatGPT를 활용하는 방법을 소개합니다. 특히, 마케팅 전문가가 아닌 사람들도 손쉽게 콘텐츠를 제작하고 데이터를 분석할 수 있는 방법을 알아봅니다. 예를 들어, 콘텐츠 제작이나 타겟 고객 분석과 같은 마케팅 활동에서 ChatGPT를 활용하는 방식을 설명합니다. 마케팅 전문가가 아니더라도 다양한 AI 기술을 적용하여 업무의 수준을 높이고 더 좋은 결과를 얻을 수 있습니다.

생성형 AI는 반복적인 작업을 자동화하고, 창의적인 영감을 제공하며, 데이터 기반의 인사이트를 통해 업무 효율성을 크게 향상시킬 수 있습니다. 콘텐츠 제작, 시장 조사, 고객 참여와 같은 영역에서 AI가 업무를 처리하는 동안, 마케팅 담당자는 전략적 의사 결정에 집중할 수 있습니다. ChatGPT를 활용하면 고품질의 마케팅 자료, 예를 들어 소셜 미디어 게시물이나 이메일 캠페인 같은 자료를 더 빠르고 효과적으로 제작할 수 있습니다. 또한, 각기 다른 대상 고객 세그먼트에 맞춰 이러한 자료를 맞춤화하여 더욱 효과적으로 활용할 수 있습니다.

## 시장 조사 및 분석

마케팅 캠페인을 시작하기 전에 타겟 고객과 시장 트렌드를 깊이 이해하는 것이 중요합니다. ChatGPT를 활용하면 빠르게 마케팅 캠페인의 초안을 마련하고, 고객 선호도나 시장 기회와 같은 필요한 인사이트를 얻을 수 있습니다.

## ChatGPT를 활용할 때의 강점

### 1. 경쟁사 분석

ChatGPT는 방대한 데이터 학습을 통해 다양한 산업과 기업에 대한 지식을 보유하고 있습니다. 이를 통해 마케터들은 경쟁사 간의 빠른 비교 분석을 수행하고, 신속하게 인사이트를 도출할 수 있습니다. 이를 활용하여 경쟁사 분석을 수행하면 다음과 같은 이점이 있습니다.

- **신속한 정보 수집:** ChatGPT에게 특정 경쟁사의 강점과 약점을 요약해 달라고 요청하면, 시간을 들여 별도로 자료를 조사하지 않아도 됩니다. 예를 들어, 전자 제품 분야의 경쟁사인 삼성이나 LG와 같은 기업의 강점과 약점이나 특정 제품에 대한 특장점을 빠르게 파악할 수 있습니다.
- **객관적 시각 제공:** ChatGPT는 편견 없이 데이터를 기반으로 정보를 제공하므로, 경쟁사에 대해 객관적인 시각에서 진행한 분석 결과를 얻을 수 있습니다.
- **시장 포지셔닝 이해:** 경쟁사의 시장 내 위치와 전략을 파악함으로써, 자사의 전략 수립에 필요한 인사이트를 얻을 수 있습니다. 예를 들어, 경쟁사의 시장 포지셔닝을 이해함으로써 새로운 틈새 시장을 공략하거나 차별화 전략을 수립하는 데 도움이 될 수 있습니다.

### 2. 고객 페르소나 생성

고객 페르소나는 효과적인 마케팅 전략 수립을 위해 핵심적인 요소입니다. ChatGPT를 활용하면 다양한 형태의 고객 페르소나를 생성할 수 있으며, 이는 각기 다른 마케팅 채널이나 타겟 고객 세그먼트를 효과적으로 공략하는 데 유용합니다. ChatGPT는 주어진 정보를 토대로 해당 고객의 일상, 구매 패턴, 선호 채널 등을 포함한 상세한 페르소나를 제시하게 됩니다.

- **데이터 기반의 상세한 프로필 작성:** 인구통계학적 데이터(나이, 성별, 지역 등)와 심리학적 특성(관심사, 가치관 등)을 입력하면, ChatGPT가 이를 바탕으로 상세한 고객 페르소나를 만들어 줍니다. 이러한 프로필은 더 개인화된 마케팅 캠페인을 생성하는 데 유용합니다.

## 3. 트렌드 분석

시장의 최신 트렌드를 파악하는 것은 경쟁에서 앞서나가기 위해 필수적입니다. ChatGPT를 활용한 트렌드 분석의 장점은 다음과 같습니다.

- **신속한 정보 수집:** GPT-4o 이상의 버전에서 지원하는 ChatGPT의 검색 기능을 활용하면 최신 데이터를 기반으로 시장의 변화와 트렌드를 분석하여 제공합니다.
- **복잡한 데이터의 간소화:** 방대한 양의 정보를 요약하고 핵심 포인트를 추출하여 이해하기 쉽게 제공합니다. 예를 들어, 소비자 감정 데이터나 판매 통계와 같은 복잡한 데이터를 간단하게 요약하여 제공할 수 있습니다. 에 대해 객관적인 시각에서 진행한 분석 결과를 얻을 수 있습니다.

모던한 이미지를 가진 패션 브랜드의 마케터로서, 친환경 패션에 관심이 있는 30~40대 도시의 여성 직장인을 위한 상세한 고객 페르소나를 생성해. 그들의 선호도, 마주한 문제점, 그리고 우리 브랜드가 어떻게 어필할 수 있는지 포함해서 답해줘.

고객 페르소나:
이름: 이지현 나이: 38 직업: 광고 대행사의 중간 관리자 (마케팅 팀장)
거주지: 서울 강남구 소득 수준: 연봉 약 7,000만 원
가족 상황: 미혼 또는 1명의 자녀
라이프스타일: 일과 삶의 균형을 중요시하는 워킹맘, 트렌디한 카페와 도시 생활을 즐기며, 일상 속에서 효율성을 추구함 주요
가치관: 지속 가능성, 윤리적 소비, 건강, 자기 관리

관심사 및 선호도:
친환경 패션: 환경을 보호하고, 지속 가능성을 지향하는 브랜드에 대한 관심이 매우 큼. 단순히 재활용 소재만을 사용한 것이 아니라, 제품 생산 과정에서의 투명성을 중요하게 생각함.
모던하고 세련된 디자인: 실용적이고 트렌디한 디자인을 선호. 다만, 지나치게 캐주얼하거나 실용성만을 강조하는 제품은 피하고 스타일리시하면서도 직장에서 입을 수 있는 옷을 찾음.

마주한 문제점:
지속 가능성과 디자인의 불일치: 일부 친환경 패션 브랜드는 디자인이 너무 캐주얼하거나 전통적이어서 패셔너블하지 않다고 느낌. 직장인으로서도 프로페셔널한 이미지를 유지하면서도 친환경 패션을 선택하기 어려움.
투명한 정보 부족: 많은 브랜드가 친환경을 표방하지만, 실제 제품이 얼마나 윤리적이고 지속 가능한지에 대한 명확한 정보 부족. "그린워싱"에 대한 불신이 있음.

우리 브랜드가 어필할 수 있는 방법:
투명한 윤리적 생산 과정 강조: 제품이 어떻게 만들어졌고, 어떤 지속 가능한 소재가 사용되었는지 명확한 정보를 제공. 친환경 소재 사용과 생산 공정에 대한 투명한 데이터를 공개하고, 이를 웹사이트와 SNS를 통해 적극적으로 홍보.
모던한 디자인과 실용성의 결합: 직장에서도 입을 수 있는 모던하고 세련된 디자인을 선보임으로써, 편안하면서도 패셔너블한 옷을 원하는 고객에게 어필. 특별히 도시적 라이프스타일을 반영한 스마트 캐주얼 라인을 강조.

중략 〉

## 소셜 미디어 마케팅

 현대 마케팅에서 활발한 소셜 미디어(SNS) 활동은 브랜드 인지도와 고객 참여를 높이는 데 중요합니다. 소셜 미디어 플랫폼은 잠재 고객이 많은 시간을 보내는 장소이므로 마케팅에 이상적인 채널입니다. 이러한 플랫폼들은 고객과 직접 상호작용하고, 콘텐츠를 통해 브랜드 가치와 개성을 자연스럽게 전달할 수 있는 기회를 제공합니다.

 소셜 미디어는 광고 게시를 넘어서 고객 의견 수집, 문제 해결, 브랜드 충성도 향상에 이르기까지 마케팅 전반에서 강력한 도구가 될 수 있습니다. ChatGPT는 소셜미디어 마케팅의 아이디어 브레인스토밍부터 매력적인 광고 카피 작성, 고객 반응 분석에 이르기까지 다양한 단계에서 지원할 수 있습니다. 이제 ChatGPT를 활용해 잠재 고객과 온라인에서 어떻게 효과적으로 소통할 수 있는지 살펴보겠습니다.

## GPT 활용의 강점

### 1. 콘텐츠 캘린더 작성

- **일관성 있는 포스팅:** GPT를 활용하여 다양한 콘텐츠 아이디어를 계획하고 생성함으로써, 일관성 있는 포스팅 스케줄을 유지할 수 있습니다.
- **트렌드 반영:** 현재 이슈나 계절별 이벤트에 맞는 콘텐츠를 추천받아 시의적절한 포스팅이 가능합니다.
- **시간 절약:** 자동화된 아이디어 기획 및 생성을 통해 콘텐츠 기획에 소요되는 시간을 절약할 수 있습니다.

### 2. 커뮤니티 참여 강화

- **사려 깊은 응대:** 고객의 댓글과 메시지에 대한 답변 초안을 작성하여, 신속하고 적절한 대응이 가능합니다.
- **관계 구축:** 개인화된 응대로 고객과의 신뢰 관계를 형성하고, 브랜드 충성도를 높일 수 있습니다.
- **피드백 반영:** 고객의 의견을 수집하고 분석하여 서비스나 제품 개선에 활용할 수 있습니다.

### 3. 해시태그 제안

- **가시성 향상:** GPT가 제안하는 관련성 높은 해시태그를 활용하여 게시물의 노출 범위를 확대합니다.
- **트렌드 해시태그 활용:** 현재 인기 있는 해시태그를 파악하여 더 많은 사용자에게 도달할 수 있습니다.
- **브랜드 해시태그 생성:** 브랜드 고유의 해시태그를 만들어 커뮤니티 형성을 촉진합니다.

SNS 마케팅 전문가로서 천연 성분과 윤리적 소싱에 중점을 둔 스킨케어 라인을 홍보하는 인스타그램 게시물 아이디어를 두개 생성해줘.
프롬프트

AI 응답

1. 포스트 제목: "자연의 힘을 한 방울에 담다"
이미지: 신선한 초록 잎과 이슬방울의 클로즈업 사진, 앞에는 천연 성분 스킨케어 제품이 배치된 모습.

캡션:

🌿 자연이 선사하는 힘으로 빛나는 피부를 만나보세요! 저희 [제품명]은 알로에 베라, 녹차, 캐모마일과 같은 천연 성분을 가득 담아 피부에 자연의 영양을 그대로 전달합니다. 🌱✨

순하고 효과적인 저희 제품은 모든 피부 타입에 완벽합니다. 자극적인 화학 성분은 이제 그만! 자연에서 온 광채를 느껴보세요!

🔻 100% 천연 성분 💧 피부과 테스트 완료 🛡️ 파라벤, 황산염 무첨가

🛒 지금 바이오 링크에서 구매하세요!

#천연성분 #클린뷰티 #자연에서온광채 #동물실험반대 #친환경

2. 포스트 제목: "진정하고, 수분을 채우고, 다시 태어나다"
이미지: 흐르는 시냇물과 꽃들, 매끄러운 돌 위에 놓인 스킨케어 제품의 평화로운 장면.

캡션:

🧖 스트레스를 받았다면 피부도 쉬어야 해요!
100% 천연 라벤더, 호호바 오일, 시어버터로 만든 [제품명]을 소개합니다. 💆
자연의 선물로 피부의 수분 장벽을 회복하고, 집에서 스파 같은 편안함을 누려보세요. 🌿
민감한 피부에도 안심할 수 있는 천연 성분과 환경을 생각한 패키지로, 뷰티와 지구를 함께 지켜보세요. 🌱

💐 [제품명]으로 여러분의 피부가 느끼는 변화를 공유해주세요! 여러분의 셀프케어 순간을 태그하면 피드에 소개될 기회가 있습니다.

💬 댓글 참여 유도: 여러분의 피부를 진정시키는 가장 좋아하는 천연 성분은 무엇인가요? 🌿 댓글로 공유해주시면 추첨을 통해 [제품명]을 선물로 드립니다! 🎁

#천연뷰티 #에코뷰티 #건강한피부 #비건스킨케어

중략 >

이처럼 포스트의 제목과, 이미지 설명, 마케팅프레이즈 그리고 해시태그까지 포함된 게시물 예시들이 생성되었습니다. 더욱 다양하고 창의적인 예시를 얻기 위해, 나온 예시들을 기반으로 사용자가 원하는 내용들에 대한 수정을 요청하면서 마케팅 컨텐츠를 만들어 나가면 됩니다.

## SEO 최적화

디지털 시대에서 검색 엔진 최적화(SEO)는 온라인 가시성을 높이고 검색을 통한 자연스러운 트래픽을 유도하는 데 핵심적인 역할을 합니다. 검색 엔진에 맞게 콘텐츠를 최적화하면 잠재 고객이 여러분의 브랜드나 서비스, 그리고 컨텐츠를 온라인상에서 더 쉽게 발견할 수 있습니다. 이제 ChatGPT를 활용하여 어떻게 효과적으로 SEO를 개선할 수 있는지 알아보겠습니다.

## GPT 활용의 강점

### 1. 키워드 통합

- **자연스러운 키워드 삽입:** ChatGPT는 콘텐츠에 키워드를 자연스럽게 통합하는 방법을 제안하여, 읽기 쉬우면서도 SEO에 최적화된 글을 작성할 수 있도록 도와줍니다.
- **키워드 변형 및 연관어 활용:** 주요 키워드의 동의어나 연관어를 사용하여 검색 엔진의 다양한 검색 쿼리에 대응할 수 있습니다.
- **키워드 밀도 조절:** 과도한 키워드 사용을 피하고 적절한 밀도를 유지하여 검색 엔진의 페널티를 방지합니다.

### 2. 메타 설명 작성

- **매력적인 메타 설명 생성:** ChatGPT를 활용하여 웹 페이지의 내용을 간결하고 흥미롭게 요약한 메타 설명을 작성할 수 있습니다. 메타 설명은 페이지 전체적인 내용을 요약하여 검색엔진이 찾기 쉽게 도와줍니다.
- **클릭률 향상:** 결과 페이지에 노출될 문구로, 검색 결과 페이지에서 사용자들의 클릭을 유도할 수 있는 문구를 제안합니다.
- **키워드 포함:** 메타 설명에 주요 키워드를 포함시켜 검색 가시성을 높이고 검색 가능성을 향상시킵니다.

## 3. 콘텐츠 아이디어 생성

- **인기 검색어 기반 주제 선정:** GPT는 현재 인기 있는 검색어를 분석하여 관련성이 높은 콘텐츠 주제를 제공합니다.
- **트렌드 반영:** 최신 업계 동향과 사용자 관심사를 반영한 시의적절한 콘텐츠 아이디어를 얻을 수 있습니다.
- **경쟁력 있는 콘텐츠 기획:** 경쟁사와 차별화된 독창적인 콘텐츠를 생성하여 시장에서의 입지를 강화합니다.

프롬프트

SEO 최적화 전문가로서, 바쁜 직장인을 위한 건강한 식사 준비'라는 제목을 가진 블로그 게시물에 대한 개요를 제공해줘. SEO 모범 사례를 포함해야해. SEO 최적화에 필요한 필수 키워드들을 제공해줘.

AI의 답변

블로그 게시물 개요: "바쁜 직장인을 위한 건강한 식사 준비"

1. 서론: 바쁜 직장인을 위한 건강한 식사의 필요성
바쁜 현대 직장인들이 간편한 패스트푸드나 불규칙한 식습관에 의존하는 문제를 소개.
건강한 식단을 유지하는 것이 신체적, 정신적 건강에 미치는 긍정적인 영향 강조.
간편하면서도 영양가 높은 식사 준비의 필요성 언급.

2. 본론: 바쁜 직장인을 위한 식사 준비 방법
시간 절약형 식단 준비: 일주일치 식사를 미리 준비하는 밀프렙(MEAL PREP) 방법 소개.
건강한 재료 선택: 통곡물, 채소, 단백질을 포함한 건강한 재료들 추천.
간편한 조리법: 전자레인지, 에어프라이어 등의 도구를 사용한 간편 조리법 제안.

3. 결론: 꾸준한 건강한 식사 준비의 중요성
미리 준비한 식사를 통해 시간 절약과 건강 관리가 동시에 이루어진다는 점 요약.
작은 실천이 장기적인 건강 유지에 미치는 긍정적인 영향 강조.
꾸준한 식사 준비가 바쁜 일상 속에서도 가능한 습관임을 독려.

AI의 답변

---

SEO 최적화 키워드 및 선정 이유:
"바쁜 직장인을 위한 식사"
타겟 독자가 가장 많이 검색할 수 있는 직접적인 키워드로, 검색 의도를 정확히 반영함.
"밀프렙 레시피"
미리 준비하는 식사에 관심 있는 직장인들이 검색할 가능성이 높은 인기 키워드.
"간편한 조리법"
빠른 식사 준비법을 찾는 사용자들의 검색 니즈를 반영하여 트래픽 유입 가능성이 높음.

중략 >

 완성된 게시글을 ChatGPT에 한번 전달하여 SEO 최적화를 요청하고, 마음에 드는 부분을 취사선택하여 활용하여 보시길 바랍니다. 일반적인 경우 다소 딱딱한 형태의 키워드를 추천해줄 수 있으므로, 다른 유사 게시글 들의 태그를 예시로 함께 보내주면 더 나은 결과를 받아볼 수 있을 것입니다.

# 마무리

챕터 5에서는 GPT 스토어와 ChatGPT의 다양한 활용 방안을 살펴보았습니다. GPT 스토어는 단순한 AI 도구를 넘어 누구나 손쉽게 커스텀 GPT를 제작하고 공유할 수 있는 플랫폼입니다. 사용자는 보다 창의적으로 문제를 해결하고, 새로운 가능성을 탐구할 수 있게 되었습니다. 이를 통해 AI의 접근성이 확대되어 코딩 지식이 없어도 맞춤형 인공지능 솔루션을 개발하고 활용할 수 있는 기회가 열렸습니다.

Consensus는 과학 논문 검색과 학술 자료 기반의 정확한 답변을 제공합니다. Video GPT는 프로모션 영상부터 소셜 미디어 콘텐츠까지 신속하게 제작할 수 있습니다. Diagrams GPT는 데이터 시각화를 지원하여 다양한 분야에서 활용될 수 있습니다. 이러한 커스텀 GPT들을 활용하면 비전문가들도 쉽게 높은 수준의 업무 능력을 발휘할 수 있다는 점이 큰 매력입니다.

또한 엑셀 데이터 분석, 마케팅 등 다양한 작업을 ChatGPT와 함께 수행하며, 반복적인 데이터 분석 작업을 자동화하거나 창의적인 콘텐츠 아이디어를 생성하는 등 AI가 단순한 보조 도구를 넘어 보다 능동적이고 창의적인 파트너로서 역할을 할 수 있음을 경험했습니다.

이번에 살펴본 ChatGPT 활용 사례들은 시작에 불과합니다. 기술의 발전으로 ChatGPT는 매우 빠른 속도로 더욱 정교해지고, 생활 전반에서 그 영향력이 확대되고 있습니다. 미래에는 개인 맞춤형 헬스케어 솔루션이나 스마트 홈 자동화 분야에서도 ChatGPT가 큰 역할을 할 수 있을 것입니다. 이번 챕터에서 얻은 정보가 업무나 일상생활에 도움이 되기를 바라며, AI와 함께할 무한한 가능성에 대한 영감을 얻으셨기를 기대합니다.

# CHAPTER 6

# [Project One]
# 코딩 모르는 나도
# 5분 만에 개발자

청첩장 만들기

게임 만들기

게시판 만들기

# 06

## [Project One]
## 코딩 모르는 나도
## 5분 만에 개발자

AI 시대에 코딩은 더 이상 IT 개발자들만의 전유물이 아닙니다. 누구나 웹페이지를 만들어 자신의 아이디어를 자유롭게 표현하고, 일상생활이나 업무에 활용할 수 있는 무한한 가능성이 열렸습니다. 예를 들어, 결혼을 앞둔 분들은 자신만의 특별한 청첩장을 제작해 소중한 사람들과 공유할 수 있습니다. AI를 활용해 만든 청첩장은 전통적인 청첩장보다 더 개인적이고 독창적인 요소를 추가하여 특별한 감동을 줄 수 있습니다. 단순히 이름과 날짜만 적는 것이 아니라, 신랑 신부의 이야기나 함께한 추억을 시각적으로 표현할 수 있는 디자인을 AI가 도와줌으로써 더욱 의미 있는 결과물을 만들어낼 수 있습니다.

ChatGPT를 활용하면 복잡한 프로그래밍 언어를 배우거나 수많은 코드를 이해할 필요 없이, 채팅을 기반으로 AI가 알아서 코드를 작성해 줍니다. 이러한 방식은 특히 초보자에게 유용하며, 기술적인 부담 없이도 자신만의 창의적인 아이디어를 빠르게 현실화할 수 있도록 도와줍니다. AI는 단순히 코드 생성뿐만 아니라 디자인 선택, 텍스트 작성, 색상 조정 등 다양한 단계에서 사용될 수 있습니다.

이번 챕터에서는 생성형 AI를 활용해 청첩장, 게임, 게시판을 만드는 방법을 단계별로 알아보겠습니다. 각 프로젝트는 단순한 예제에서 시작하여 점점 더 복잡한 기능을 추가해 나가며, 사용자가 AI의 도움을 받아 웹 페이지의 기본 구조를 만들고 디자인 요소를 더해 나가는 과정을 배우게 됩니다.

이번 프로젝트는 청첩장, 게임, 게시판과 같은 다양한 프로젝트를 함께 만들어보며 코딩의 벽을 허물고, 누구나 창의성을 발휘할 수 있도록 돕는 데 그 목적이 있습니다. AI와 함께 자신만의 프로그램을 만들며 작은 아이디어가 어떻게 실제로 구현되고 사람들과 공유될 수 있는지 경험해 보시길 바랍니다.

## 청첩장 만들기

생성형 AI는 사람의 언어를 이해하고, 그에 맞는 답변이나 결과물을 생성해주는 인공지능 기술입니다. 그렇기 때문에, ChatGPT에게 원하는 웹페이지의 기능이나 디자인을 설명하면, 이에 맞는 코드를 생성해줄 수 있습니다. 생성형 AI를 활용하면 다음과 같은 장점이 있습니다.

- **코딩 지식이 없어도 가능:** 복잡한 프로그래밍 언어를 배우지 않아도 되기 때문에, 비 IT 직군의 사람들도 쉽게 사용할 수 있습니다.
- **시간 절약:** 원하는 결과물을 빠르게 얻을 수 있습니다.
- **문제 해결 지원:** 코딩 중 발생하는 오류나 궁금한 점을 즉시 해결할 수 있습니다.

### 준비물 확인하기

**사진과 내용 준비하기**
- **예식 사진:** 예비 신랑, 신부의 사진
- **예식 정보:** 날짜, 시간, 장소 등
- **메시지 작성:** 초대의 말이나 감사의 인사말

### ChatGPT를 활용한 코드 생성

#### 1. ChatGPT에 요청하기

ChatGPT에게 원하는 웹페이지에 대해 설명하면, 이에 맞는 웹페이지를 만들 수 있는 HTML 코드를 생성해줍니다. 프롬프트는 명확할수록 더 좋습니다. 예를 들면 폰트나, 가지고 있는 사진의 파일명 등을 함께 전달하면 더욱 확실한 코드를 작성해 줍니다. 항상 사람에게 지시한다는 느낌으로 전달해야 합니다.

프로그래머로서 간단한 이미지를 표시할 수 있는 청첩장 웹페이지의 HTML 코드를 작성해줘. 제목은 '신랑 홍길동 ♥ 신부 김영희의 결혼식에 초대합니다'로 하고, 예식 날짜는 '2023년 12월 25일 오후 1시', 예식 장소는 '서울특별시 강남구 행복로 123 웨딩홀 3층'이고, 사진을 포함하고 싶어. 전체적으로 우아한 디자인으로 만들어줘.

프롬프트

## 2. ChatGPT의 응답 활용하기

요청한 프롬프트에 따라 ChatGPT는 HTML이라는 웹사이트를 제작할 때 사용하는 마크업 언어를 사용하여 웹페이지를 만들어 주었습니다. 이제 이 코드를 다운로드 받아서 사용해 보도록 하겠습니다.

AI의 답변

```html
<!DOCTYPE html>
<html lang="ko">
<head>
    <meta charset="UTF-8">
    <meta name="viewport" content="width=device-width, initial-scale=1.0">
    <title>신랑 홍길동 ♥ 신부 김영희의 결혼식에 초대합니다</title>
    <style>
        body {
            font-family: 'Times New Roman', serif;
            background-color: #f7f7f7;
            margin: 0;
            padding: 0;
            display: flex;
            justify-content: center;
            align-items: center;
            height: 100vh;
```

AI의 답변

```css
        }
        .container {
            background-color: white;
            padding: 30px;
            width: 600px;
            border-radius: 10px;
            box-shadow: 0 4px 10px rgba(0, 0, 0, 0.1);
            text-align: center;
        }
        h1 {
            font-size: 30px;
            color: #d95d77;
            margin-bottom: 10px;
        }
        .heart {
            font-size: 40px;
            color: #d95d77;
            margin: 10px 0;
        }
        h2 {
            font-size: 22px;
            margin-bottom: 40px;
            color: #333;
        }
        .details {
            font-size: 18px;
            line-height: 1.8;
            color: #555;
            margin-bottom: 40px;
        }
        img {
            width: 100%;
            height: auto;
            border-radius: 10px;
            margin-bottom: 20px;
```

AI의 답변

```html
        }
        .rsvp {
            font-size: 16px;
            color: #888;
        }
    </style>
</head>
<body>
    <div class="container">
        <h1>신랑 홍길동 ♥ 신부 김영희</h1>
        <div class="heart">♥</div>
        <h2>결혼식에 초대합니다</h2>
        <img src="wedding-photo.jpg" alt="신랑 신부 사진">
        <div class="details">
            예식 날짜: 2023년 12월 25일 오후 1시<br>
            예식 장소: 서울특별시 강남구 행복로 123 웨딩홀 3층
        </div>
        <div class="rsvp">
            RSVP는 신랑 신부에게 연락 부탁드립니다.
        </div>
    </div>
</body>
</html>
```

중략 〉

요청사항에 따라 HTML 코드가 작성되었습니다. 코드에서 텍스트로 보이는 부분, 예를 들면 "신랑 홍길동 ♥ 신부 김영희의 결혼식에 초대합니다" 같은 텍스트 부분은 직접 수정하면 웹페이지에서도 수정되는 부분들입니다.

> **Tip**
> "html파일을 다운받을 수 있는 링크를 생성해줘" 라는 프롬프트를 사용하여 ChatGPT가 제공한 코드를 그대로 다운받아서 사용할 수 있습니다.

## 3. 추가 요청과 수정

ChatGPT에게 파일을 요청하여 다운로드 받은 html 파일을 실행하여 생성된 내용을 확인 후 원하는 부분을 추가하거나 수정할 수 있습니다. 아래 생성된 예시에 사진을 2X2 그리드 형태로 표시하고 싶습니다. 이를 ChatGPT에게 요청하여 수정해 보도록 하겠습니다.

[이미지 6.1] 청첩장 샘플

방금 생성한 코드에 이미지를 2X2 형태 그리드로 표시하고 싶어. 각각의 이미지는 동일한 사이즈고 클릭하면 이미지가 팝업 형태로 확대되도록 만들어줘.

프롬프트

AI 응답

```html
<!DOCTYPE html>
<html lang="ko">
<head>
    <meta charset="UTF-8">
    <meta name="viewport" content="width=device-width, initial-scale=1.0">
    <title>신랑 홍길동 ♥ 신부 김영희의 결혼식에 초대합니다</title>
    <style>
      body {
        font-family: 'Times New Roman', serif;
        background-color: #f7f7f7;
        margin: 0;
        padding: 0;
        display: flex;
        justify-content: center;
        align-items: center;
        height: 100vh;
      }
      .container {
        background-color: white;
        padding: 30px;
        width: 600px;
        border-radius: 10px;
        box-shadow: 0 4px 10px rgba(0, 0, 0, 0.1);
        text-align: center;
      }
      h1 {
        font-size: 30px;
        color: #d95d77;
        margin-bottom: 10px;
      }
```

중략 〉

팝업에 표시할 이미지는 image1.jpg, image2.jpg 등으로 설정되어 있으니, 이 파일들을 페이지와 동일한 디렉토리에 배치하세요.

앞서 진행했던 내용과 마찬가지로 이미지와 html 파일 링크를 요청해서 다운받은 html 파일을 같은 폴더에 넣고 실행해봅니다. 이미지 명은 image1.jpg ~ image4.jpg의 형태로 되어있으므로 이미지의 이름을 맞추고 같은 폴더에 위치시켜 주어야 합니다.

[이미지 6.2] 청첩장 샘플

요청했던 수정사항에 충실하게 2X2의 이미지 배열이 되었고, 각각의 이미지를 클릭 시 전체화면 형태로 이미지를 보여주고 있습니다. 이처럼 요건을 명확하게 전달하면 간단한 웹사이트는 빠르게 만들어 볼 수 있습니다.

## 웹 호스팅하여 공유하기

ChatGPT를 활용하여 웹사이트를 만들고 나면, 다른 사람들이 이를 볼 수 있도록 인터넷에 올리는 과정이 필요합니다. 이를 호스팅Hosting이라고 하는데, 쉽게 말해 사람들이 만든 웹사이트를 온라인에서 저장하고 누구나 접속할 수 있도록 만드는 서비스입니다. 웹 호스팅 업체는 이러한 서비스를 제공하며, Netlify 같은 플랫폼이 무료 호스팅 서비스의 대표적인 예입니다. 이번에는 Netlify를 활용해서 인터넷상에 청첩장 페이지를 호스팅 해 보도록 하겠습니다.

## Netlify를 통한 공유

### 1. Netlify 가입 및 설치

웹사이트 방문: Netlify(https://www.netlify.com/)로 이동하여 Sign-up 버튼을 클릭하여 회원 가입합니다.

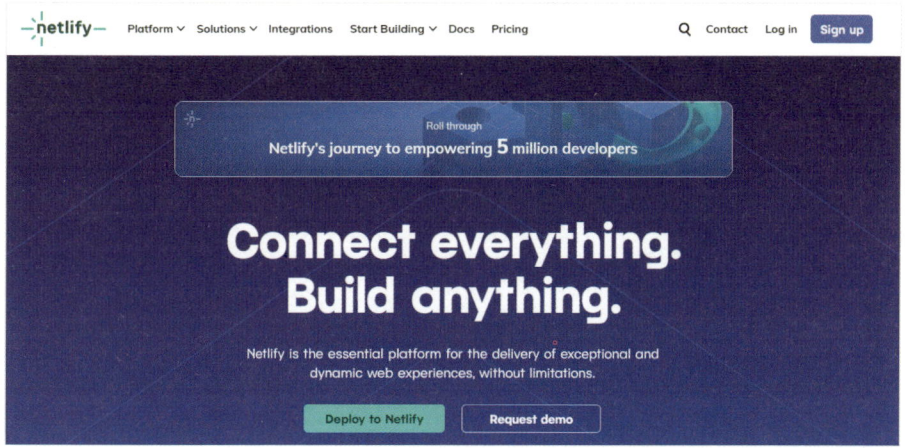

[이미지 6.3] Netlify 홈페이지

## 2. 사이트 배포

Netlify Drop 이용: Netlify → Sites→ Add new site → Deploy Manually를 통해 들어갈 수 있는 Netlify Drop 페이지에서 방금 생성한 html 파일인 index.html 파일과 사진 image1~4.jpg 파일을 압축한 파일 또는 폴더 자체를 드래그하여 업로드합니다. index.html 이라는 이름은 웹페이지의 메인 페이지임을 나타내는 약속된 파일명으로, 파일명이 잘못되면 페이지가 정상적으로 보이지 않을 수 있으니, 꼭 확인하시길 바랍니다.

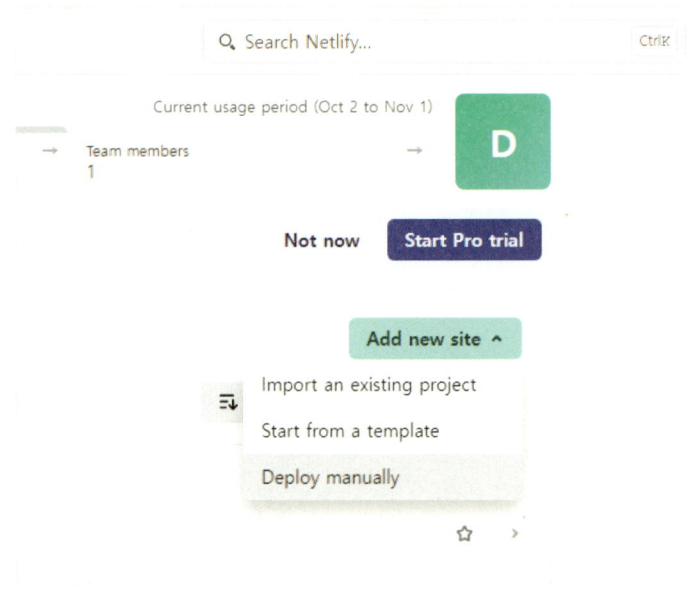

[이미지 6.4] Netlify 웹사이트 업로드

파일명과 이미지 파일들이 모두 있는지 확인하고, 페이지 드롭에서 생성했던 파일들을 압축하거나 파일들을 포함하고 있는 폴더를 그대로 업로드를 진행합니다. 이렇게 하면 호스팅 사이트에 파일들이 저장되게 됩니다.

[이미지 6.5] Netlify 웹사이트 업로드

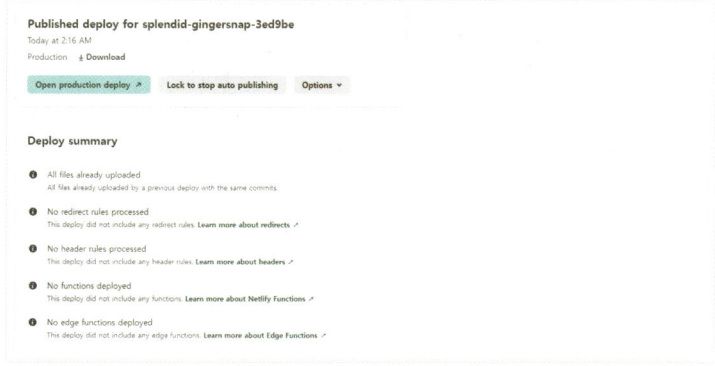

[이미지 6.6] Netlify 웹사이트 업로드 진행중

생성이 완료되면 Open production deploy 버튼을 클릭하여 생성된 웹 사이트에 접속할 수 있습니다. 생성된 페이지 주소만 있다면 누구라도 해당 웹페이지에 접속할 수 있으므로, 카카오톡을 통해 링크를 공유하여 청첩장을 전달할 수 있습니다.

[이미지 6.7] 청첩장 웹사이트

　최종적으로 완성되어 호스팅이 완료된 청첩장 웹페이지의 모습입니다. 예시는 간단하게 제작했지만, 여러분은 더 다양하고 창의적인 질문으로, 사진 넘기기 기능이나, 동영상 업로드 등을 활용하여 보다 멋진 웹사이트를 만들 수 있을 것입니다.

> **Tip**
> Netlify는 자동으로 SSL 인증서도 제공하여 안전한 HTTPS 방식의 접속도 가능합니다.

## 문제 발생 시 해결 방법

### 에러 메시지가 뜰 때

- **ChatGPT에게 문의하기:** 에러 내용과 코드를 복사하여 ChatGPT에게 해결 방법을 물어볼 수 있습니다.

> 웹페이지를 열었는데 이미지가 보이지 않아. 어떻게 해결할 수 있을까? 내가 보내는 코드와 오류 메시지를 참고해서 답변해줘.

프롬프트

### 디자인이 마음에 들지 않을 때

- **새로운 디자인 요청:** 원하는 스타일이나 색상을 구체적으로 설명하여 ChatGPT에게 요청합니다.

> 웹사이트 위쪽에 격자 무늬 배경을 추가하고 싶어. 어떻게 하면 될까? 추가해서 내가 다운받을 수 있는 형태로 코드를 작성해서 제공해줘.

프롬프트

여러가지 문제나 요구사항이 발생했을 때 ChatGPT를 활용하여 빠르게 문제를 해결할 수 있습니다. 코딩의 경우 오류 메시지가 특히 중요합니다. 질문할 때 명확한 상황과 발생한 오류 메시지나 코드를 전달하면 더 정확한 답변을 받아볼 수 있습니다.

---
**Tip**
아래에서 HTML과 CSS 기본 문법 배워볼 수 있습니다.
온라인 강좌: Code Academy, 생활코딩
참고 문서: MDN Web Docs, W3Schools
---

# 게임 만들기

우리는 게임을 즐기며 스트레스를 해소하고, 창의력을 발휘하기도 합니다. 이번에는 ChatGPT와 대표적인 프로그래밍 언어인 Python을 활용하여 간단한 슈팅 게임을 만들어 보겠습니다. Python 지식이 없어도, 생성형 AI와 함께라면 충분히 따라할 수 있습니다. 게임의 기초적인 구조와 기능을 이해하고 간단한 슈팅 게임을 만들어보는 과정을 통해, 여러분의 생성형 AI 활용 능력을 한 단계 끌어 올릴 수 있습니다.

## 개발 환경 구성하기

프로그래밍을 통해 슈팅 게임을 만들기 위해서는 Python 코드를 실행할 수 있는 환경이 필요합니다. 일반적으로 개발자들이 많이 사용하고 있는 Visual Studio Code와 Anaconda를 설치해보도록 하겠습니다.

## Visual Studio Code 설치

### 1. Visual Studio Code 다운로드

- Visual Studio Code (https://code.visualstudio.com/)의 공식 웹사이트로 이동합니다.
- "Download for Windows" 버튼을 클릭하여 설치 파일을 다운로드합니다.

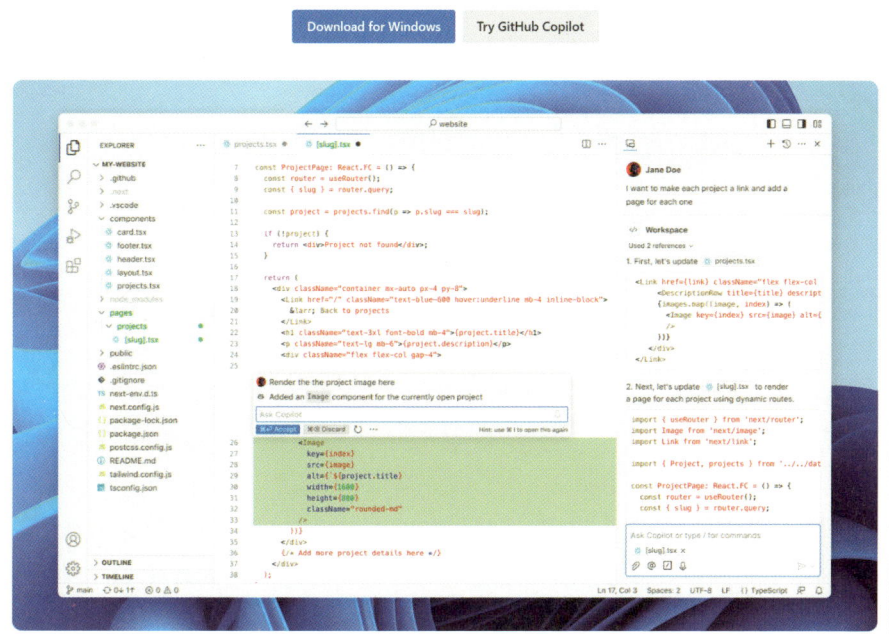

[이미지 6.8] Visual Studio 웹사이트

## 2. 설치 파일 실행

- 다운로드한 파일을 실행해 프로그램 설치를 진행합니다.
- 설치 중 "Add to PATH" 옵션을 선택하면, 향후 필요시 명령어로 Visual Studio Code를 쉽게 실행할 수 있습니다.

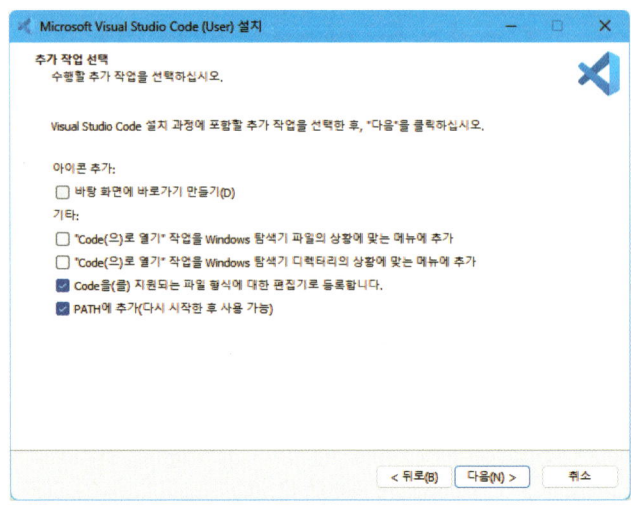

[이미지 6.9] Visual Studio 설치

## 3. 설치 완료 후 실행

- 설치가 완료되면 Visual Studio Code 아이콘을 클릭하여 프로그램을 실행 후 개발을 시작할 준비를 합니다.

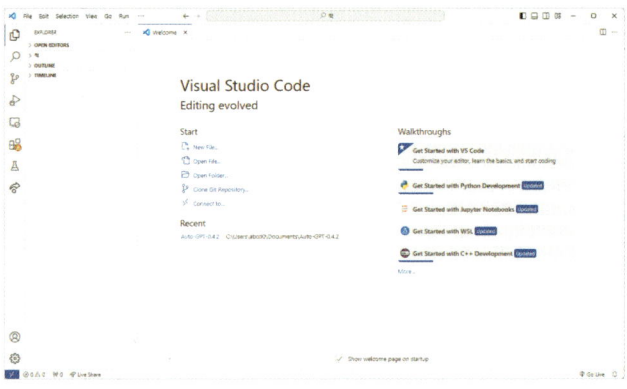

[이미지 6.10] Visual Studio 실행

## Anaconda 설치

### 1. Anaconda (Python) 다운로드

- Anaconda 공식 웹사이트(https://www.anaconda.com/)로 이동합니다.
- Download Now(https://www.anaconda.com/download/success) 페이지에서 운영 체제에 맞는 버전을 "Download" 버튼을 클릭하여 설치 파일을 다운로드합니다.

### 2. 설치 파일 실행

- 다운로드한 Anaconda 설치 파일을 실행합니다.
- 설치 중 "Add Anaconda to my PATH environment variable" 옵션을 선택하면 터미널에서 Python을 쉽게 사용할 수 있습니다.

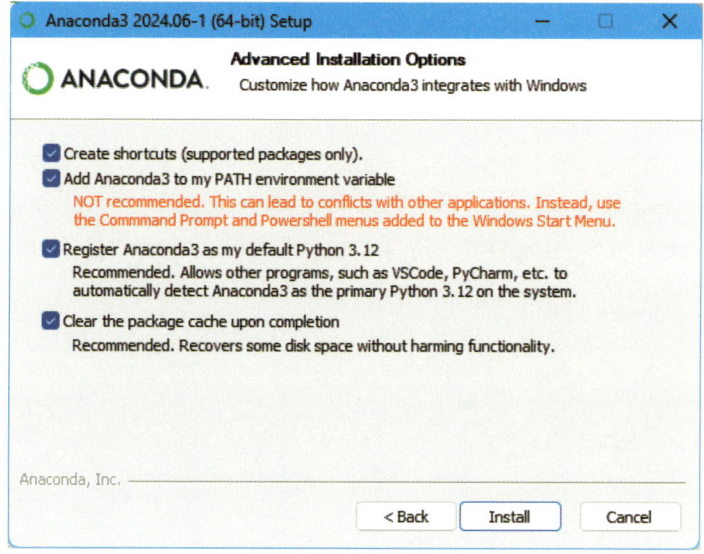

[이미지 6.11] Visual Studio 설치

### 3. 설치 완료 후 확인

- 설치가 완료되면 "Anaconda Navigator"를 실행해 설치가 잘 되었는지 확인합니다.

## 프로젝트 목표 설정

프로그래밍 프로젝트를 시작하기 앞서 목표설정을 해두어야 보다 편하게 작업을 진행할 수 있습니다. 어떤 게임을 만들 것인지, 게임에 어떤 기능들이 필수적으로 들어가야 하는지에 대한 요건 정의를 하고, 이 내용을 바탕으로 ChatGPT를 활용하여 게임을 만들어 보도록 하겠습니다.

- **기본 슈팅 게임 기능 구현**: 플레이어 이동, 미사일 발사 기능, 적 생성 및 피하기 기능이 필요합니다.
- **사용자 친화적인 게임 디자인**: 직관적이고 단순한 인터페이스를 통해 누구나 쉽게 플레이할 수 있도록 설계합니다.
- **게임 점수**: 게임의 목표와 성취감을 위한 점수 관리를 통해 플레이어의 도전 의욕 불러일으킵니다.

## 게임 기능 설계하기

기능 설계는 복잡한 프로젝트를 작은 단계로 나누어 하나씩 해결해 나가는 데 도움을 줍니다. 각각의 기능을 정의하고 이를 어떻게 구현할지 명확히 계획하면 프로젝트의 흐름을 쉽게 이해하고, 작업의 효율성도 높일 수 있습니다. 코딩에 익숙하지 않은 분들도 이러한 사전 계획을 통해 프로젝트의 진행을 쉽게 파악할 수 있습니다.

## 필수 기능 정의

### 1. 플레이어 이동

　키보드를 사용해 플레이어 캐릭터를 화면의 좌우로 이동시키는 기능입니다. 이는 플레이어가 적의 공격을 피하거나 공격 위치를 조정할 수 있도록 합니다. 이 기능은 게임의 기본적인 제어 요소로, 플레이어가 주도적으로 게임을 진행하는 데 필수적인 역할을 합니다.

### 2. 발사 기능

　스페이스바 같은 키를 눌러 플레이어가 미사일을 발사할 수 있는 기능입니다. 이는 적을 맞추기 위한 주요 요소로, 플레이어에게 공격 수단을 제공합니다. 발사 기능은 게임의 핵심 재미 요소 중 하나이며, 플레이어가 적을 상대하고 점수를 올리는 중요한 역할을 합니다.

### 3. 적 생성 및 피하기

　적들이 화면 위에서 아래로 내려오며, 플레이어는 이들을 피하거나 공격해야 합니다. 적의 생성은 무작위로 이루어지며, 게임의 난이도를 높이는 중요한 부분입니다. 적을 피하거나 공격하는 과정에서 플레이어는 게임의 도전적인 요소를 경험하게 됩니다.

### 4. 점수 관리

　적을 맞출 때마다 점수가 증가하며, 플레이어에게 성취감을 제공합니다. 점수 시스템은 플레이어가 게임을 진행하며 성취감을 느낄 수 있도록 하는 중요한 요소입니다. 이를 통해 플레이어는 게임의 목표를 설정하고, 스스로의 기록을 경신하며 지속적으로 게임을 즐길 수 있습니다.

## 추가 고려 사항

- **게임 상태 관리:** 플레이어가 적과 충돌하면 게임이 종료되는 기능을 추가합니다. 이를 통해 게임에 도전적인 요소를 부여하고, 성취감을 높일 수 있습니다.
- **사용자 경험:** 게임의 난이도를 조절할 수 있도록 하여, 초보자도 쉽게 즐길 수 있고, 숙련자에게는 도전 과제가 될 수 있도록 합니다. 예를 들어, 게임이 진행됨에 따라 적의 속도나 개수를 점진적으로 증가시켜 난이도를 조정할 수 있습니다. 이렇게 하면 플레이어가 점점 더 어려운 도전을 하면서도 성취감을 느낄 수 있습니다.
- **네비게이션 및 게임 오버 화면:** 게임 종료 시 다시 시작할 수 있는 옵션을 제공하여, 플레이어가 쉽게 반복 플레이를 할 수 있도록 합니다. 이는 게임이 종료되었을 때 플레이어가 빠르게 게임을 재시작 할 수 있는 기회를 제공함으로써 사용자 경험을 향상 시킵니다.

이러한 기능들을 미리 정의하고 그 필요성을 이해하면, 프로젝트를 진행하는 동안 무엇을 만들어야 하는지 명확해집니다. 이를 통해 프로그램의 전반적인 흐름과 각 기능의 역할을 이해하고, 프로젝트를 체계적으로 진행할 수 있습니다.

## ChatGPT를 활용한 코드 생성

이제 앞서 정의해둔 요건을 바탕으로 ChatGPT를 활용하여 간단한 슈팅 게임의 코드를 생성해 보겠습니다. Python과 Pygame이라는 패키지를 사용해 코드의 흐름을 이해하면서 게임의 각 요소를 만들어 나가보겠습니다.

### 1. 요구 사항 전달하기

ChatGPT에게 우리가 원하는 기능과 디자인을 구체적으로 설명합니다. 앞서 정의했던 내용을 바탕으로 요건을 전달하면 됩니다.

프롬프트

프로그래밍 전문가이자 게임을 잘 이해하고 있는 개발자로서 Python과 Pygame 라이브러리를 사용하여 간단한 슈팅 게임을 만들어줘.

기능은 다음과 같아:

플레이어 이동: 키보드 화살표를 사용해 플레이어가 좌우로 이동할 수 있어야 합니다.

발사 기능: 스페이스바를 눌러 총알을 발사합니다.

적 생성 및 피하기: 적들이 화면 위에서 아래로 떨어지며, 플레이어는 이를 피하거나 총알로 공격해야 합니다.

점수 관리: 적을 맞출 때마다 점수가 증가합니다.

게임 오버 처리: 적과 충돌하면 게임이 종료됩니다.

디자인은 단순하고 직관적으로 만들어줘.
코드의 중요한 부분엔 한글로 코멘트를 달아줘.

중략 >

## 2. ChatGPT의 응답 확인

　ChatGPT는 우리가 요구한 대로 슈팅 게임의 코드와 설명을 제공합니다. 코드에는 주석이 포함되어 있어 이해하기 쉽도록 작성되어 있으며, 이를 통해 Pygame을 활용한 기본적인 게임 개발 방법을 익힐 수 있습니다.

AI의 답변

```python
import pygame
import random
import sys

# 초기화
pygame.init()

# 화면 설정
WIDTH, HEIGHT = 800, 600
screen = pygame.display.set_mode((WIDTH, HEIGHT))
pygame.display.set_caption("슈팅 게임")
```

```python
# 색상 정의
WHITE = (255, 255, 255)
RED = (255, 0, 0)
BLUE = (0, 0, 255)

# 플레이어 설정
player_size = 50
player_x = WIDTH // 2 - player_size // 2
player_y = HEIGHT - player_size - 10
player_speed = 5

# 적 설정
enemy_size = 50
enemy_speed = 5
enemies = []

# 총알 설정
bullet_size = 10
bullet_speed = 7
bullets = []

# 점수 설정
score = 0
font = pygame.font.SysFont("Arial", 30)

# 게임 루프
running = True
while running:
    screen.fill(WHITE)

    # 이벤트 처리
    for event in pygame.event.get():
        if event.type == pygame.QUIT:
            pygame.quit()
            sys.exit()
```

```python
# 키 입력 처리
keys = pygame.key.get_pressed()
if keys[pygame.K_LEFT] and player_x > 0:
    player_x -= player_speed
if keys[pygame.K_RIGHT] and player_x < WIDTH - player_size:
    player_x += player_speed
if keys[pygame.K_SPACE]:
    bullets.append([player_x + player_size // 2 - bullet_size // 2, player_y])

# 적 생성 및 이동
if random.randint(1, 30) == 1:
    enemies.append([random.randint(0, WIDTH - enemy_size), 0])
for enemy in enemies:
    enemy[1] += enemy_speed
    if enemy[1] > HEIGHT:
        enemies.remove(enemy)
    # 충돌 처리
    if player_x < enemy[0] < player_x + player_size and player_y < enemy[1] < player_y + player_size:
        running = False
    pygame.draw.rect(screen, RED, (enemy[0], enemy[1], enemy_size, enemy_size))

# 총알 이동 및 충돌 처리
for bullet in bullets:
    bullet[1] -= bullet_speed
    if bullet[1] < 0:
        bullets.remove(bullet)
    else:
        for enemy in enemies:
            if enemy[0] < bullet[0] < enemy[0] + enemy_size and enemy[1] < bullet[1] < enemy[1] + enemy_size:
                bullets.remove(bullet)
                enemies.remove(enemy)
```

AI의 답변

```
            score += 1
            break
    pygame.draw.rect(screen, BLUE, (bullet[0], bullet[1], bullet_size,
bullet_size))

    # 플레이어 그리기
    pygame.draw.rect(screen, BLUE, (player_x, player_y, player_size,
player_size))

    # 점수 표시
    score_text = font.render(f"Score: {score}", True, (0, 0, 0))
    screen.blit(score_text, (10, 10))

    # 화면 업데이트
    pygame.display.flip()
    pygame.time.delay(30)
```

중략 >

   이 코드를 통해 플레이어는 키보드 화살표를 사용해 이동하고, 스페이스바를 눌러 적을 향해 미사일을 발사할 수 있습니다. 적을 맞출 때마다 점수가 증가하는 점수 시스템도 추가되어 게임의 목표를 설정하고 성취감을 느낄 수 있게 합니다. 공격을 맞을시 게임 오버로 게임이 종료됩니다.

## Python 코드 실행

Visual Studio Code와 Anaconda 설치가 완료되었으니, Python 코드를 실행할 준비가 되었습니다. Pygame 라이브러리를 설치하고 코드를 실행해보도록 하겠습니다.

### 1. Visual Studio Code에서 Python 파일 생성

File → New file → Python File을 클릭하여 새로운 파일을 생성합니다.

[이미지 6.12] Visual Studio 설치

### 2. 코드 내용 입력 및 저장

ChatGPT를 사용하여 작성한 코드를 복사 붙여넣기를 통해 입력하고, 컨트롤+S 또는 File → Save 를 통해 shooting_game.py 등의 이름으로 저장합니다.

### 3. 프로그램 실행 및 오류 확인

우측상단에 위치한 플레이 버튼을 클릭하면 코드를 실행할 수 있습니다. 하지만, 코드실행 시 아래 이미지에 보이는 것처럼 오류가 발생할 것입니다.

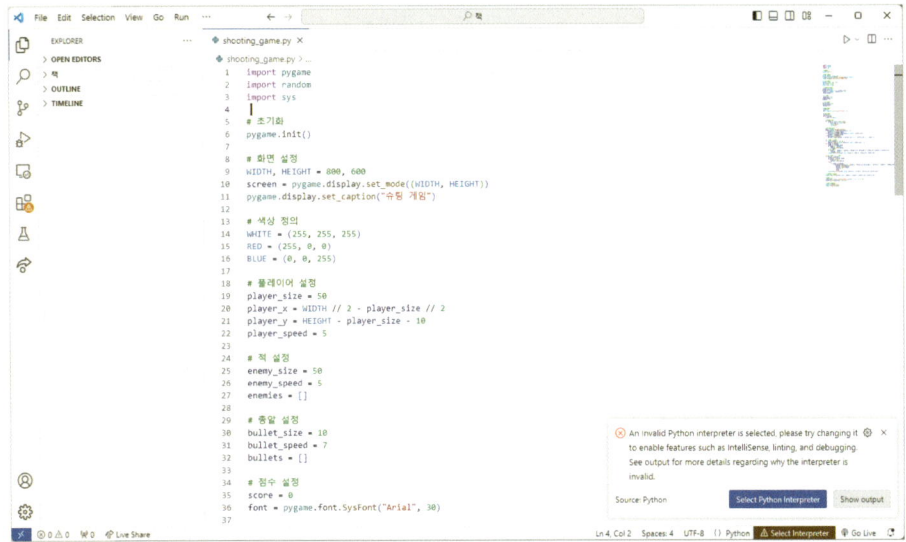

[이미지 6.13] Visual Studio 코드 실행 오류

이 오류는 Python을 찾을 수 없다는 오류로, Select Python Interpreter를 선택 후, anaconda3을 클릭하여 Python Interpreter를 지정해줍니다.

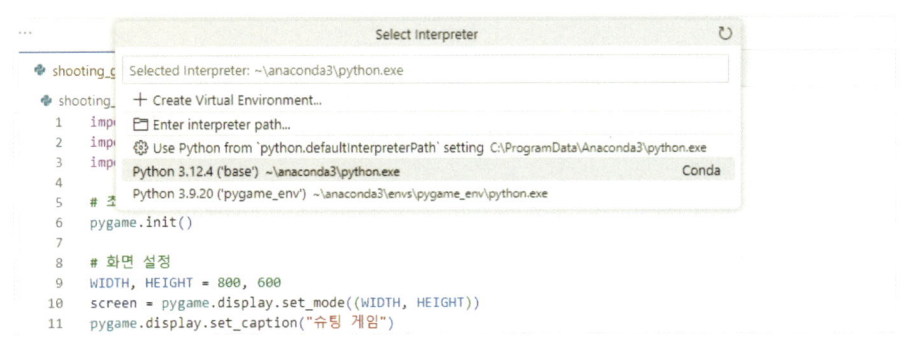

[이미지 6.14] Interpreter 설정

이제 우측 상단 Play 버튼을 누르면 새로운 오류가 발생할 것입니다. 이 오류는 Python의 ModuleNotFoundError: No module named 'pygame' 라는 오류로, pygame이라는 모듈이 설치되지 않았다는 뜻입니다. 모듈은 Python의 설치 명령어를 하단 화면 입력하여 설치할 수 있습니다.

```
pip install pygame
```

　Successfully install pygame-2.6.1이라는 문구를 확인 후, 다시 우측 상단의 Play 모양의 버튼을 클릭하면 잠시 후 게임이 성공적으로 실행되는 모습을 보실 수 있습니다. 우리가 앞서 작성했던 요건대로 방향키로 이동 가능하며, 상단에서 적이 내려오고, 스페이스바를 눌러 발사한 미사일로 적을 처치할 시 스코어가 올라갑니다.

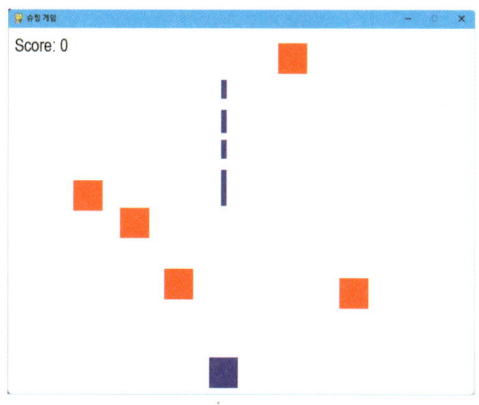

[이미지 6.15] Interpreter 설정

　이번 프로젝트를 통해 Python과 Pygame을 사용하여 간단한 슈팅 게임을 만들어 보았습니다. Python에 대한 지식이 부족해도 생성형 AI와의 협업을 통해 코딩을 체험하고 직접 게임을 구현할 수 있었습니다.

　게임을 만들면서 코딩의 기본 개념을 이해하고, 각 기능을 단계적으로 설계하며 문제를 해결해 나가는 과정에서 많은 것을 배울 수 있었을 것입니다. 작은 성취들이 모여 큰 자신감으로 이어질 수 있습니다.

　앞으로 이 경험을 바탕으로 더 복잡한 기능을 추가해 보거나, 자신만의 창의적인 아이디어를 적용하여 게임을 발전시켜 보시길 바랍니다.

> **Tip**
> Pygame 패키지를 활용하여 슈팅게임 외에도 간단한 퍼즐게임부터 복잡한 아케이드 게임까지 만들 수 있습니다. Pygame 사이트에 접속하여 다양한 게임을 확인해 보시기 바랍니다.
> (https://www.pygame.org/tags/all)

# 게시판 만들기

일상에서 우리는 정보를 공유하고 의견을 나누기 위해 다양한 형태의 게시판을 사용합니다. 팀 프로젝트의 진행 상황을 공유하거나, 동료들과 아이디어를 교환하거나, 개인적인 일기를 작성하는 등 게시판은 우리의 삶을 더욱 풍부하게 해줍니다. 이번 파트에서는 나만의 간단한 게시판 웹페이지를 만들어보겠습니다. 이미 앞서 배운 생성형 AI의 도움을 받아 코딩 경험이 없어도 쉽게 따라 할 수 있을 것입니다.

## 프로젝트 목표 설정

- **기본 게시판 기능 구현:** 글 작성, 목록 보기, 상세 보기
- **사용자 친화적인 디자인:** 직관적이고 깔끔한 화면 구성
- **데이터 저장 방식 이해:** 브라우저 내에서 작성한 데이터 저장

## 게시판 기능 설계하기

프로젝트를 시작하기 전에 어떤 기능이 필요하고 어떻게 구현할지 미리 생각해 보는 것은 매우 중요합니다. 이는 여행을 계획할 때 목적지와 경로를 미리 정하는 것과 같습니다. 코딩에 익숙하지 않은 분들도 이러한 사전 계획을 통해 프로젝트의 흐름을 이해하고 원활하게 진행할 수 있습니다.

## 필수 기능 정의

- **글 작성 기능:** 제목과 내용을 입력하여 새로운 글을 작성하는 기능입니다. 게시판의 핵심은 정보를 공유하는 것입니다. 사용자가 자신의 생각이나 정보를 다른 사람과 공유 할 수 있어야 합니다.

- **글 목록 보기:** 작성된 글들의 목록을 화면에 표시하는 기능입니다. 여러 글 중에서 원하는 글을 선택하려면 전체 목록을 볼 수 있어야 합니다.

- **글 상세 보기:** 선택한 글의 제목과 내용을 자세히 보여주는 기능입니다. 목록에서 글을 선택했을 때 그 내용까지 확인할 수 있어야 의미가 있습니다.

## 추가 고려 사항

- **데이터 저장 방식:** 간단한 프로젝트이므로 데이터는 웹 페이지가 켜져 있을 때만 메모리에 저장합니다. 작성한 글이 일시적으로라도 저장되어야 목록이나 상세 보기에서 확인할 수 있습니다.

- **사용자 경험:** 제목이나 내용이 비어 있을 때 경고 메시지를 표시합니다. 실수로 빈 글이 등록되는 것을 방지하고 사용자에게 올바른 안내를 제공하기 위함입니다.

- **네비게이션:** 상세 보기에서 목록으로 쉽게 돌아올 수 있도록 합니다. 사용자가 불편함 없이 웹페이지를 탐색할 수 있도록 도와줍니다.

이러한 기능들을 미리 정의하고 그 필요성을 이해하면, 프로젝트를 진행하는 동안 무엇을 만들어야 하는지 명확해집니다. 코딩 경험이 없는 분들도 이와 같은 설계를 통해 프로젝트의 전체적인 그림을 그릴 수 있으며, 생성형 AI의 도움을 받아 효과적으로 프로젝트를 완성할 수 있습니다.

## ChatGPT를 활용한 코드 생성

이제 앞서 정의해둔 요건을 바탕으로 ChatGPT를 활용하여 게시판 웹페이지의 코드를 생성해보겠습니다.

### 1. 요구 사항 전달하기

ChatGPT에게 우리가 원하는 기능과 디자인을 구체적으로 설명합니다. 필수기능과 추가 요청사항을 #을 통해서 분리하여 내용을 전달하였습니다.

프롬프트

HTML, CSS, JavaScript를 사용하여 간단한 게시판 웹페이지의 코드를 작성해줘. 기능은 다음과 같아:

#필수 기능 정의
- 글 작성 기능: 제목과 내용을 입력하여 새로운 글을 작성하는 기능입니다. 게시판의 핵심은 정보를 공유하는 것입니다. 사용자가 자신의 생각이나 정보를 다른 사람과 공유할 수 있어야 합니다.
- 글 목록 보기: 작성된 글들의 목록을 화면에 표시하는 기능입니다. 여러 글 중에서 원하는 글을 선택하려면 전체 목록을 볼 수 있어야 합니다.
- 글 상세 보기: 선택한 글의 제목과 내용을 자세히 보여주는 기능입니다. 목록에서 글을 선택했을 때 그 내용까지 확인할 수 있어야 의미가 있습니다. 추가 고려 사항
- 데이터 저장 방식: 간단한 프로젝트이므로 데이터는 웹 페이지가 켜져 있을 때만 메모리에 저장합니다. 작성한 글이 일시적으로라도 저장되어야 목록이나 상세 보기에서 확인할 수 있습니다.
- 사용자 경험: 제목이나 내용이 비어 있을 때 경고 메시지를 표시합니다. 실수로 빈 글이 등록되는 것을 방지하고 사용자에게 올바른 안내를 제공하기 위함입니다.
- 네비게이션: 상세 보기에서 목록으로 쉽게 돌아올 수 있도록 합니다. 사용자가 불편함 없이 웹페이지를 탐색할 수 있도록 도와줍니다.

#추가사항
- 디자인은 심플하고 직관적으로 만들어줘.
- 코드의 중요한 부분에 대해 한글로 코멘트를 달아서 설명해줘.

중략 >

## 2. ChatGPT의 응답 확인

ChatGPT는 게시판 요구 사항에 맞춰 코드와 중요한 부분에 대한 설명을 제공합니다.

AI의 답변

```html
<!DOCTYPE html>
<html lang="ko">
<head>
    <meta charset="UTF-8">
    <title>간단한 게시판</title>
    <style>
        /* 기본 스타일 설정 */
        body {
            font-family: Arial, sans-serif;
            margin: 20px;
        }

        h1 {
            text-align: center;
        }

        /* 글 작성 폼 스타일 */
        #post-form {
            max-width: 600px;
            margin: 0 auto 20px;
        }

        #post-form input, #post-form textarea {
            width: 100%;
            padding: 10px;
            margin-bottom: 10px;
        }

        #post-form button {
            padding: 10px 20px;
        }
```

```css
/* 글 목록 스타일 */
#post-list {
    max-width: 600px;
    margin: 0 auto;
}

#post-list ul {
    list-style: none;
    padding: 0;
}
```

중략 >

HTML 부분:

⟨div id="post-form"⟩: 글 작성 폼으로, 제목과 내용을 입력할 수 있습니다.

⟨div id="post-list"⟩: 작성된 글들의 목록을 표시합니다.

⟨div id="post-detail"⟩: 선택한 글의 제목과 내용을 상세히 보여줍니다. 초기에는 display: none;으로 숨겨져 있습니다.

⟨div id="error-message"⟩: 입력 검증에 실패했을 때 경고 메시지를 표시합니다.

CSS 부분:

전체적인 레이아웃과 각 요소들의 스타일을 지정하여 심플하고 직관적인 디자인을 구현했습니다.

JavaScript 부분:

posts 배열: 메모리에 글을 저장하는 배열입니다.

addPost(): 새로운 글을 작성하고 posts 배열에 추가하는 함수입니다. 입력 검증을 수행하며, 제목이나 내용이 비어 있으면 경고 메시지를 표시합니다.

displayPosts(): posts 배열에 저장된 글들을 목록으로 표시하는 함수입니다.

showDetail(index): 선택한 글의 상세 내용을 표시하는 함수입니다.

backToList(): 상세 보기 화면에서 글 목록으로 돌아가는 함수입니다.

페이지가 로드될 때 displayPosts()를 호출하여 초기 글 목록을 표시합니다.

AI의 답변

사용 방법

글 작성하기

제목과 내용을 입력한 후 "글 작성" 버튼을 클릭합니다.
입력한 글이 목록에 추가되고, 입력 필드가 초기화됩니다.

글 목록 보기

작성된 글들의 제목이 목록으로 표시됩니다.
제목을 클릭하면 해당 글의 상세 내용을 볼 수 있습니다.

글 상세 보기

선택한 글의 제목과 내용을 상세히 볼 수 있습니다.
"목록으로 돌아가기" 버튼을 클릭하여 글 목록으로 돌아갈 수 있습니다.

주의 사항

데이터는 브라우저 메모리에 저장되므로 페이지를 새로 고침하거나 닫으면 작성한 글이 사라집니다.
입력 검증을 통해 제목이나 내용이 비어 있는 글은 등록할 수 없도록 했습니다.

코드를 실행하려면

위의 코드를 복사하여 새로운 텍스트 파일에 붙여넣습니다.
파일을 index.html 등의 이름으로 저장합니다.
저장한 HTML 파일을 웹 브라우저에서 열면 게시판 웹페이지를 사용할 수 있습니다.

중략 >

## 코드 적용 및 웹페이지 만들기

### 1. 코드 작성 및 저장하기

- **텍스트 에디터 실행:** 메모장, 워드패드 또는 Visual Studio Code 실행합니다.
- **코드 붙여넣기:** ChatGPT가 제공한 코드를 복사하여 에디터에 붙여 넣습니다.
- **파일 저장하기:** 파일 이름을 index.html로 지정하고 저장합니다.

### 2. 웹페이지 열기

파일 탐색기에서 index.html 파일을 찾아 더블 클릭하여 웹 브라우저에서 열어봅니다. 원활하게 페이지가 열리는걸 확인하고, 정상적으로 열리지 않는다면 ChatGPT에게 오류발생을 설명하고 지원을 받습니다.

## 기능 확인 및 테스트

### 1. 글 작성 테스트
- 제목과 내용을 입력하고 "글 작성" 버튼 클릭합니다.
- 입력한 글이 글 목록에 나타나는지 확인합니다.

### 2. 글 상세 보기 테스트
- 글 목록에서 작성한 글 제목을 클릭합니다.
- 상세 보기 화면에서 제목과 내용이 올바르게 표시되는지 확인합니다.

### 3. 목록으로 돌아가기
- "목록으로 돌아가기" 버튼을 클릭하여 글 목록 화면으로 이동합니다.

[이미지 6.16] 게시판 웹사이트

글이 정상적으로 작성되는걸 확인하면 됩니다. 정상적으로 작성 된다면, 글 작성 버튼을 클릭시 글 목록에 작성한 내용이 표시 될 것이고, 문제가 있다면 어떤 기능이 작동하지 않는지 ChatGPT를 통해 문제를 해결할 수 있습니다.

[이미지 6.17] 게시판 웹사이트

프롬프트에서 요구했던 기능들이 모두 구현되었습니다. 글작성, 게시판 테스트에서 게시글 클릭시 본문내용 표시, 목록으로 돌아가기, 글작성과 같은 다양한 요건들에 대해 깔끔하게 구현해 낸 것을 확인할 수 있습니다.

## 디자인 개선하기

이제 게시판의 디자인과 사용자 경험(UI/UX)를 향상시키기 위해 디자인을 조금 다듬어 보겠습니다. 이때 사용되는 것이 CSS입니다. CSS가 무엇인지, 왜 사용하는지 간략하게 설명한 후 디자인 개선 방법을 소개하겠습니다.

## CSS란?

CSS<sub>Cascading Style Sheets</sub>는, 웹페이지의 디자인과 레이아웃을 꾸미는 데 사용되는 스타일 시트 언어입니다. 간단히 말해, HTML로 작성된 웹페이지의 내용이 어떻게 보일지 결정하는 역할을 합니다.

## 수정 사항

CSS 수정을 통해 배경색과 텍스트 색상을 변경하여 시각적인 일관성을 높여보겠습니다.

❶ 따뜻하고 부드러운 색상을 사용하면 사용자에게 편안한 느낌을 줄 수 있습니다.
❷ 버튼에 마우스를 올리면 버튼의 배경색이 바뀌도록 합니다.
❸ 글 목록 아이템에 패딩과 호버 효과를 추가하여 가독성을 높이도록 하겠습니다.
❹ 게시글 삭제 기능을 추가합니다.

배경색과 텍스트 색상을 따뜻하고 부드러운 회색 계열로 변경하여 시각적인 일관성을 부여하고, 글 목록 아이템에 패딩과 호버 효과를 추가하여 가독성을 높여줘. 글 삭제 기능을 추가해서 기존에 작성한 글을 삭제할 수 있도록 해줘.

프롬프트

AI 답변

```
body {
    font-family: 'Nanum Gothic', sans-serif;
    margin: 20px;
    background-color: #f0f0f0; /* 연한 회색 배경 */
    color: #333; /* 진한 회색 텍스트 */
}
```

- background-color: #f0f0f0;: 전체 배경색을 연한 회색으로 설정하여 눈의 피로를 줄입니다.
- color: #333;: 텍스트 색상을 진한 회색으로 설정하여 가독성을 높입니다.

중략 〉

## 버튼 스타일 개선

버튼에 마우스 오버 효과를 추가하여 사용자 피드백을 제공합니다.

AI 답변

```css
/* 버튼 기본 스타일 */
#post-form button, #post-detail button {
    background-color: #4CAF50; /* 녹색 */
    color: white;
    border: none;
    border-radius: 5px;
    padding: 10px 20px;
    cursor: pointer;
}

/* 버튼 호버 효과 */
#post-form button:hover, #post-detail button:hover {
    background-color: #45a049; /* 조금 더 진한 녹색 */
}
```

- 버튼 기본 스타일:

background-color: #4CAF50;: 버튼의 배경색을 녹색으로 설정합니다.

border-radius: 5px;: 모서리를 둥글게 만들어 부드러운 느낌을 줍니다.

- 호버 효과:

마우스를 버튼에 올렸을 때 배경색이 조금 더 진한 녹색으로 변경되어 사용자에게 인터랙티브한 느낌을 제공합니다.

중략 >

## 글 목록 스타일링

글 목록 아이템에 패딩과 호버 효과를 추가하여 가독성을 높입니다.

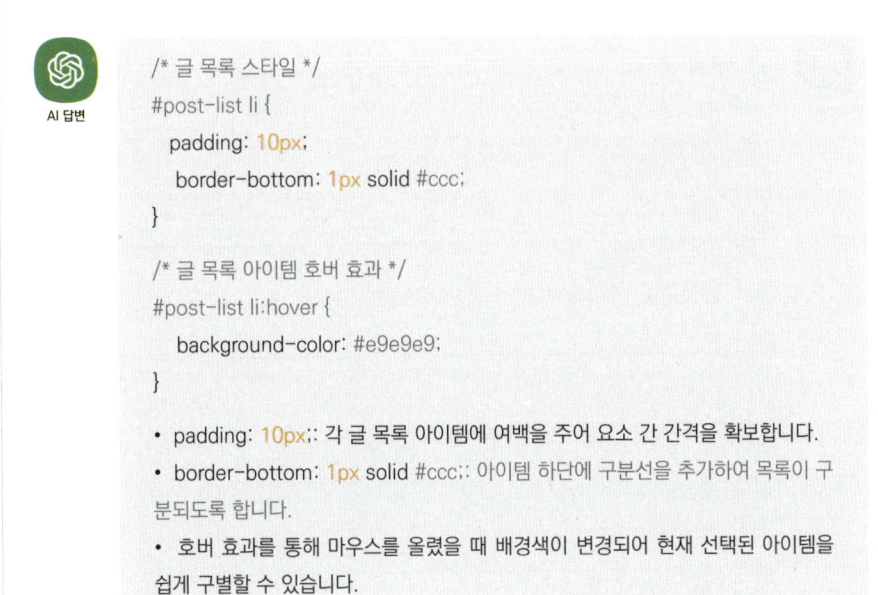

이렇게 수정된 내용은 "모든 코드를 다시 작성해서 다운받을 수 있도록 통합하여 다운로드 링크를 제공해줘" 라는 형태의 프롬프트로 다운받거나, CSS 파트 아래에 붙여넣기를 통해 직접 해당 부분을 수정할 수 있습니다.

[이미지 6.18] 게시판 웹사이트

> **Tip**
> CSS를 더 배우고 싶다면 온라인 튜토리얼이나 학습 자료를 찾아보면 좋습니다. CSS는 웹 개발에서 디자인을 담당하는 중요한 요소이며, 조금만 익혀도 웹페이지의 느낌을 크게 바꿀 수 있습니다.

## 데이터 저장 방식 개선

현재 우리가 만든 게시판은 브라우저를 닫거나 새로고침 하면 작성된 글이 모두 사라집니다. 게시판은 사용자들이 작성한 글을 언제든지 다시 확인할 수 있어야 하는데, 이를 위해 데이터 저장 방식을 개선할 필요가 있습니다.

가장 간단한 해결책으로는 내부 저장소를 사용하는 방법이 있습니다. 내부 저장소를 사용하면, 사용자가 작성한 글이 브라우저를 새로고침 하거나 닫았다가 다시 열어도 유지됩니다.

다른 사용자와의 원활한 커뮤니케이션을 위해 게시판에 저장 기능이 필요해. 내부 저장소를 활용해서 게시판 페이지를 닫더라도 게시글 들이 유지될 수 있도록 코드를 개선하고, 내가 다운받을 수 있도록 다운로드 링크를 생성해줘. 파일명은 index.html로 만들어줘.

프롬프트

AI 답변

```
<!DOCTYPE html>
<html lang="ko">
<head>
  <meta charset="UTF-8">
  <title>간단한 게시판</title>
  <style>
    body {
      font-family: 'Nanum Gothic', sans-serif;
      margin: 20px;
      background-color: #ced4da; /* 밝은 크림색 배경 */
      color: #333; /* 진한 회색 텍스트 */
    }

    h1 {
      text-align: center;
    }

    /* 글 작성 폼 스타일 */
    #post-form {
      max-width: 600px;
      margin: 0 auto 20px;
    }
```

AI 답변

```css
#post-form input, #post-form textarea {
    width: 100%;
    padding: 10px;
    margin-bottom: 10px;
    border: 1px solid #ccc;
    border-radius: 5px;
}

/* 버튼 스타일 개선 */
#post-form button, #post-detail button {
    background-color: #4CAF50; /* 녹색 */
    color: white;
    border: none;
    border-radius: 5px;
    padding: 10px 20px;
    cursor: pointer;
}
```

중략 >

이제 다시 index.html 파일을 실행하여 게시글을 작성하고 브라우저를 재시작 하더라도 게시글이 정상적으로 남아있는 것을 확인할 수 있습니다.

## 웹 호스팅하여 공유하기

챕터 6청첩장 만들기의 마지막 단계에서 진행했던 것과 유사하게 Netlify의 무료 호스팅 기능을 활용하여 호스팅을 진행 해 보도록 하겠습니다.

❶ 'folder' 라는 명칭의 폴더를 생성하여 index.html 파일을 넣어둡니다.
❷ Netlify 페이지 방문: https://app.netlify.com/
❸ Sites → Add new site → Deploy manually 선택
❹ 생성해두었던 폴더 업로드 진행
❺ 배포 완료 및 URL 확인: 제공된 링크를 통해 웹페이지에 접속하고 공유

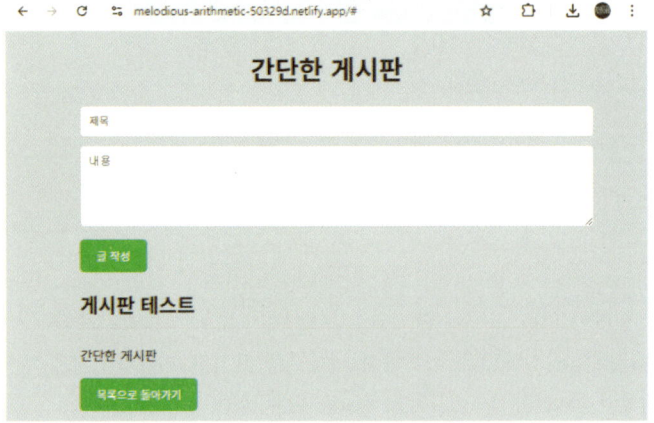

[이미지 6.19] 게시판 웹사이트

이번 프로젝트를 통해 자신만의 게시판 웹페이지를 완성할 수 있게 되었습니다. 작은 성취들이 쌓이면서 코딩에 대한 자신감도 함께 커질 것입니다. 앞서 배운 많은 내용들을 바탕으로, 더 다양한 아이디어와 기능을 시도해 볼 수 있습니다. ChatGPT와 함께라면 여러분이 상상하던 아이디어들을 실제로 구현해낼 수 있습니다. 계속해서 도전하여 여러분의 창의력을 발휘해보시길 바랍니다.

# 마무리

　이번 챕터에서는 "코딩 모르는 나도 5분 만에 개발자"라는 주제로, 생성형 AI인 ChatGPT와 함께 다양한 프로그래밍 기반 프로젝트를 진행해 보았습니다. 코딩 경험이 전혀 없는 분들도 생성형 AI의 도움을 받아 웹페이지를 만들고, 간단한 게임을 개발하며, 게시판 기능까지 구현할 수 있다는 것을 직접 체험하셨을 것입니다.

**청첩장 만들기:** 자신의 스타일에 맞는 청첩장을 제작해 보았습니다. 원하는 디자인과 문구를 ChatGPT에게 설명하면, 이에 맞는 코드를 생성해 주었고, 세상에 하나뿐인 나만의 맞춤형 청첩장을 완성할 수 있었습니다.

**게임 만들기:** 재미있는 인터랙티브 요소를 추가하기 위해 간단한 게임을 개발했습니다. 게임의 룰과 기능을 설명하면 ChatGPT가 필요한 코드를 제공해 주었고, 이를 통해 프로그래밍의 재미를 느낄 수 있었습니다.

**게시판 만들기:** 일상에서 유용하게 사용할 수 있는 게시판을 만들어 보았습니다. 글 작성, 목록 보기, 상세 보기 등의 기능을 구현하며, 데이터 저장 방식과 사용자 경험에 대해 고민해 보는 시간을 가졌습니다.

　중요한 것은 완벽한 코딩 실력이 아니라, 어떤 아이디어를 구현하고 싶은지 명확하게 생각하고 이를 생성형 AI에 잘 전달하는 커뮤니케이션 능력입니다. ChatGPT와 함께라면 여러분의 아이디어를 손쉽게 현실로 만들 수 있을 것입니다.

　앞으로도 호기심과 도전 정신을 가지고 새로운 프로젝트에 자신있게 도전해 보시길 바랍니다. AI는 여러분의 든든한 파트너가 되어 줄 것입니다.

# CHAPTER 7

# [Project Two]
# 수익화 전략:
# AI로 수익 창출하기

나만의 프롬프트 판매하기

AI 자기소개서 만들기

AI 이미지 만들어서 판매하기

AI 유튜브 쇼츠 생성하기

AI 음원으로 수익 창출하기

# 07

# [Project Two]
# 수익화 전략:
# AI로 수익 창출하기

인공지능(AI)의 발전은 우리의 삶과 일상에 큰 변화를 가져왔습니다. 특히 ChatGPT와 같은 생성형 AI는 콘텐츠 제작부터 업무 자동화까지 다양한 분야에서 활용되고 있습니다. 이러한 기술들을 단순히 사용하는 것을 넘어, 수익 창출의 기회로도 삼을 수 있습니다.

이번 챕터에서는 AI를 활용해 수익을 창출할 수 있는 다양한 수익 모델을 소개합니다. 이를 통해 독자 여러분은 AI를 활용한 새로운 비즈니스 아이디어를 얻고, 실제 수익을 창출하기 위한 전략과 방법을 이해하게 될 것입니다.

## 1. 프롬프트 (Prompt) 판매하기

- **서비스 개요:** 좋은 프롬프트는 원하는 정보를 정확하고 효율적으로 얻을 수 있게 해주며, 이는 곧 생산성 향상과 직결됩니다. 온라인상에는 프롬프트를 사고팔 수 있는 다양한 웹사이트들이 존재하며, 이러한 프롬프트 마켓플레이스를 활용해 프롬프트를 판매하여 수익을 창출할 수 있습니다.
- **수익화 방법:** 특정 주제에 특화된 프롬프트를 제작하여 판매합니다. 프롬프트를 사고파는 플랫폼에 자신의 프롬프트를 등록하여 수익을 창출할 수 있습니다.

## 2. AI를 활용한 자기소개서 및 문서 작성 대행

- **서비스 개요:** 구직자들을 위해 AI를 활용해 맞춤형 자기소개서나 이력서를 작성하거나 검토해주는 서비스입니다.
- **수익화 방법:** 개인 맞춤형 서비스로 프리미엄 가격을 책정하거나, 템플릿 형태로 다수에게 판매합니다.

## 3. AI로 생성한 이미지 판매

- **서비스 개요:** AI 이미지 생성 도구를 활용해 독특한 이미지나 그래픽 디자인을 제작합니다.
- **수익화 방법:** 스톡 이미지 사이트에 업로드해 판매하거나, 맞춤형 이미지 제작 의뢰를 받아 수익을 창출합니다.

## 4. AI 기반 미디어 콘텐츠: AI 유튜브 쇼츠 생성

- **서비스 개요:** AI를 활용해 짧은 동영상 콘텐츠를 제작합니다. 예를 들어, AI가 생성한 스크립트를 기반으로 영상 제작을 하거나, AI 음성 합성을 통해 나레이션을 추가할 수 있습니다.
- **수익화 방법:** 유튜브 채널을 운영하며 광고 수익을 얻거나, 스폰서십을 통해 추가 수익을 창출합니다.

## 5. AI 음원으로 수익 창출하기

- **서비스 개요:** AI 음성 생성 기술을 활용해 BGM과 같은 음악을 제작합니다.
- **수익화 방법:** 음악 스트리밍 플랫폼에 음원을 등록해 재생 수익을 얻거나, 음원을 판매합니다.

이번 섹션에서는 AI를 활용하여 수익을 창출할 수 있는 다양한 모델들을 간략하게 소개했습니다. 프롬프트 판매부터 콘텐츠 제작, 서비스 제공까지 AI는 무궁무진한 가능성을 열어줍니다. AI를 활용한 수익화를 통해 다양한 소득 파이프라인을 구축할 수 있으며, 이렇게 다양한 경험은 직장 생활에서도 큰 힘이 됩니다.

새로운 기술과 도구를 활용하면서 업무 능력을 향상시키고, 다양한 분야에 대한 관심을 넓혀 자기 발전에도 도움이 됩니다. 이는 곧 개인의 경쟁력을 높이고, 커리어 발전에도 긍정적인 영향을 미칠 것입니다.

이제 다양한 수익 모델 중에서 나만의 프롬프트 판매하기에 대해 자세히 알아보겠습니다. 실제로 프롬프트를 어떻게 제작하고, 어디에서 판매하며, 성공적인 판매를 위한 전략은 무엇인지 구체적으로 살펴볼 것입니다.

> **Tip**
> AI를 활용한 수익 창출은 아이디어와 실행력 그리고 꾸준함이 핵심입니다. 소개된 모델들을 참고하여 자신만의 독창적인 비즈니스 모델을 구상해보세요. 이를 통해 새로운 기회를 발견하고, 자신의 잠재력을 최대한 발휘할 수 있을 것입니다.

## 나만의 프롬프트 판매하기

### 프롬프트(Prompt)의 가치와 중요성

인공지능 시대에서 프롬프트는 AI 모델의 성능을 최대한으로 끌어내는 핵심 도구로 부상했습니다. 특히 ChatGPT와 같은 생성형 AI 모델은 입력된 프롬프트에 따라 다른 결과물을 생성하므로, 프롬프트의 품질이 결과물의 품질을 결정짓습니다. 고품질의 프롬프트는 생산성 향상과 문제 해결 능력 증진에 직접적인 영향을 미치며, 이는 곧 비즈니스 기회로 이어집니다. 기사에 따르면 프롬프트 판매 가격은 건당 평균 1달러라고 합니다.

### 프롬프트 시장의 성장

- **수요 증가:** 기업과 개인 모두 AI를 활용한 업무 자동화와 효율성 향상을 추구하면서, 효과적인 프롬프트에 대한 수요가 급증하고 있습니다.
- **전문성 요구:** 특정 분야에 특화된 프롬프트는 일반적인 프롬프트보다 더 높은 가치를 지니며, 이에 대한 시장이 형성되고 있습니다.

### 프롬프트 시장 활용법

어떻게 질문하는지에 따라 다른 결과물을 도출하기 때문에, 보다 고품질의 결과물을 얻고자 하는 사용자들이 마켓플레이스에서 프롬프트들을 사고 팔며 시장의 규모가 지속적으로 커지고 있습니다. 이번 파트에서는 마켓플레이스 중 가장 큰 PromptBase(https://promptbase.com/)에서 원하는 프롬프트를 찾는 과정과 직접 만들어 판매하는 과정을 진행해보겠습니다. 먼저 마켓플레이스 진입 후 탐색을 해보겠습니다.

[이미지 7.1] 필터링 된 결과 표시

사이트에 접속 후, 구글 계정과 연동하여 바로 로그인이 가능합니다. 웹 사이트 상단 부분의 메뉴를 보면 알 수 있듯이 그림, 로고, 그래픽, 생산성, 마케팅 등 다양한 카테고리별로 각종 프롬프트가 거래되는 것을 확인할 수 있습니다. 후술할 파트에서 이미지 판매를 진행할 것이기에 이번 파트에서는 원하는 텍스트 결과물을 얻을 수 있는 프롬프트에 집중해보겠습니다.

### 1. 마켓플레이스 탐색하기

상단에 위치한 메뉴의 Marketplace 버튼을 클릭하여 현재 판매되고 있는 다양한 Prompt를 확인해보겠습니다.

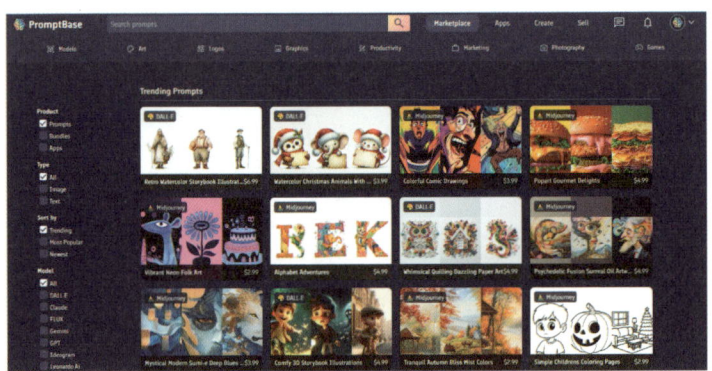

[이미지 7.2] 마켓플레이스

위의 이미지와 같이 판매중인 각종 프롬프트들을 확인할 수 있습니다. 왼쪽 옵션 버튼에서 Type: Text, Model: GPT로 필터를 걸어 텍스트 형태의 ChatGPT 프롬프트를 확인해보겠습니다.

프롬프트 전체 내용 확인을 하려면 구매를 먼저 진행해야 하므로, 가격이 무료인 프롬프트를 구매해보겠습니다. 구매한 프롬프트는 'Build Trsut For SEO with Social' 입니다.

[이미지 7.3] 프롬프트 선택

화면 오른쪽에 위치한 Prompt Details 설명을 보면 사용한 모델과, 실제 사용을 위한 예시 Input과 예시 Output값을 확인할 수 있습니다. 해당 프롬프트는 웹 사이트 또는 소셜 미디어의 SEO 랭킹을 올리기 위한 팁을 제공해주는 프롬프트임을 확인할 수 있습니다.

이제 실제 프롬프트를 확인하기 위해 'Get prompt' 버튼을 통해 프롬프트를 구매해보겠습니다.

## 2. 무료로 제공하는 프롬프트 확인해보기

구매를 완료하면, 아래와 같은 Prompt를 확인할 수 있습니다. 상당히 디테일하고 긴 형태의 프롬프트입니다. #을 활용해 파트를 나누었고, 결과에 대한 요건을 명시해둔 것을 볼 수 있습니다. 지금까지 계속해서 강조해왔지만, 이렇게 디테일한 프롬프트 엔지니어링을 통해 보다 퀄리티 있는 결과물을 만들어 낼 수 있습니다.

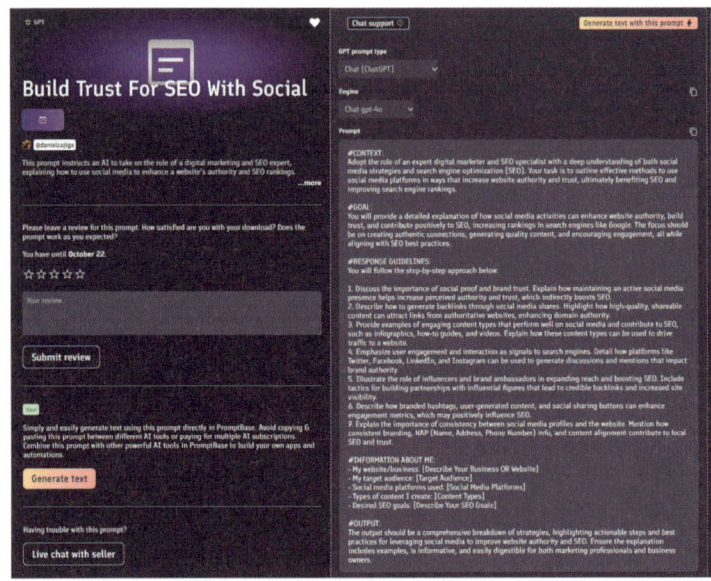

[이미지 7.4] 구매한 프롬프트

왼쪽의 Generate text 버튼을 눌러 웹사이트 내에서 직접 답변 생성도 가능하며, 오른쪽의 프롬프트를 복사 후 ChatGPT에게 내용을 전달하고 SEO에 대한 팁을 얻는 방식으로 사용할 수도 있습니다.

## 3. 나만의 프롬프트 제작하기

이제 PromptBase에서 간단한 텍스트 형식의 프롬프트를 직접 만들어 판매하는 과정을 진행해보겠습니다. 예시를 위해 '로또 추첨기'를 제작하여 판매해보겠습니다.

**목표**

최근 20회의 로또 1등 번호 6개의 집합을 AI 모델이 무작위로 생성하지 않도록 하고, 각 회차 당첨 번호의 출현 빈도 통계를 바탕으로 확률이 높은 번호들로 구성된 로또 번호를 생성하는 프롬프트를 제작하는 것입니다. 이를 통해 사용자는 높은 확률로 출현하는 번호를 조합하여 새로운 추첨 번호를 생성할 수 있습니다.

---

당신은 한국 로또 번호 추첨기입니다. 최근 20회 로또 1등 당첨 번호의 6개 조합은 생성하지 않도록 설정해 주세요. 또한 각 번호의 출현 빈도 통계를 바탕으로, 빈도가 높은 숫자를 포함한 조합을 생성합니다. 단, 번호는 1부터 45 사이에서 중복 없이 6개를 무작위로 선택하여 제공합니다. 통계를 바탕으로, 가장 자주 등장한 번호와 중간 빈도의 번호를 우선 고려하여 결과를 출력해 주세요. 결과는 낮은 숫자부터 높은 숫자 순으로 오름차순 정렬하고, 각 번호 사이에는 쉼표와 공백을 넣어 주세요.

프롬프트

예시 출력 형식
- 추첨 번호: 3, 12, 19, 25, 33, 42
- 번호 합계: 134
- 홀수 개수: 3
- 짝수 개수: 3

중략 ⟩

AI의 답변  최근 20회의 한국 로또 1등 당첨번호 통계를 기준으로 가장 자주 출현한 번호와 중간 빈도의 번호를 조합하여 제시하겠습니다. 주로 출현 빈도가 높은 번호는 33, 34, 12, 19, 6, 1 등이 있으며, 이 중 일부 번호를 포함해 새로운 조합을 생성해 보겠습니다. 다음은 조건에 맞춘 조합 예시입니다:

추첨 번호: 6, 12, 19, 25, 33, 42

이 조합은 빈도 높은 번호를 고려하여 만들어졌으며, 최근 20회 당첨번호와 중복되지 않도록 설정했습니다.

로또 번호와 출현 빈도에 관한 자세한 통계는 동행복권에서 참고할 수 있습니다.

중략 >

## 4. 직접 판매해보기

이렇게 완성한 간단한 프롬프트를 PromptBase 사이트에 판매해 보도록 하겠습니다. 웹 페이지 상단에 위치한 Sell 버튼을 눌러 프롬프트를 등록합니다.

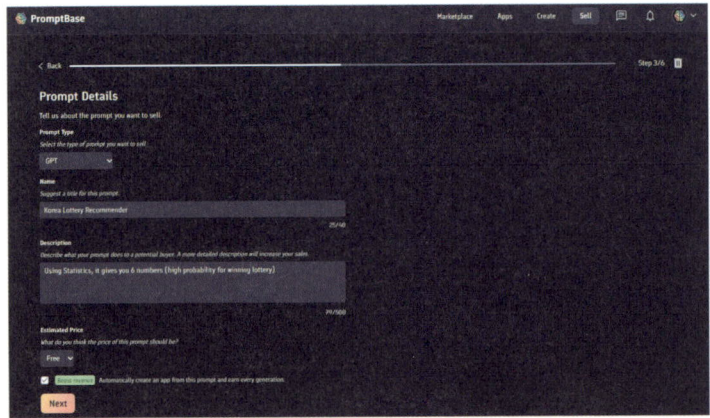

[이미지 7.5] 프롬프트 판매

Estimated Price는 무료를 선택하여 진행하도록 하겠습니다. 가격은 원하는 가격으로 설정이 가능합니다. ChatGPT의 Prompt이므로 GPT를 선택하고, 제목과 설명을 작성 후에 Next 버튼을 눌러줍니다.

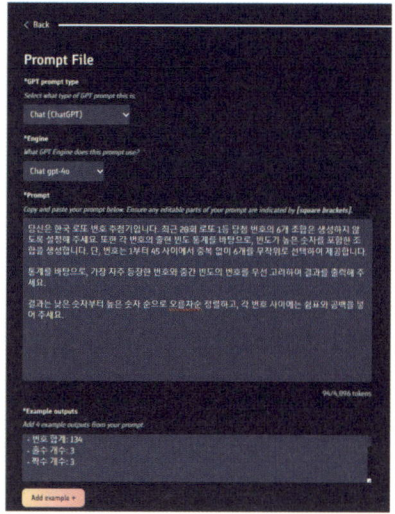

[이미지 7.6] 프롬프트 판매 등록

일련의 간단한 과정을 거쳐 프롬프트 등록을 완료하였습니다. 프롬프트 제작 및 판매는 생각보다 쉬운 과정입니다. 다만, 실제 매출로 이어지기 위해서는 사용자들의 수요에 부합해야 하므로, 마켓플레이스에서 보았던 것처럼 매력적인 이미지 또는 로고 생성과 같이 수요가 많은 카테고리에 집중하는 것이 더 좋은 전략으로 사료됩니다.

2024년 10월 기준 PromptBase에서 많이 판매되고 있는 스토리북 일러스트의 경우 6.99달러에 판매되고 있으며 총 329건이 판매되었습니다. 이렇듯 많은 사람들이 활용하기 좋은 프롬프트를 제작하여 판매함으로써 프롬프트 판매로도 수익을 창출할 수 있습니다.

이번 파트에서는 Prompt 판매 시장과 구매 및 판매 방법의 기본에 대해서 알아보았습니다. PromptBase와 같은 프롬프트 마켓플레이스는 전세계 많은 프롬프트 제작자들이 각자의 노하우를 바탕으로 프롬프트를 제작하여 판매하고 구매할 수 있는 매력적인 시장입니다. 디테일하고 퀄리티 좋은 프롬프트들이 많으므로, 무료 프롬프트들을 확인해보는 것 만으로도 프롬프트 작성 능력을 키울 수 있습니다.

다음 파트에서는 자기소개서, 이미지, 쇼츠, 음원 등을 직접 제작하여 판매하는 방법에 대해서 배우게 될 것입니다. 자기소개서, 이미지, 음원 등을 직접 제작해서 판매하는 것도 좋지만, 유사한 결과물을 지속적으로 생성할 수 있도록 해주는 Prompt를 판매하는 것도 좋은 비즈니스 전략입니다. 특히, 이미지 생성의 경우 PromptBase를 통해 적극적으로 거래하는 사용자들이 많으니 매력적인 이미지를 생성할 수 있는 프롬프트 제작을 통해 수익을 창출해 보시길바랍니다.

# AI 자기소개서 판매하기

생성형 AI를 이용하면 본인의 구직에 필요한 자기소개서를 쉽게 생성할 수 있을 뿐만 아니라, 이를 통해 수익화도 가능합니다. 이번 파트에서는 영문이력서, 한글이력서를 프롬프트를 바탕으로 생성 후 다운로드 하는 법을 먼저 알아보고, 해당 자기소개서를 활용하여 재능 기부 마켓을 통해 수익화 하는 방법을 알아보겠습니다.

## 외국식 Resume/CV 작성 방법과 예시

외국식 이력서(Resume/CV)는 대부분 직무 중심으로 작성되며, 핵심 스킬과 경력 요약이 중요합니다. 다음은 AI 도구를 활용한 외국식 이력서 작성 방법의 예시입니다.

### AI 도구를 활용한 영문 Resume 작성

프롬프트
외국계 회사로 이직을 하기 위해 외국식 Resume를 작성하려고해. 내가 보내주는 정보를 바탕으로 Resume를 작성해서 다운받을 수 있는 워드 파일로 만들어줘.

나는 홍길동이고, hongildong@gmail.com, 010-xxxx-xxxx, 그리고 현대자동차에서 재무팀 재직3년, 삼성전자 재무팀 재직2년(현재 재직중)이야. AICPA 자격증을 보유하고 있으며, 서울대학교 경제학과를 졸업했어. 이 내용을 바탕으로 Resume를 깔끔하게 작성 후 파일로 생성해줘.

Resume의 기본 구조는 아래와 같아.
Contact Information: 이름, 이메일, 전화번호
Professional Summary: 간결하게 경력을 요약하며, 지원하는 직무와 관련된 경험을 강조
Work Experience: 최근부터 과거 순으로, 각 직무의 성과와 업적을 명확히 기술
Skills: 직무에 필요한 기술 및 자격증
Education: 학력 사항

중략 >

AI 응답

Your resume has been created based on the information provided. You can download it using the link below:

Download Resume

AI 응답

# Resume

**Contact Information**
Name: Hong Gil-Dong

Email: hongildong@gmail.com

Phone: 010-xxxx-xxxx

**Professional Summary**
A highly skilled financial professional with over 5 years of experience in financial management, currently working at Samsung Electronics in the finance team. Proven ability to manage financial operations, analyze financial data, and provide strategic insights. Certified AICPA, with a strong academic background in economics from Seoul National University.

**Work Experience**
- Samsung Electronics - Finance Team

Finance Professional | 2021 - Present

- Manage and oversee financial operations, ensuring compliance with internal and external regulations.
- Conduct financial analysis and reporting, contributing to key decision-making processes.
- Collaborate with cross-functional teams to optimize financial strategies.

- Hyundai Motors - Finance Team

Finance Professional | 2018 - 2021

- Managed the company's financial reporting and ensured accurate financial records.
- Led cost-saving initiatives, resulting in a 10% reduction in operational expenses.
- Supported the development of financial models for business forecasting and budgeting.

**Skills**
- AICPA Certified
- Financial Reporting and Analysis
- Budgeting and Forecasting
- Strategic Financial Management
- Cross-functional Team Collaboration

**Education**
Seoul National University

Bachelor of Economics | Graduated: 2018

[이미지7.7] Resume 예시

## 생성 파일

다운로드 링크를 클릭하여 생성된 파일을 다운로드하여 확인해보면, 요청 시 제공된 정보를 바탕으로 기본 구조가 자동으로 작성된 것을 확인할 수 있습니다. 특히, 사용자의 직무 이력에 따라 적합한 스킬셋과 수행했던 업무가 자동으로 추정되어, 모든 항목이 완전하게 채워집니다. 이처럼 Resume 작성이 막막하다면, 이번 챕터를 참고하여 ChatGPT에 간단한 정보만 입력해도 Resume 템플릿을 손쉽게 완성할 수 있습니다. 이를 적극 활용하면 구직 과정에서 큰 효율성을 얻을 수 있을 것입니다.

## 한국식 이력서 작성 방법과 예시

한국식 이력서는 외국식 이력서와 달리 사진과 더 많은 인적 사항이 필요하며, 경력 기술 외에도 자격증, 수상 내역, 학력 등을 세부적으로 작성해야 합니다. 끝으로 자기소개가 필요한데, 일반적으로 지원 동기와 지원자의 강점을 작성하게 됩니다.

### AI 도구를 활용한 한국식 이력서 작성

너는 이력서를 검토하는 인사 담당자야.
채용 담당자 입장에서 보기 좋은 한국식 이력서를 작성하려고해.
나의 이름은 홍길동, hongildong@gmail.com, 010-xxxx-xxxx, 그리고 현대자동차에서 재무팀 재직3년, 삼성전자 재무팀 재직2년(현재 재직중)이야. AICPA자격증을 보유하고 있으며, 서울대학교 경제학과를 졸업했어. 이 내용을 바탕으로 이력서를 깔끔하게 작성 후 파일로 생성해줘. 경력사항과 인적사항 학력 자격증 모두 한국의 일반적인 이력서 형식으로 만들어서 워드로 다운로드 받을 수 있도록 해줘.

### 기본 구조
인적 사항: 이름, 생년월일, 주소, 연락처, 이메일
학력: 최근 학력부터 기재
경력 사항: 직무에 대한 성과 중심으로 작성
자격증 및 수상 내역: 직무 관련 자격증과 수상 내역
자기소개서: 지원 동기와 자신의 강점을 기술

중략 >

AI 응답

## 이력서

**인적 사항**
이름: 홍길동
생년월일:
주소:
연락처: 010-xxxx-xxxx
이메일: hongildong@gmail.com

**학력**
서울대학교 경제학과 졸업

**경력 사항**
삼성전자 재무팀 (현재 재직중) - 2년
주요 성과:
- 재무 리스크 관리 강화 및 수익성 분석 수행
- 예산 관리 프로세스 개선으로 운영 효율성 향상

현대자동차 재무팀 - 3년
주요 성과:
- 비용 절감 프로젝트 주도 및 예산 수립 관리
- 재무 분석 및 보고서 작성

**자격증 및 수상 내역**
AICPA (미국 공인회계사)

**자기소개서**
재무 분야에서의 경험을 통해 저는 분석적 사고력과 문제 해결 능력을 키워왔습니다. 현대자동차와 삼성전자에서 재직하면서 비용 절감, 예산 관리 및 재무 리스크 관리 프로젝트를 성공적으로 수행해왔으며, 그 과정에서 팀 협업과 전략적 의사결정의 중요성을 체감했습니다. 앞으로도 저의 역량을 바탕으로 조직의 성장을 돕고 재무 관리의 효율성을 높이는 데 기여하고자 합니다.

[이미지7.8] 이력서 예시

ChatGPT의 응답은 영문이력서와 유사하며 결과는 파일 링크를 통해 다운받을 수 있습니다. 실제 진행해왔던 업무와 프로젝트를 포함하여, 보다 디테일한 설명을 입력하고 생성을 요청할수록 훨씬 퀄리티 높은 자기소개서를 만들 수 있게 됩니다.

위 예시 이미지와 같이 자기소개서 내용까지 임의로 작성하여 파일로 생성해주는 것을 확인할 수 있습니다. 챕터2의 효율적인 프롬프트 작성방법을 다시 참고한다면, 기업마다 요구하는 자기소개서 문항에도 답변 가능하며, 하나의 이력서를 몇 분만에 뚝딱 완성하는 것도 가능합니다.

또한, 이 자기소개서와 채용 공고를 넣고 이를 바탕으로 ChatGPT와 모의 면접을 진행해볼 수도 있습니다. 예를 들면, "지금 보내주는 이력서와 자기소개서를 기반으로 모의 면접관으로서 나에게 면접 질문을 해줘. 내가 답변을 하면 답변에 대한 평가를 면접관의 입장에서 진행하고 나에게 피드백을 줘." 라는 식으로 응용하여 활용해 볼 수 있습니다.

## 판매 및 수익화 전략: 해피캠퍼스와 크몽 활용하기

이렇게 ChatGPT의 도움을 받아 자기소개서를 작성한 후, 이를 판매하거나 타인의 자기소개서를 첨삭해주는 방법으로 크몽과 해피캠퍼스 같은 재능 기부 마켓을 통해 수익화 하는 것은 유용한 전략입니다. 두 플랫폼의 특징과 판매 프로세스를 구체적으로 설명해보겠습니다.

### 해피캠퍼스를 통한 자기소개서 판매

해피캠퍼스(https://www.happycampus.com/)는 학술자료, 자기소개서, 리포트 등을 거래할 수 있는 지식 공유 플랫폼입니다. 자기소개서 같은 자료를 판매할 경우 비교적 쉬운 절차를 통해 수익을 창출할 수 있습니다.

### 자료 등록

자료를 등록할 때는 PDF 파일 형식을 추천하며, 제목에 적절한 키워드를 삽입해 검색 최적화를 해야 합니다. 제목과 설명에 자기소개서의 강점을 강조하는 문구를 추가하면 판매 가능성이 높아집니다. 예를 들어, "삼성전자 재무 팀 합격 자기소개서"와 같이 실제 합격 경험을 반영한 문구는 구매자의 관심을 끌 수 있습니다.

주의할 점은, 생성형 AI를 활용하여 생성한 자료를 그대로 업로드할 경우, 자료가 보류되며 이후 자료등록이 제한될 수 있습니다. 생성된 내용을 그대로 사용하기보다, 초안으로만 활용하고 자신만의 노하우를 담아 추가적인 내용을 작성하는 것이 중요합니다.

### 가격 책정

해피캠퍼스에서 판매자는 자유롭게 상품의 가격을 설정할 수 있습니다. 보통 자기소개서의 가격은 2,000원에서 5,000원 사이로 설정하며, 가격 범위는 최소 3,000원 부터 최대 100,000원입니다. 판매 시 수수료가 40~50% 정도 공제됩니다.

### 수익 관리

일정 금액 이상 모이면 수익금을 출금할 수 있으며, 출금 시 소득세와 수수료가 부과될 수 있으므로 신중한 관리가 필요합니다.

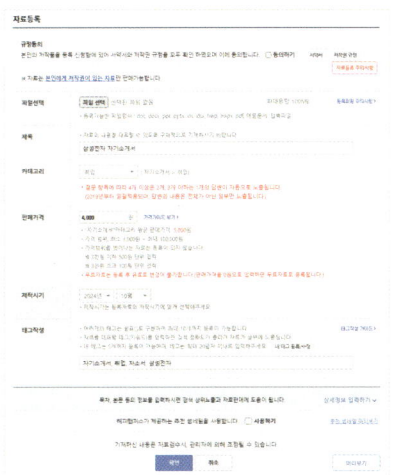

[이미지7.9] 해피캠퍼스 등록

## 크몽을 통한 자기소개서 판매

크몽(https://kmong.com/)은 다양한 프리랜서 서비스와 재능을 거래하는 대형 플랫폼으로, 자기소개서 작성 및 편집 서비스도 제공할 수 있습니다.

## 판매 서비스 선택

자기소개서를 작성하거나, 특정 기업과 직무에 맞는 자기소개서 맞춤 첨삭 서비스를 제공할 수 있습니다. 크몽에서는 본인이 잘할 수 있는 서비스로 시장에서 차별화하는 것이 중요합니다. 또한, 경쟁이 심한 분야에서는 가격을 너무 낮게 책정하지 않는 것이 좋습니다. 가격이 너무 낮을 경우, 많은 시간과 노력을 투입해도 수익이 적을 수 있기 때문입니다.

## 서비스 단가

크몽에서는 보통 자기소개서 작성 서비스가 한 건당 3만 원에서 10만 원 정도로 판매되며, 사용자 리뷰와 평가에 따라 판매 성과가 달라집니다.

## 광고와 프로모션

크몽에서는 광고 서비스를 통해 노출을 높일 수 있으며, 이를 통해 판매율을 증가시킬 수 있습니다. 일반적으로 사용자 리뷰가 많고 판매수가 많은 판매자들이 주목을 받을 수밖에 없지만, 광고를 통해 웹페이지에 상위 노출하여 이목을 끌어볼 수 있습니다.

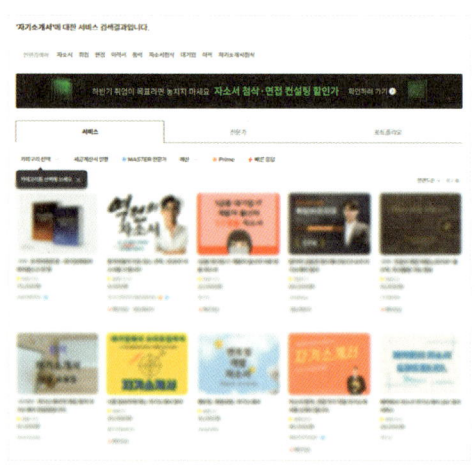

[이미지7.10] 크몽 자기소개서 서비스 현황

## 효과적인 판매 전략

두 플랫폼에서 자기소개서를 판매하기 위해서는 키워드 최적화와 적절한 가격 책정이 중요합니다. 또한, 후기를 많이 받으면 상위 노출이 쉬워지고, 장기적으로 높은 수익을 창출할 수 있습니다. 크몽과 해피캠퍼스 모두 광고 옵션을 제공하므로 이를 잘 활용하면 노출을 극대화할 수 있습니다.

이를 통해 자기소개서를 단순히 작성하는 것에서 벗어나, 잘 작성한 자기소개서를 기반으로 수익화하는 전략을 세울 수 있습니다. 다만, 완전하게 AI에게 맡긴 자기소개서는 다소 과장된 표현들이 많아서, 아직까지 좋지 못한 평가를 받을 수 있으므로, 꼭 검토를 하고 보완하여 활용하시길 바랍니다.

# AI 이미지 만들어서 판매하기

인공지능, 특히 생성형 AI 기술의 발전으로 이제 누구나 쉽게 고품질 이미지를 생성할 수 있는 시대가 되었습니다. 미술전에서 AI가 그린 그림이 우승했다는 이야기는 이미 유명한 이야기입니다. 이러한 기술력을 바탕으로 AI가 생성한 이미지를 판매하여 추가 수익을 창출하는 방법이 많은 사람들의 관심을 끌고 있습니다.

이번 파트에서는 AI를 활용해 이미지를 생성하고, 이를 다양한 플랫폼에서 판매하여 수익을 창출하는 방법을 살펴보겠습니다. 특히, 성공적인 AI 이미지 판매 사례나 이를 통해 얻을 수 있는 주요 이점에 대해 간략히 소개하겠습니다.

## AI 이미지 생성하기

### AI 이미지 생성 도구 소개

AI로 이미지를 만들기 위해서는 적절한 도구를 선택하는 것이 중요합니다. 대표적인 AI 이미지 생성 도구로는 DALL·E, Midjourney, Stable Diffusion 등이 있습니다. 이 도구들은 사용자가 입력한 텍스트를 기반으로 이미지를 생성해 줍니다. 예를 들어, "바닷가에서 노을을 배경으로 한 고양이"라고 입력하면 그에 맞는 이미지를 생성해줍니다. 이러한 도구들은 사용자의 창의성을 돕고, 빠르고 손쉽게 원하는 이미지를 만들어주는 강력한 도구입니다.

대표적인 이미지 생성 플랫폼 중 하나인 playground.com에서 이미지 생성을 해보도록 하겠습니다. Playground에서는 다양한 템플릿을 바탕으로 사용자가 원하는 이미지를 생성할 수 있습니다.

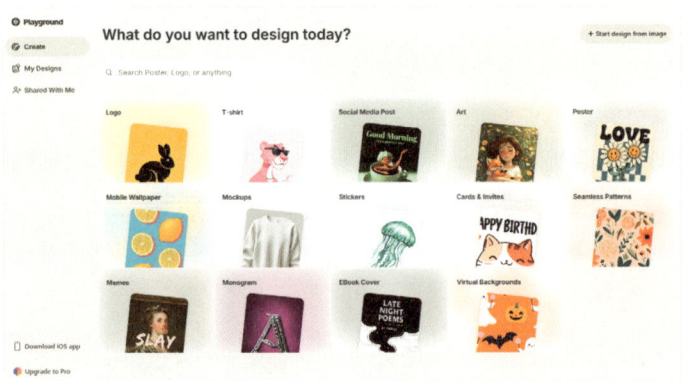

[이미지7.11] Playground

## 이미지 생성 프롬프트 작성법

좋은 이미지를 얻기 위해서는 프롬프트를 잘 작성하는 것이 핵심입니다. 이미지 생성 프롬프트는 생성하고자 하는 이미지의 특징을 자세히 설명하는 문장입니다. 예를 들어, '초록 잔디 위에서 뛰어노는 작은 갈색 강아지'와 같이 구체적으로 묘사하면 AI가 더욱 정확한 이미지를 생성할 수 있습니다. 다음과 같은 방법을 활용하면 효과적입니다.

- **구체적으로 묘사하기:** 이미지의 색상, 배경, 스타일 등을 상세하게 기술합니다. 예를 들어, "푸른 하늘 아래 활짝 핀 벚꽃나무와 그 아래 앉아있는 강아지"와 같은 세부적인 설명은 AI가 더 정확한 이미지를 생성하는 데 큰 도움이 됩니다.

- **스타일 지정하기:** '유화 스타일로", "픽셀 아트로", "사진처럼 현실적으로", "신카이 마코토 스타일로" 등 원하는 표현 방식을 명시합니다. 이렇게 스타일을 지정하면 생성된 이미지가 사용자 의도에 더욱 가깝게 표현됩니다.

- **감정이나 분위기 표현:** "몽환적인", "따뜻한", "신비로운" 등 감정을 담아냅니다. 이러한 감정 표현은 이미지에 특별한 분위기를 부여하고, 시각적으로 더 강렬한 인상을 줄 수 있습니다.

이번에는 간단한 카드 이미지를 예시로 이미지를 생성해보도록 하겠습니다. 메인 화면에서 Cards & Invites를 클릭하면 나타나는 다양한 카드 디자인 중, 마음에 드는 카드를 선택합니다.

[이미지 7.12, 7.13] Playground 카드 예시

이미지 아래에 있는 대화창을 이용하여 이미지 수정 요청을 할 수 있습니다. 그림에 있는 용을 "Change to cat"을 입력하여 고양이로 바꾸었습니다. Apply style 버튼을 클릭하여 이미지의 스타일을 다양한 예시를 보며 변경할 수 있습니다. 이미지 모델은 영어로 입력해야 정상적으로 작동하는 경우가 많습니다. DeepL(https://www.deepl.com/ko/translator)과 같은 번역 사이트를 활용하여 한국어를 영어로 번역하여 프롬프트를 작성하면 더 좋은 결과를 얻을 수 있습니다.

## 생성한 이미지 업스케일링하기

AI로 생성된 이미지는 기본적으로 해상도가 낮을 수 있기 때문에, 판매를 위해서는 고해상도의 이미지로 변환이 필요합니다. 이때 업 스케일링 도구를 사용하여 해상도를 높여서 보다 선명한 이미지를 생성할 수 있습니다.

### 업스케일링 도구 소개

- **Topaz Gigapixel AI:** 인공지능을 활용하여 이미지를 고해상도로 변환해줍니다.
- **Let's Enhance:** 웹 기반으로 손쉽게 업스케일링이 가능합니다.
- **Waifu2x:** 무료로 사용할 수 있는 업스케일링 도구입니다.

[이미지7.14] Let's Enhance를 활용한 이미지 업스케일링

기존 1024 픽셀 이미지를 2048 픽셀 이미지로 2배 업스케일링 진행한 모습입니다. 보다 선명해진것을 볼 수 있습니다. 일부 웹사이트에서는 특정 해상도 이하는 판매가 불가능하니, 조건을 잘 확인해서 업스케일링을 진행하면 됩니다.

### 이미지 판매 플랫폼 소개

생성한 이미지는 다양한 플랫폼에서 판매할 수 있습니다. 일반적으로 생성형 AI를 활용한 이미지는 태그에 생성형AI(Generative AI)라는 태그를 달며, 주로 빠르게 이미지를 다운로드 받아서 활용해야 하는 사람들에게 수요가 있습니다.

## 1. Adobe Stock

Adobe Stock(https://stock.adobe.com/kr/)은 세계적으로 유명한 스톡 이미지 플랫폼입니다. AI로 생성한 이미지를 판매할 수 있으며, 다음과 같은 가이드라인을 따라야 합니다.

- **AI 생성물로 라벨링:** 이미지가 AI로 생성되었음을 명시해야 합니다. 이는 구매자에게 투명성을 제공하고, 플랫폼의 정책을 준수하는 데 도움이 됩니다.
- **품질 기준 충족:** 해상도와 화질 등 품질 기준을 만족해야 합니다. Adobe Stock은 고품질의 이미지를 요구하기 때문에 업로드 전에 업스케일링을 통해 품질을 확보하는 것이 중요합니다.
- **키워드와 설명 작성:** 이미지 검색 시 잘 노출될 수 있도록 적절한 키워드와 설명을 작성합니다. 키워드는 이미지의 노출을 극대화하는 데 중요한 역할을 합니다.

## 2. Wirestock

Wirestock(https://wirestock.io/ko)은 한 번의 업로드로 여러 스톡 이미지 사이트에 이미지를 등록할 수 있는 플랫폼입니다.

- **간편한 업로드:** 한 곳에서 여러 플랫폼에 이미지를 배포할 수 있습니다.
- **수익 관리 통합:** 각 플랫폼에서 발생한 수익을 한 곳에서 관리할 수 있습니다.
- **트렌드 정보 제공:** 구매자들의 수요를 파악하여 효율적인 콘텐츠 제작을 도와줍니다.

## 3. Fiverr

Fiverr(https://fiverr.com)는 프리랜서 플랫폼으로, AI 이미지 생성 서비스를 제공할 수 있습니다.

- **맞춤형 서비스 제공:** 고객의 요구에 맞는 이미지를 생성하여 제공합니다.
- **고수익 가능성:** 맞춤 작업으로 높은 수익을 올릴 수 있습니다.
- **클라이언트와의 직접 소통:** 프로젝트 진행 과정에서 고객과 직접 소통하여 만족도를 높일 수 있습니다.

## 판매 시 고려사항

### 1. 해상도와 품질 관리

- **고해상도 이미지 제공:** 최소 요구 해상도를 충족해야 합니다. 이는 구매자들이 기대하는 품질을 제공하기 위해 필수적인 사항입니다.
- **업스케일링 활용:** 전문적인 업스케일링 도구로 이미지 품질을 향상시킵니다. 고품질 이미지는 더 많은 고객의 관심을 끌 수 있습니다.

### 2. 시장 조사

- **수요 파악:** 어떤 주제나 스타일의 이미지가 인기 있는지 조사합니다. 이를 통해 효율적인 콘텐츠 제작이 가능합니다.
- **경쟁력 확보:** 경쟁이 적은 틈새 시장을 공략하여 판매 기회를 높입니다. 특정 테마나 스타일을 집중적으로 다루면 경쟁에서 유리할 수 있습니다.

### 3. 수익 기대치와 전략

- **꾸준한 업로드:** 지속적으로 이미지를 업로드하여 노출도를 높입니다. 많은 이미지를 보유한 작가는 더 많은 판매 기회를 가질 수 있습니다.
- **품질 유지:** 높은 품질의 이미지는 판매 가능성을 높입니다. 품질을 유지하는 것은 고객 만족과 재구매로 이어질 수 있습니다.
- **키워드 최적화:** 검색에 잘 노출되도록 적절한 키워드를 사용합니다. 적절한 키워드는 이미지의 가시성을 크게 향상시킬 수 있습니다. 예를 들어, 'AI 아트', '디지털 일러스트', '고해상도 사진', '벽화 스타일', '신카이 마코토 스타일'과 같은 구체적인 키워드를 사용하면 더 많은 잠재 고객에게 도달할 수 있습니다. 크게 향상시킬 수 있습니다.

## 시작하기 단계별 가이드

### 1. AI 이미지 생성 도구 선택 및 연습

DALL·E, Midjourney 등 도구 중 하나를 선택합니다. 각각의 도구별로 스타일이 다르므로, 자신에게 맞는 도구를 사용하는 것이 중요합니다. 프롬프트 작성 연습을 통해 원하는 이미지를 생성해봅니다.

### 2. 이미지 업스케일링

생성된 이미지의 해상도를 업스케일링 도구로 향상시킵니다. 업스케일링 후 이미지의 품질을 확인합니다.

### 3. 판매 플랫폼 가입 및 설정

- 판매하려는 플랫폼에 가입합니다.
- 프로필 설정과 결제 정보를 입력합니다.

### 4. 이미지 업로드 및 최적화

이번 예시에서는 Adobe Stock을 활용하여 업로드를 진행해 보도록 하겠습니다. (https://contributor.stock.adobe.com/kr/uploads)

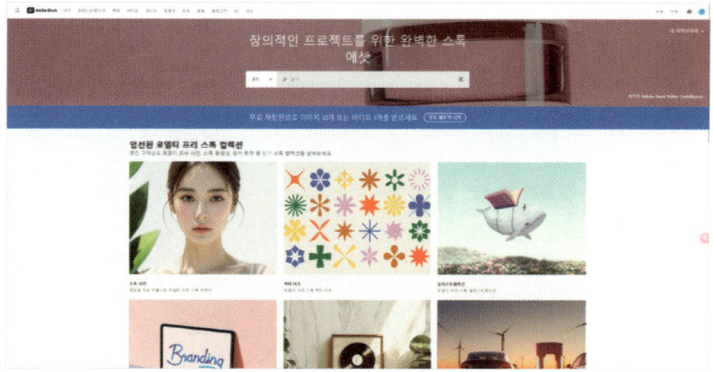

[이미지 7.15] Adobe Stock 홈페이지

웹 사이트에 접속하면 여러가지 판매중인 이미지들이 보입니다. 화면 우측 상단 '판매' 또는 좌측 하단 '이미지 판매'를 클릭하여 이미지 판매 페이지에 진입합니다.

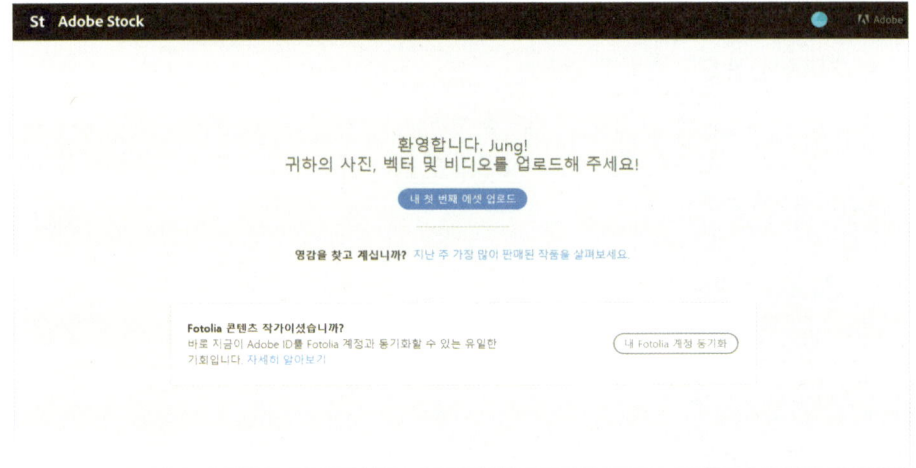

[이미지 7.16] Adobe Stock 업로드

'내 첫 번째 에셋 업로드'를 클릭하여 생성한 이미지를 업로드합니다. 업로드시 이미지의 해상도가 충분히 높아야 합니다. 저품질 이미지로 인식하여 업로드가 불가능하다면, 스케일 업을 통해 이미지 해상도를 늘려주어야 합니다.

[이미지 7.17] Adobe Stock 업로드

- Adobe Stock에 이미지를 업로드하고 AI 생성물임을 명시합니다. 생성형 AI도구를 사용함에 체크하고, 키워드에 '생성형AI', 'GenAI'를 추가합니다.

- 이미지의 카테고리는 일러스트레이션 또는 사진중에 선택합니다. 일반적으로 AI를 통해 만든 이미지는 일러스트레이션으로 등록합니다. 키워드와 상세한 설명을 작성하여 검색 노출을 높입니다. 키워드 추천 버튼을 클릭하면 Adobe Stock에서 자동으로 추천하는 키워드들을 등록할 수 있습니다.

- 최종적으로 내용을 체크하고, 파일 제출 버튼을 통해 제출하면, 일반적으로 한달 이내의 심사를 거쳐 이미지 파일이 등록됩니다.

이제는 전문 디자이너가 아니더라도 AI를 활용해 고품질 이미지를 쉽게 생성하고 온라인으로 판매할 수 있는 시대입니다. 약간의 시간과 노력을 투자해 AI 이미지 생성과 판매에 도전해 보시길 바랍니다. 꾸준한 노력과 창의적인 아이디어로 수익을 만들어낼 수 있습니다. 중요한 것은 끈기와 지속적인 창작 활동입니다. 시작이 반이라는 말처럼, 작은 시도라도 반복하고 발전시키면 큰 성과를 이룰 수 있습니다.

## AI 유튜브 쇼츠 생성하기

유튜브(https://www.youtube.com)는 전 세계에서 가장 인기 있는 동영상 공유 플랫폼으로, 수십억 명의 사용자들이 매일 다양한 주제의 영상을 시청하고 있습니다. 개인 크리에이터 부터 대기업까지, 유튜브는 전세계에 콘텐츠를 공유하고 소통할 수 있는 중요한 창구가 되었습니다. 많은 사람들이 유튜브에서 크리에이터로서 제2의 직업을 가지려고 합니다. 그러나 유튜브 영상을 제작하는 과정은 결코 쉬운 일이 아닙니다. 콘텐츠 기획, 촬영, 편집, 자막 작성 등 여러 단계를 거쳐야 하며, 각 과정에서 많은 시간과 노력이 요구됩니다.

요즘 이런 복잡한 과정을 더 효율적으로 수행하기 위해 AI 도구를 활용하는 방법이 각광받고 있습니다. 특히, ChatGPT와 같은 생성형 AI는 콘텐츠 기획에서 큰 도움을 줄 수 있습니다. 예를 들어, 유튜브 영상의 주제를 결정하거나, 스크립트를 작성하는 데 있어 ChatGPT는 창의적이고 일관된 아이디어를 빠르게 제공할 수 있습니다.

Vrew AI와 같은 AI 프로그램은, 영상 편집 과정에서 중요한 역할을 합니다. Vrew AI는 자동으로 자막을 생성하고, 영상의 대사를 텍스트로 변환하거나, 영상 편집을 효율적으로 진행할 수 있게 도와줍니다. 이를 통해 사용자는 유튜브 영상 제작에 소요되는 시간을 크게 줄일 수 있으며, 초보자도 보다 전문적인 품질의 영상을 빠르게 완성할 수 있습니다.

이번 파트에서는, ChatGPT와 Vrew AI를 활용하여 유튜브 쇼츠 영상을 생성하고 실제로 업로드를 진행해 보도록 하겠습니다.

## ChatGPT를 활용하여 이미지 생성하기

ChatGPT는 흔히 알고 있는 텍스트 기반 스토리텔링에 그치지 않고, 이를 기반으로 스토리에 맞는 이미지 생성 기능도 제공합니다. 예를 들어, 주어진 스토리를 바탕으로, 구체적인 장면에 맞춘 이미지를 생성할 수 있습니다. 이렇게 만들어진 이미지는 스토리의 디테일을 시각적으로 더욱 풍부하게 표현하며, 유튜브 쇼츠와 같은 영상 콘텐츠 제작 시 중요한 비주얼 요소로 활용될 수 있습니다.

예시로, 주인공이 보물섬으로 떠나는 장면에서는 낡은 지도와 정글 속으로 향하는 긴박한 모습을, 보물을 찾은 순간에는 신비로운 빛이 나는 상자를 시각적으로 생생하게 표현할 수 있습니다. 이러한 이미지를 생성하여 스토리와 일관된 비주얼을 완성시켜 줍니다.

이미지 생성 과정은 간단합니다. 대본의 각 씬에 맞는 이미지 프롬프트를 제공하면, ChatGPT는 해당 프롬프트를 기반으로 장면에 어울리는 이미지를 만들어 냅니다. 예를 들어, "낡은 지도를 든 주인공이 정글 속으로 들어가는 모습" 같은 구체적인 설명을 포함하면, 이를 시각적으로 구체화한 결과물을 받을 수 있습니다.

ChatGPT를 활용한 이미지 생성은 대본 작성 과정에서 자연스럽게 연결되며, 텍스트로만 표현할 수 없는 스토리의 비주얼적 요소를 효과적으로 전달하는 강력한 도구입니다. 이제 실제 이미지를 생성해 보도록 하겠습니다.

먼저 주인공을 생성하기 위해 유튜브에서 요즘 유행하는 AI 고양이 스토리 컨텐츠를 활용하여 샘플을 제작해 보도록 하겠습니다. 아래 이미지는 유튜브에 Cat Story AI라고 검색하여 찾은 영상 중 하나의 썸네일입니다. 이 썸네일을 바탕으로 캐릭터를 묘사하는 프롬프트를 작성해 보겠습니다.

[이미지 7.18] 고양이 이미지

　직접 이미지를 보고 캐릭터를 묘사하는 프롬프트를 작성하는 방법도 있지만, ChatGPT를 활용해서 이미지를 묘사해 달라고 하는 방식을 사용해 보도록 하겠습니다. 이미지 생성과 분석은 GPT-4o 버전부터 동작합니다.

　[이미지 7.18] 이미지 파일을 저장 후 업로드 하거나 복사 붙여넣기를 활용하여 ChatGPT 채팅창에 전달하고, 아래 프롬프트로 명령하면 ChatGPT가 주어진 이미지를 분석하여 이미지 생성 프롬프트를 생성하게 됩니다. 보다 정확도를 높이기 위해 영어로 답변을 받아보겠습니다.

너는 지금부터 3D 고양이 그림 전문가야. 내가 첨부한 이미지를 분석해서 이미지 생성 PROMPT를 추출해줘. 결과는 영어로 표시해줘. 자극적인 요소는 제외하고, 고양이 형태의 본질에 집중해서 작성해줘. 배경 요소는 제외하고 캐릭터 형태와 색상에 충실하게 작성해줘.

[이미지 7.19] ChatGPT로 이미지 생성 프롬프트 생성하기

너는 지금부터 3D 고양이 그림 전문가야. 내가 첨부한 이미지를 분석해서 이미지 생성 PROMPT를 추출해줘. 결과는 영어로 표시해줘. 자극적인 요소는 제외하고, 고양이 형태의 본질에 집중해서 작성해줘. 배경 요소는 제외하고 캐릭터 형태와 색상에 충실하게 작성해줘.

 프롬프트

AI 응답

Here is a detailed prompt based on the 3D kitten in the image you provided, focusing solely on the character:

Prompt: "A highly detailed and realistic 3D illustration of a small, adorable orange tabby kitten with big, expressive eyes. The kitten has soft fur with subtle stripes along its back and tail, a white belly, and white paws. It is sitting down with its front paws slightly extended, holding an object close to its chest. The kitten's ears are perked up, and its face conveys a sad, innocent expression. The overall texture of the fur is fluffy, and the lighting accentuates the kitten's gentle, heartwarming appearance."

This prompt emphasizes the physical characteristics and emotional expression of the kitten while omitting any background elements.

중략 >

    ChatGPT가 전달받은 이미지를 인식하고 영어로 묘사를 한 결과입니다. 어떤 내용인지 한국어로 번역하여 확인해 보도록 하겠습니다.

    영어 문장의 번역은 DeepL과 같은 AI기반 번역 웹 사이트를 활용하거나, ChatGPT에게 답변을 영어로 번역해달라고 요청하면 편리합니다.

아주 세밀하고 현실적인 3D 일러스트로, 작은 귀여운 주황색 얼룩무늬 고양이가 그려져 있습니다. 이 고양이는 큰 감정이 담긴 눈을 가지고 있으며, 부드러운 털과 함께 등에 미세한 줄무늬가 있고, 흰 배와 흰 발을 가지고 있습니다. 고양이는 앉아 있으며 앞발을 살짝 뻗어 가슴에 무언가를 안고 있습니다. 귀는 쫑긋 서 있고, 얼굴에는 슬프고 순수한 표정이 담겨 있습니다. 털의 질감은 푹신하며, 조명은 고양이의 부드럽고 따뜻한 분위기를 강조하고 있습니다.

전반적으로 고양이 이미지에 대한 묘사를 잘한 것 같습니다. 이렇듯, ChatGPT는 멀티모달 기능을 활용하여 이미지와 음성 등 일반적인 텍스트 데이터 외에도 다양한 분야에서 폭넓게 활용될 수 있습니다.

### 이미지 분석 대안

다른 방식으로는, Claude3(https://claude.ai/)를 활용하여 무료로 이미지 분석을 할 수 있습니다. Claude 3는 OpenAI사에서 만든 ChatGPT의 대항마로서, OpenAI출신의 임직원들이 창업한 회사인 Anthropic에서 2024년에 출시한 LLM 모델 제품군입니다. 파일 업로드와 이미지 인식 기능을 사용할 수 있는 Claude 3.5 Sonnet 모델을 5회 무료로 제공하고 있으므로, 이 기능을 활용하여 진행할 수 있습니다.

Claude3의 사용방법은 Add Content 버튼을 사용하여 이미지 파일을 업로드하고, ChatGPT를 사용하는 방식과 동일하게 프롬프트를 입력하여 분석을 요청합니다. 유사한 방식으로 동작하므로 두 모델의 결과를 비교해보는 것도 재미있을 것입니다.

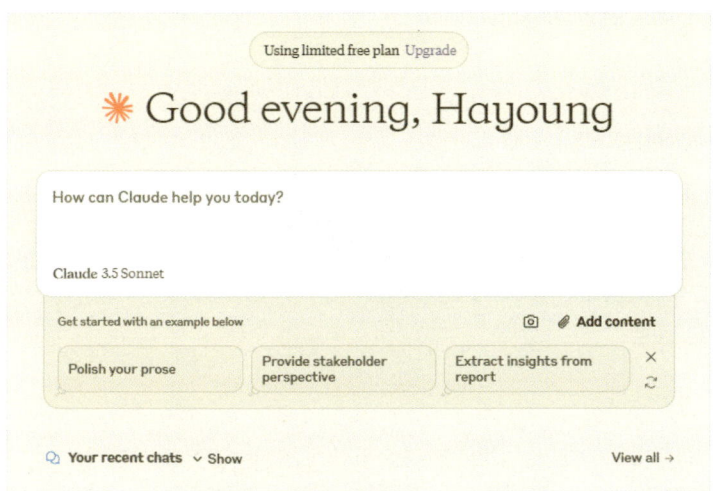

[이미지 7.20] Claude3 메인 화면

## 유튜브 영상 스크립트 작성하기

 흥미로운 유튜브 동영상을 만들기 위해서는 잘 구성된 스크립트가 필요합니다. ChatGPT를 활용하면 아이디어 구상부터 완성된 스크립트 작성까지 전 과정을 효율적으로 진행할 수 있습니다.

- **아이디어 브레인스토밍:** 주제에 대한 다양한 아이디어를 생성합니다.
- **구조화된 스크립트 작성:** 도입, 본문, 결론으로 구성된 스크립트를 생성합니다.
  예시: "여름 휴가를 위한 최고의 여행지 TOP 10"
- **대화 형식 추가:** 시청자와의 상호작용을 위한 질문이나 퀴즈를 포함합니다.
- **언어 스타일 조정:** 대상 시청자에 맞는 어조와 단어 선택을 적용합니다.

 ChatGPT는 다양한 상황에 대한 스크립트 생성이 가능합니다. 다만, 앞서 진행했던 예시들과 마찬가지로 명확한 가이드라인을 제공하여야, 디테일 하고 원하는 스토리 라인에 근접한 결과를 만들어 낼 수 있다는 사실은 변하지 않습니다.

일반적으로 유튜브 스크립트용 프롬프트를 작성할 땐 크게 세가지 항목을 체크하는 것이 좋습니다.

① 재사용이 가능한가?
② GPT가 사용자와 소통이 가능한가?
③ 일관성 있는 포맷의 결과를 출력하는가?

이 세가지 항목을 고려하여 유튜브 스토리를 생성하는 프롬프트를 작성해 보도록 하겠습니다.

스토리 작성 프롬프트

지금부터 유튜브에서 유명한 스토리텔링 전문가로서, 많은 사람이 흥미를 느낄만한 글을 작성해야 해. 이 프롬프트를 전송하면 아래의 단계를 진행해 줘

진행 단계:
1. 장르 리스트를 보여주면서 어떤 장르를 선택할 것인지 요청해 줘. 각 장르를 설명하지마
(각 장르를 2개 이상 결합해도 돼):
드라마/실화: 인간관계와 감정 갈등을 빠르게 다루며, 현실적인 스토리로 시청자의 공감을 이끌어내는 숏츠에 적합합니다.
로맨스: 짧은 순간의 설렘과 갈등을 보여주며, 시청자들의 감정을 빠르게 자극하는 효과적인 주제입니다.
코미디: 짧고 간결한 웃음 포인트로, 가벼운 재미를 제공하며 빠른 반응을 이끌어낼 수 있습니다.
액션/모험: 짧은 시간 안에 긴장감 넘치는 순간을 보여주어 시청자의 몰입을 극대화시킵니다.
스릴러/미스터리: 긴장감 있는 반전이나 빠른 전개로, 짧은 시간 안에 몰입도를 높이는 데 효과적입니다.
사이언스 픽션: 미래적 상상력을 자극하는 짧은 장면으로, 기존의 세계와 다른 신선한 경험을 제공합니다.
판타지 어드벤처: 마법과 환상적인 요소를 빠르게 전달하여 시청자들에게 색다른 재미를 선사합니다.

비극: 짧고 강렬한 감정적 여운을 남기며, 깊은 메시지를 전달할 수 있습니다.
로맨틱 코미디: 가벼운 사랑과 유쾌한 순간을 결합한 내용으로, 시청자들에게 밝고 긍정적인 느낌을 줍니다.

2. 장르에 맞는 씬을 10개 이내로 나누고 각 씬별 대본을 작성해 줘
대본 구조는 댄 하몬의 하몬 써클을 참고해서 작성해 줘. 형식 참고 자료의 말투를 참고해

〈구조〉
1. In A Zone of Comfort
2. They Desire Something
3. Enter An Unfamiliar Situation
4. Adapt to The Situation
5. Get What They Desired
6. Pay a Heavy Price for Winning
7. A Return to Their Familiar Situation
8. They Have Overall Changed
〈/구조〉

## 답변 형식 참고 자료
(답변에 대한 참고 자료야, 형식만 참고하되 아이디어는 직접 구성해줘):
대본1: 한 소녀가 해변에 있습니다. 그녀는 모래성을 쌓습니다.🏰 그녀는 성을 멋지게 꾸밉니다! 하지만 갑자기 구름이 모입니다!☁️ 비가 내리기 시작합니다!🌧️그녀의 모래성이 무너집니다!!! 😢 그녀는 슬퍼합니다! 하지만 무지개가 나타납니다!🌈그녀는 다시 웃습니다!

〈대본 생성 주의사항〉
도입부 (2초이내 영상으로 표현):
영상 시작 2초이내에 시청자의 눈길을 끌 수 있는 흥미로운 문구나 주제를 제시
임팩트 있는 시각적 요소나 소리로 주목도를 높일 수 있도록 고려. (예: 놀라운 사실, 감각적인 소리, 빠른 컷 편집)

결말:
유머, 반전, 교훈 중 하나를 활용해 임팩트 있는 마무리
영상 끝에서 감정적 반응을 유발할 수 있도록 기획해야 함. (예: 웃음, 감동, 놀라움)

내용:
각 씬의 대본은 100자를 넘지 않도록 해야 하며, 구체적이고 명확하게 작성
시각적 묘사까지 포함하여 상황을 쉽게 이해할 수 있도록 설명
트렌드나 바이럴 콘텐츠를 참고하여 그와 관련된 내용을 끼워 넣는 것이 중요
대본 작성 시 세부적인 디테일을 놓치지 말고, 구체적인 장면 설명을 통해 최대한 스토리를 풍성하게 만들어야 함
스토리가 자연스럽고 완성도 있게 구성될 수 있도록 해야 함

영상의 흐름:
영상의 전개 속도는 빠르면서도 스토리가 일관성 있게 흘러가야 합니다
〈/대본 생성 주의사항〉

스토리 작성 프롬프트

 3. 이미지 생성
〈이미지 생성 프롬프트〉
N번 부터 N번 대본에 맞는 이미지를 N:N 비율로 각각 생성

주의사항:
1. 이미지는 [~한 스타일]로 표현해 줘. 스타일의 일관성을 유지해서 이미지를 생성하는게 중요해
2. 정보를 제공해 줄 테니 주인공의 외모를 일관되게 표현해 줘. 외모 외의 프롬프트는 자유롭게 작성해도 좋아. [주인공 성별, 인종, 헤어스타일, 의상에 대한 묘사]
3. 결과는 항상 한국어로 작성해
4. 〈대본 생성 주의사항〉을 잘 확인해

## 스토리 작성 프롬프트로 생성한 대본
1.
2.
3.
4.
5.
6.
7.
8.
9.
10.
〈/이미지 생성 프롬프트〉

중략 〉

이제 다양한 가이드라인과 샘플이 들어간 스토리 및 이미지 생성 프롬프트를 사용해서 판타지 어드벤처 스크립트를 생성해 보도록 하겠습니다.

스토리 작성 프롬프트

스토리: "마법의 숲에서 잃어버린 열쇠"
1. In A Zone of Comfort
한 소년이 평범한 마을에서 살고 있습니다.
도입: "어느 날, 소년은 산책을 나갑니다. 길을 따라 걷다가 이상한 빛이 눈에 띕니다."
2. They Desire Something
소년은 빛을 따라 숲속으로 들어갑니다.
씬 2: "소년은 빛나는 열쇠를 발견합니다. '이게 뭐지?'라고 궁금해합니다."
3. Enter An Unfamiliar Situation
숲속 깊은 곳으로 들어가자 갑자기 마법 생물들이 나타납니다.
씬 3: "숲속에서 마법의 생물들이 등장하고, 소년을 둘러쌉니다."
4. Adapt to The Situation
소년은 그들에게 말을 걸고, 그들이 마법 열쇠의 주인을 찾고 있음을 알게 됩니다.
씬 4: "소년은 용기를 내서 그들에게 말을 걸고, '이 열쇠의 주인은 누구인가요?'라고 묻습니다."
5. Get What They Desired
마법 생물들은 열쇠가 전설 속 마법의 문을 여는 열쇠라고 말해 줍니다.
씬 5: "마법 생물들은 '이 열쇠로 전설의 문을 열 수 있어!'라고 알려줍니다."
6. Pay a Heavy Price for Winning
소년은 문을 열었지만, 문 너머에 큰 시련이 기다리고 있었습니다.
씬 6: "소년은 문을 열고 들어가자마자 거대한 괴물이 등장합니다. '이건 내가 원한 게 아니야!'"
7. A Return to Their Familiar Situation
소년은 괴물을 물리치고, 열쇠의 힘으로 무사히 돌아옵니다.
씬 7: "소년은 용기를 내어 괴물과 맞서 싸운 후 마을로 돌아갑니다. '이제 돌아왔어!'"
8. They Have Overall Changed
소년은 마법의 숲에서의 경험으로 성장하며, 마을 사람들에게 그날의 이야기를 전합니다.
씬 8: "소년은 마법의 열쇠를 보며 생각합니다. '내가 이렇게 강해질 줄 몰랐어.'"

중략 >

어느정도 스토리 라인이 갖춰진 스크립트가 완성되었습니다. 이제 작성된 스크립트를 기반으로 이미지를 생성해 보도록 하겠습니다. 고양이 이미지 생성 프롬프트와 앞서 생성해두였던 스토리에 대한 부분을 합쳐서 요청해 보겠습니다.

프롬프트

지금부터 너는 귀여운 고양이 캐릭터를 그리는 3D 그림 작가야. 아래에 있는 고양이를 그려야해. 단, 고양이 그림은 내가 함께 보내는 스토리라인에 맞는 형태로 구현되어야해. 고양이 형태와 스토리를 함께 고려해서 3:4 비율의 그림을 생성해줘.

〈고양이 형태〉
A highly detailed and realistic 3D illustration of a small, adorable orange tabby kitten with big, expressive eyes. The kitten has soft fur with subtle stripes along its back and tail, a white belly, and white paws. It is sitting down with its front paws slightly extended, holding an object close to its chest. The kitten's ears are perked up, and its face conveys a sad, innocent expression. The overall texture of the fur is fluffy, and the lighting accentuates the kitten's gentle, heartwarming appearance.
〈/고양이 형태〉

〈스토리〉
In A Zone of Comfort
한 소년이 평범한 마을에서 살고 있습니다.
도입: "어느 날, 소년은 산책을 나갑니다. 길을 따라 걷다가 이상한 빛이 눈에 띕니다."
〈/스토리〉

중략 〉

AI 응답

[7.21] 산책을 나가는 고양이 이미지

산책을 나가는 장면에 맞게 고양이가 탐험을 떠나는 모습으로 3D 그림이 생성되었습니다. 캐릭터가 산책 중인 장면에 초점을 맞추어 귀엽고 호기심 가득한 느낌이 담겨 있습니다. 고양이의 모습도 우리가 처음 전달했던 유튜브와 유사한 고양이의 모습으로 그려졌습니다.

마찬가지로 두번째 스토리를 추가하여 이미지를 생성하도록 하겠습니다. 이때 주의할 점은 ChatGPT가 이전 스토리를 잊지 않도록, 기존 스토리도 함께 프롬프트에서 전달해 주어야 한다는 점입니다. 〈스토리〉와 〈기존 스토리〉로 파트를 구분하여 ChatGPT에게 명확하게 지금 그려야 할 스토리와 기존 내용을 전달하도록 합니다.

프롬프트

지금부터 너는 귀여운 고양이 캐릭터를 그리는 3D 그림 작가야. 아래에 있는 고양이를 그려야해. 단, 고양이 그림은 내가 함께 보내는 스토리라인에 맞는 형태로 구현되어야해. 고양이 형태와 스토리를 함께 고려해서 3:4 비율의 그림을 생성해줘.

〈고양이 형태〉
A highly detailed and realistic 3D illustration of a small, adorable orange tabby kitten with big, expressive eyes. The kitten has soft fur with subtle stripes along its back and tail, a white belly, and white paws. It is sitting down with its front paws slightly extended, holding an object close to its chest. The kitten's ears are perked up, and its face conveys a sad, innocent expression. The overall texture of the fur is fluffy, and the lighting accentuates the kitten's gentle, heartwarming appearance.
〈/고양이 형태〉

〈스토리〉
In A Zone of Comfort
한 소년이 평범한 마을에서 살고 있습니다.
도입: "어느 날, 소년은 산책을 나갑니다. 길을 따라 걷다가 이상한 빛이 눈에 띕니다."
〈/스토리〉

〈기존 스토리〉
1. In A Zone of Comfort
한 소년이 평범한 마을에서 살고 있습니다.
도입: "어느 날, 소년은 산책을 나갑니다. 길을 따라 걷다가 이상한 빛이 눈에 띕니다."
〈/기존 스토리〉

중략 〉

AI 응답

[7.22] 빛을 발견한 고양이

　영상을 제작하기 앞서 동일한 방식으로 스크립트에 나타난 8가지 스토리에 대한 이미지를 모두 생성해줍니다. 만약 ChatGPT가 생성한 이미지가 마음에 들지 않는다면, 이미지에 대한 피드백과 함께 다시 생성을 요청하도록 합니다. 예를 들면, "고양이의 포즈가 마음에 들지 않아, 앉아있는 고양이가 아니라 서있는 고양이로 변경해줘" 라는 형식으로 수정을 요청하면 됩니다.

## Vrew AI를 활용하여 유튜브 쇼츠 만들기

Vrew AI (https://vrew.ai/ko/)는 인공지능을 활용하여 영상 제작 과정을 간소화한 사용자 친화적인 비디오 편집 프로그램입니다. 복잡한 편집 기술 없이도 고품질의 영상을 만들 수 있도록 다양한 기능을 제공합니다.

- **AI 음성 합성:** 200개 이상의 AI 음성으로 나레이션을 추가할 수 있습니다.
- **자동 자막 생성:** 오디오를 분석하여 자동으로 자막을 생성합니다.
- **텍스트 기반 편집:** 영상의 특정 부분을 쉽게 편집할 수 있습니다.
- **영상 생성:** 입력한 텍스트로 전체 영상을 생성할 수 있습니다.
- **무료 스톡 리소스 제공:** 10만 개 이상의 이미지, 영상, 음악 등을 제공합니다.

이제 앞서 생성한 이미지와 스크립트를 활용하여 본격적으로 Vrew AI를 사용하여 유튜브 쇼츠를 제작해보겠습니다.

### Vrew AI 쇼츠 제작 단계

1. **프로젝트 생성:** Vrew AI를 실행하고 새로운 프로젝트를 만듭니다.
2. **스크립트 입력:** 작성한 스크립트를 Vrew AI에 입력합니다.
3. **AI 음성 선택:** 원하는 언어와 성별의 AI 음성을 선택하여 나레이션을 설정합니다.
4. **이미지 및 영상 추가:** 생성한 이미지를 업로드하거나 Vrew AI의 스톡 리소스를 활용합니다.
5. **자막 및 효과 추가:** 자동 생성된 자막을 확인하고 필요한 효과를 추가합니다.
6. **편집 및 미리보기:** 영상의 흐름을 확인하며 필요한 부분을 수정합니다.
7. **영상 내보내기:** 편집이 완료된 영상을 저장하고 유튜브에 업로드합니다.

> **Tip**
>
> **유튜브 쇼츠에 최적화된 영상 만들기**
>
> - **영상 길이**: 60초 이내로 유지하여 쇼츠 형식에 맞춥니다.
> - **세로형 비디오**: 모바일 시청에 적합한 9:16 비율을 사용합니다.
> - **흥미로운 시작**: 첫 몇 초 안에 시청자의 관심을 끌 수 있는 요소를 배치합니다.
> - **해시태그 활용**: #Shorts, #CatStory 등 해시태그를 사용하여 노출을 증가시킵니다.

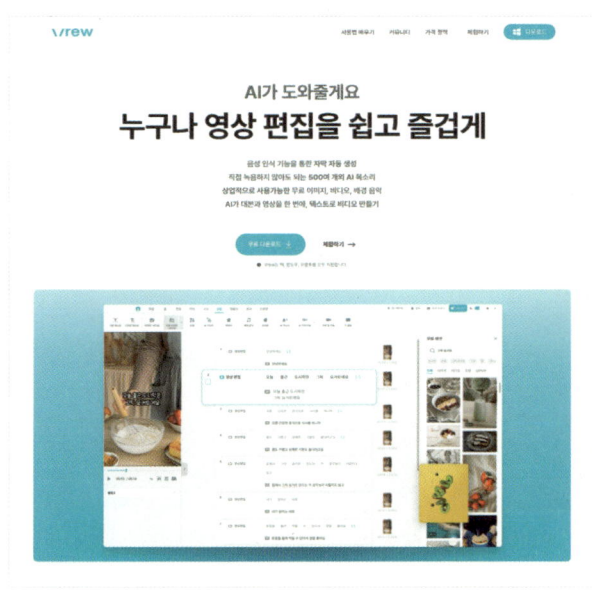

[이미지 7.23] Vrew AI 공식 홈페이지

## Vrew AI 다운로드 및 설치

- Vrew AI 공식 웹사이트에 접속하여 다운로드 버튼을 통해서 프로그램을 다운로드합니다.
- 설치 과정을 따라 프로그램을 설치를 진행합니다.

## 프로젝트 생성

- Vrew AI를 실행하고 새로운 프로젝트를 생성합니다.
- 다양한 옵션 중, 템플릿으로 쇼츠 만들기를 클릭합니다. 유튜브 쇼츠의 경우 세로 비율 (9:16)을 선택합니다.

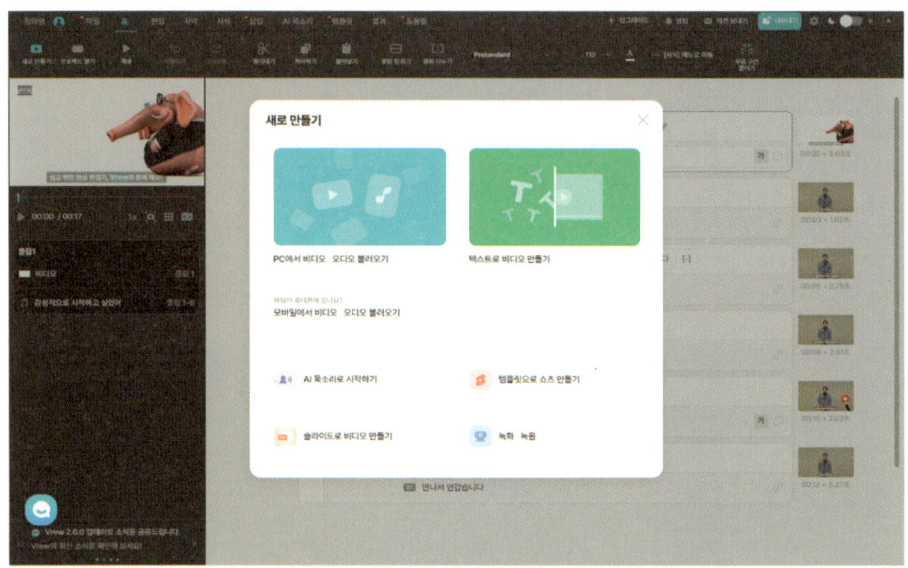

[이미지 7.24] Vrew AI 새 프로젝트

 기본적으로 제공되는 여러가지 영상 유튜브 템플릿 중, 가장 기본적인 검은색 배경에 샘플 자막이 있는 템플릿을 골라보겠습니다. 어떤 템플릿이든 원하는 템플릿을 골라서 진행하면 됩니다. PC에서 불러오기를 통해 기존에 작업된 템플릿을 불러와서 활용하는 방법도 가능합니다. 향후 나만의 템플릿을 제작하여 활용하면 더 빠른 작업이 가능합니다.

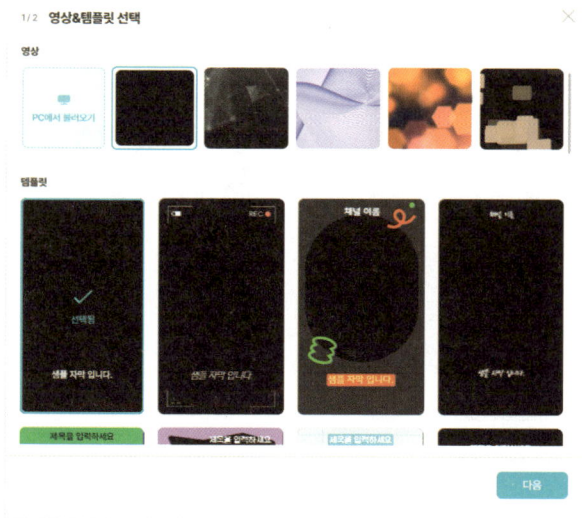

[이미지 7.25] Vrew AI 영상 & 템플릿 선택

템플릿을 선택 후 ChatGPT를 활용하여 생성했던 이미지를 불러와서 영상에 넣어보도록 하겠습니다. 삽입 → 이미지·비디오 → PC에서 불러오기 → 이미지 선택 순서로 이미지 8장을 모두 추가해 주도록 합니다.

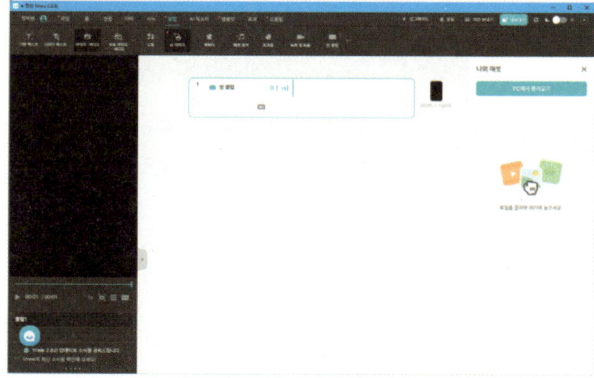

[이미지 7.26] Vrew AI 영상 & 템플릿 선택

추가된 이미지 우측 + 버튼을 클릭하면 이미지를 새로운 클립에 추가할 수 있습니다. 이렇게 모든 이미지를 추가하면 총 8컷의 컷 신이 생성됩니다.

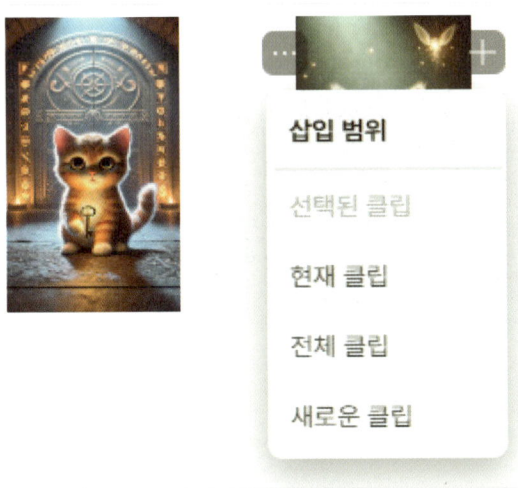

[이미지 7.27] Vrew AI 새 클립 추가

이제 각 이미지별로 자막을 추가해 보도록 하겠습니다. 이미지 옆 자막 모양에 텍스트를 입력하면 좌측에 해당 텍스트가 표시되며 자막 형태로 만들어 집니다.

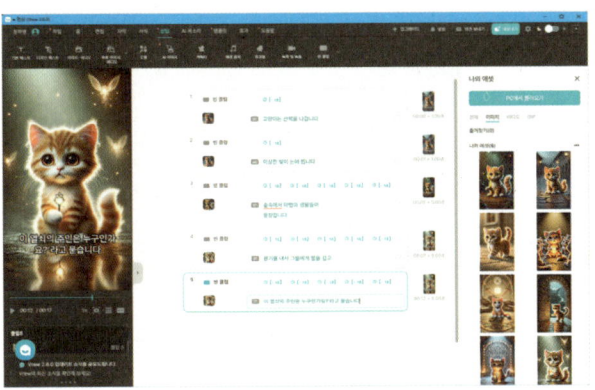

[이미지 7.28] Vrew AI 새 클립 추가

## 스톡 리소스 활용

- Vrew AI에서 제공하는 로열티 프리(무료) 스톡 이미지, 영상, 음악 등을 활용하여 영상을 풍부하게 만듭니다.
- 검색 기능을 사용하여 원하는 리소스를 쉽게 찾을 수 있습니다.

일반적으로 영상에는 배경음악이 들어가는 경우가 많습니다. Vrew AI에서 제공하는 무료 배경음악을 활용하여 영상에 배경음악을 추가해 보도록 하겠습니다.

'삽입 → 배경음악 → 무료음악' 탭에서 다양한 무료 음악들을 제공하고 있습니다. 이번 스토리는 귀여운 고양이의 모험 영상이므로 영상에 어울리는 '귀여운→고양이를 빌려드립니다'를 선택 후, 삽입하기를 클릭하면 전체 클립에 대해 배경음악이 적용됩니다.

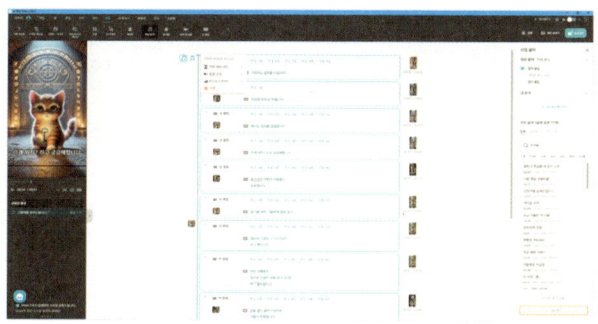

[이미지 7.29] Vrew AI 배경음악

## 자막 및 효과 추가

- 자동으로 생성된 자막을 확인하고 필요한 부분을 수정합니다.
- 자막의 폰트, 크기, 색상 등을 조절하여 영상의 분위기에 맞게 꾸밀 수 있습니다.
- 자막과 영상에 전환 효과나 애니메이션을 추가하여 영상의 완성도를 높입니다.

## 영상 내보내기

- 편집이 완료되면 영상을 사용할 수 있도록 내보냅니다. 내보낼 때 유튜브 쇼츠에 맞는 해상도와 형식을 선택하면 됩니다. QHD 수준의 화질이면 충분합니다.

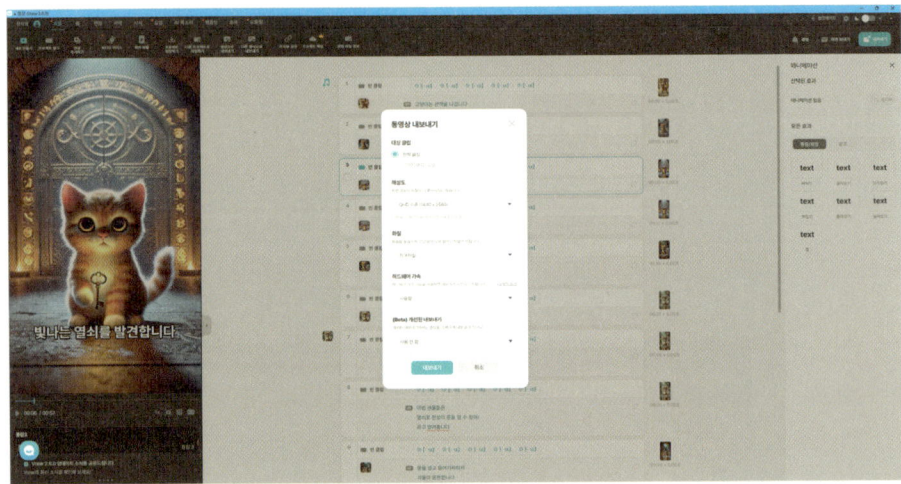

[이미지 7.30] Vrew AI 동영상 내보내기

최종적으로 생성된 영상 전체 클립을 내보내기를 통해 내보냅니다. 혹시 이미지에 Vrew AI 워터 마크가 있다면, 삭제버튼을 클릭하여 체험 판 한달동안 제거 할 수 있는 방법이 안내되며, 향후 유료 버전을 사용하여 제거할 수 있습니다.

이제 마지막 단계로, 생성한 유튜브 쇼츠 영상을 유튜브 스튜디오 (https://studio.youtube.com)에 접속하여 업로드 합니다. 스튜디오 페이지에서 만들기 또는 콘텐츠 → Shorts → 동영상 업로드를 클릭하여 방금 생성한 영상을 업로드 합니다.

[이미지 7.31] Vrew AI 동영상 내보내기

이번 챕터에서 다룬 AI 유튜브 쇼츠 생성하기는 단순한 도구 활용법을 넘어, 우리가 콘텐츠를 제작하고 공유하는 방식의 큰 변화를 보여줍니다. 과거에는 스토리 구상, 영상 촬영, 편집에 이르기까지 다양한 기술력과 많은 시간과 노력 그리고 비용이 필요했지만, 이제 생성형 AI의 도움으로 누구나 짧은 시간 안에 고 퀄리티의 콘텐츠를 만들어낼 수 있습니다.

ChatGPT와 Vrew AI 같은 도구는 우리의 아이디어를 빠르게 구체화하고, 그 과정을 단순화해 창의력을 한층 더 높여줍니다. 추가적으로 영상 편집용으로 많이 사용되는 Canva나 CapCut과 같은 프로그램을 활용한다면 보다 더 멋지고 세련된 영상을 쉽게 만들 수 있습니다.

이제는 나만의 캐릭터가 등장하는 모험 스토리나 상상 속의 이야기를 즉시 만들어내고, 몇 번의 클릭만으로 전 세계와 공유할 수 있는 시대가 열렸습니다. 창작의 문턱이 낮아진 지금, AI는 창의적인 파트너로서 여러분의 콘텐츠 제작 과정을 혁신적으로 변화시킬 것입니다.

더 많은 사람들이 자신의 이야기를 세상에 전달할 수 있는 새로운 기회의 시대가 열렸습니다. AI가 함께하는 시대에, 더 이상 콘텐츠 제작은 어려운 일이 아닙니다. 여러분 만의 개성 있는 이야기를 자유롭게 만들어 세상과 소통해보시길 바랍니다.

## AI 음원으로 수익 창출하기

유튜브를 자주 시청하시는 분들이라면 이미 유튜브 생태계에서 가수의 목소리를 입혀 다른 가수의 노래를 부르는 AI 음원들을 접하신 적이 있으실 겁니다. AI 분야에서 이미지와 음성 분야는 갈수록 정교해지고 있습니다. 이번 파트에는 AI를 활용하여 배경 음악이나 음향 효과 등을 생성하고, 이를 판매하여 수익을 창출하는 과정을 진행해보겠습니다.

### AI 음원 생성 도구 소개

**1. Suno** (https://www.suno.ai)

Suno는 최신 AI 기술을 활용하여 텍스트를 기반으로 음악과 음성을 생성할 수 있는 플랫폼입니다. 다양한 장르와 스타일의 음악을 손쉽게 만들 수 있으며, 사용자 친화적인 인터페이스를 제공합니다.

**2. AIVA** (https://www.aiva.ai)

AIVA는 작곡가의 역할을 대신하여 다양한 장르의 음악을 생성해주는 AI 플랫폼입니다. 클래식부터 현대 음악까지 다양한 스타일의 음악을 생성할 수 있으며, MIDI 파일로 다운로드하여 추가 편집이 가능합니다.

**3. Amper Music** (https://www.ampermusic.com)

Amper는 사용자가 원하는 분위기, 장르, 길이 등을 선택하면 AI가 즉시 음악을 생성해주는 서비스입니다. 직관적인 인터페이스로 초보자도 쉽게 사용할 수 있습니다.

### AI로 음원 생성하기

이번 파트에서는 방금 소개해드린 플랫폼 중 인터페이스가 가장 직관적인 Suno 서비스를 활용하여 음원을 생성해보겠습니다.

## 1. Suno 가입하기

먼저 Suno 웹사이트에 접속합니다(https://suno.com/). 좌측 하단에 위치한 Sign In 버튼을 클릭 후, 구글 계정과 연동하면 한번에 가입과 로그인이 가능합니다.

[이미지 7.32] Suno 웹 사이트

## 2. 음원 탐색하기

음원을 생성해보기 앞서 다른 사용자들이 어떤 음악들을 만들었는지 확인해보겠습니다. 특히 여러 음원 중 조회수가 높은 음원들을 통해 트렌드를 파악해보겠습니다. 위 이미지에 Global Trending 카테고리에 조회수가 높은 음원들을 먼저 탐색해보겠습니다.

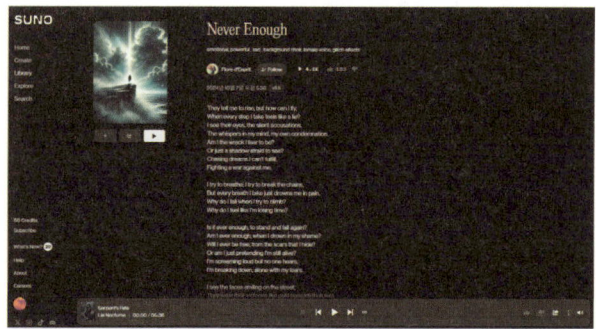

[이미지 7.33] 음원 듣기

'Never Enough'라는 제목의 음원을 클릭 후 재생하였습니다. AI가 생성한 것이라고는 믿기지 않는 고품질의 음원을 들을 수 있었습니다. 가사까지 포함되어 실제 가수가 부르는 것과 차이가 전혀 없었습니다. 해당 과정을 직접 진행해보며 앞으로의 엔터테인먼트 산업 또한 AI로 인해 생태계가 크게 바뀔 것이라고 생각이 들었습니다. 생성된 음원들의 퀄리티를 확인하였으니 이제 본격적으로 AI 음원 생성을 시작해보겠습니다.

### 3. 음원 생성하기

음원을 생성하는데 있어서도 명확한 프롬프트와 목표가 필요합니다. 우선 아래와 같은 정보가 필요합니다.

- **음악 스타일과 목표 설정**

**장르 선택:** 클래식, 재즈, 팝, EDM 등 생성하려는 음악의 장르를 결정합니다.

**분위기와 테마:** 배경 음악이라면 분위기(예: 평온한, 긴장감 있는)를, 노래라면 주제나 메시지를 설정합니다.

**목적 파악:** 광고용, 게임 BGM, 유튜브 영상용 등 음악의 사용 목적에 따라 구성 요소를 결정합니다.

장르, 분위기, 목적 등이 결정되었다면 바로 진행해보도록 하겠습니다. Suno 플랫폼의 좌측 메뉴 Create 버튼을 클릭해보겠습니다.

[이미지 7.34] 음원 생성

AI 음원 생성은 Suno화면의 Song Description에 간단한 프롬프트 입력만으로도 음원 생성이 가능합니다. 음악에대한 설명을 작성하라고 되어있지만, 아주 간단한 예시부터 진행해보겠습니다.

[이미지 7.35] 생성된 음원

 이미 우측과 같이 두개의 크리스마스 캐롤이 생성됨을 확인할 수 있습니다. 실제로 들어보니 완성도 높은 음원의 퀄리티를 가지고 있었습니다.

 이번엔 가사와 분위기를 포함해서, 조금 더 구체적으로 생성을 요청하여 새로운 음원을 생성해보겠습니다.

예시 프롬프트

```
<가사>
이 추운 겨울 날 너와 함께 여서 너무 행복해
산타도 우리를 흐뭇하게 바라봐 주겠지?
올해 크리스마스 선물은 넌가봐.
</가사>
<장르>
크리스마스 캐롤
목적: 유튜브 쇼츠 제작용
분량: 20~30초
</장르>
<제목>
함께하는 크리스마스
</제목>
```

AI의 답변

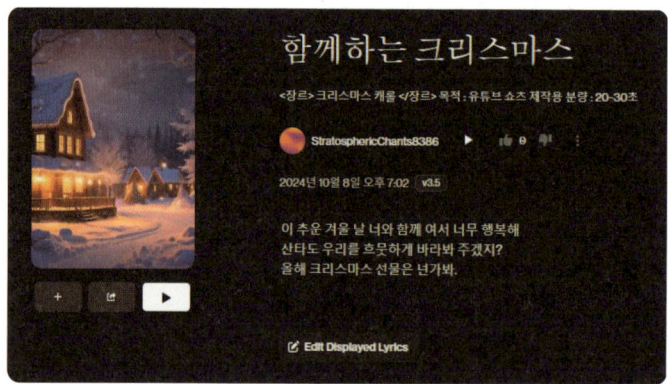

[이미지 7.36] 생성된 음원

요청한 가사를 반영해서 음원을 생성해주는 것을 확인할 수 있었습니다. 꼭 수익화가 목적이 아니더라도 AI를 활용하여 나만의 음원을 생성해서 직접 듣거나 주변 사람들에게 들려주며 즐거운 추억을 쌓을 수 있을 것입니다. 이제 마지막 단계인 음원 수익화 방법에 대해서 알아보겠습니다.

## 음원 판매 및 수익화 전략

AI로 생성한 음원은 스톡 음악 사이트에서 판매하거나, 스트리밍 플랫폼에 업로드하여 재생 수익을 얻을 수 있습니다. 또한, 음악 라이브러리를 구축하여 광고, 게임, 영상 제작자들에게 라이선스 형태로 제공할 수 있습니다.

### 1. 스톡 음악 사이트

- **AudioJungle** (https://audiojungle.net)

Envato Market의 일부로, 다양한 배경 음악과 효과음을 판매할 수 있습니다.

> **특징** 글로벌 마켓플레이스로 전세계적인 잠재 고객을 보유하고 있으며, 판매자 친화적인 인터페이스를 제공합니다.
>
> **수수료 구조** 판매 가격의 50%를 수수료로 차감합니다.

- **Pond5** (https://www.pond5.com)

영상 제작자들이 많이 이용하는 스톡 콘텐츠 플랫폼으로, 음원, 영상, 이미지 등을 판매할 수 있습니다.

> **특징** 높은 수익 분배율과 다양한 판매 옵션을 제공합니다.
>
> **수수료 구조** 판매자가 가격을 결정하며, 최대 60%의 수익을 가져갈 수 있습니다.

- **PremiumBeat** (https://www.premiumbeat.com)

고품질의 로열티 프리 음악을 제공하는 사이트로, 큐레이트된 콘텐츠를 선호합니다.

> **특징** 엄격한 심사를 통해 고품질 음악만을 제공하여 고객 신뢰도가 높습니다.
>
> **수수료 구조** 개별 협의를 통해 결정되며, 일반적으로 수익 분배율이 높습니다.

## 2. 음악 스트리밍 플랫폼

**Spotify, Apple Music, YouTube Music 등:** 전 세계적으로 인기 있는 스트리밍 플랫폼에 음악을 업로드하여 재생 수익을 얻을 수 있습니다.

**디지털 배급사 활용:** 직접 업로드가 불가능하므로, DistroKid(https://distrokid.com), TuneCore(https://www.tunecore.com), CD Baby(https://cdbaby.com) 등의 배급사를 통해 한 번에 여러 플랫폼에 음악을 배포합니다.

`수익 구조` 스트리밍 횟수에 따라 수익이 발생하며, 배급사가 일정 수수료를 차감합니다.

## 3. 직접 판매 및 라이센싱

자신의 웹사이트나 블로그를 통해 직접 음원을 판매하거나 라이센스 계약을 체결할 수 있습니다.

`장점` 중간 수수료 없이 모든 수익을 가져갈 수 있습니다.
`단점` 마케팅과 고객 유치에 대한 추가 노력이 필요합니다.

> **Tip**
> Patreon (https://www.patreon.com): 팬들로부터 정기적인 후원을 받아 음악 활동을 지속할 수 있습니다.
> Bandcamp (https://bandcamp.com): 음악 판매와 팬과의 직접 소통이 가능한 플랫폼으로, 디지털 음원과 실물 음반 모두 판매할 수 있습니다.

## 4. 플랫폼별 등록 방법과 수수료 구조

### • 스톡 음악 사이트 등록 절차

**회원 가입:** 이메일 인증 및 프로필 설정을 완료합니다.
**아티스트 프로필 생성:** 자신의 음악 스타일과 경력 등을 소개합니다.
**음원 업로드:** 스톡 음악 플랫폼에서 요구하는 형식과 규격에 맞춰 음원을 업로드합니다.
**파일 형식:** 일반적으로 WAV 형식을 요구하며, 미리 듣기용 MP3 파일도 필요할 수 있습니다.
**메타데이터 입력:** 곡 제목, 설명, 키워드 등을 입력하여 검색 노출을 최적화합니다.
**심사 과정:** 업로드된 음원은 플랫폼의 심사를 거치며, 평균 1주일에서 2주일 정도 소요됩니다.
**수익 지급 설정:** PayPal, Payoneer 등 지원되는 결제 수단을 설정합니다.

- **디지털 배급사를 통한 스트리밍 플랫폼 등록 절차**

**배급사 선택 및 가입:** 각 배급사의 수수료와 서비스 내용을 비교하여 선택합니다.

**음원 업로드 및 메타데이터 입력:** 음원 파일과 앨범 아트워크를 업로드하고, 곡 정보와 메타데이터를 입력합니다.

**배포 플랫폼 선택:** 음악을 배포하고자 하는 스트리밍 플랫폼을 선택합니다

**수수료 및 비용 지불:** 일부 배급사는 연간 비용을 청구하고, 일부는 수익의 일정 비율을 수수료로 차감합니다.

**배포 및 모니터링:** 배포가 완료되면 스트리밍 데이터를 모니터링하고 수익을 관리합니다.

- **수익 관리 및 세금 고려사항**

**수익 지급 최소 한도 확인:** 각 플랫폼마다 수익을 지급받기 위한 최소 한도가 있습니다.

**세금 신고 및 납부:** 발생한 수익은 소득으로 간주되므로, 세법에 따라 신고하고 세금을 납부해야 합니다.

**환전 및 수수료 관리:** 해외 플랫폼에서 발생한 수익은 환전 과정에서 수수료가 발생하므로, 이를 고려하여 재정 계획을 세워야 합니다.

## AI 음원 사용 및 판매 시 주의사항

### 1. AI 음악의 저작권

**저작권 귀속:** 일반적으로 AI로 생성한 음악의 저작권은 사용자에게 있지만, 사용한 AI 도구의 이용 약관을 반드시 확인해야 합니다.

**Suno, AIVA, Amper Music 등의 이용 약관 확인:** 각 플랫폼마다 상업적 이용에 대한 정책이 다를 수 있습니다.

**라이선스 종류 파악:** 음악을 판매하거나 라이선싱할 때 어떤 라이선스 형태로 제공할 것인지 결정해야 합니다. 예를 들어, 로열티 프리, 독점 라이선스 등이 있습니다.

### 2. 샘플 및 루프 사용 시 주의사항

**라이선스 조건 확인:** DAW나 외부 소스에서 가져온 샘플이나 루프를 사용할 경우, 상업적 이용이 가능한지 라이선스 조건을 확인해야 합니다.

**저작권 침해 방지:** 타인의 저작물을 무단으로 사용하면 법적 문제가 발생할 수 있으므로, 항상 주의해야 합니다.

**저작권 보호를 위한 등록:** 자신의 음악을 저작권 보호 기관에 등록하여 권리를 보호할 수 있습니다.

이번 파트에서는 AI 음원 생성 플랫폼을 활용하여 음악을 생성하는 작업을 진행해보았습니다. 직접 과정을 진행해보면 AI의 빠른 발전속도에 놀라움을 금치 못할 것이라 생각합니다. 음악과 예술같은 창작의 영역은 AI가 감히 따라오지 못할 영역으로 알려져 있었지만, 생성형 AI의 등장으로 판이 바뀌고 있습니다. 한번 해당 서비스들을 직접 체험해 보시길 바랍니다.

# 마무리

이번 챕터를 통해 우리는 AI를 활용하여 수익을 창출할 수 있는 다양한 방법을 살펴보았습니다. 프롬프트 판매부터 음원 판매에 이르기까지, AI는 우리의 창의력을 극대화하고 새로운 비즈니스 모델을 개척할 수 있는 무한한 가능성을 열어주고 있습니다.

**나만의 프롬프트 판매하기:** 효과적인 프롬프트를 제작하여 온라인 마켓플레이스에서 판매함으로써 수익을 창출할 수 있습니다.

**AI 자기소개서 판매하기:** 생성형 AI를 활용하여 자기소개서를 작성하고, 이를 재능 마켓이나 플랫폼을 통해 판매할 수 있습니다.

**AI 이미지 만들어서 판매하기:** AI 이미지 생성 도구를 사용하여 독특한 이미지를 만들고, 스톡 이미지 사이트에서 판매하거나 프리랜서 플랫폼에서 서비스를 제공할 수 있습니다.

**AI 유튜브 쇼츠 생성하기:** AI를 활용하여 영상 콘텐츠를 제작하고 유튜브에 업로드하여 광고 수익이나 스폰서십을 통해 수익을 얻을 수 있습니다.

**AI 음원으로 수익 창출하기:** AI 음악 생성 도구를 통해 음악을 제작하고, 스트리밍 플랫폼이나 스톡 음악 사이트에서 판매하여 수익을 창출할 수 있습니다.

AI 기술은 계속해서 발전하고 있으며, 이에 따라 새로운 수익 모델과 기회가 계속해서 등장하고 있습니다. 중요한 것은 이러한 기술을 어떻게 활용하느냐 입니다. 여러분의 열정과 창의력을 AI와 결합한다면, 기존에 없던 새로운 시장을 개척하고 지속 가능한 새로운 수익 모델을 구축할 수 있습니다.

AI를 활용한 수익 창출은 이제 선택이 아닌 필수가 되어가고 있습니다. 이 책에서 다룬 다양한 방법들을 통해 여러분도 새로운 도전에 뛰어들어 보세요. 작은 아이디어라도 실행에 옮긴다면 큰 성과로 이어질 수 있습니다.

실패를 두려워하지 마세요. 처음부터 완벽할 수는 없습니다. 중요한 것은 끊임없이 시도하고, 질문하고, 개선하는 과정입니다. AI는 분명 여러분의 강력한 파트너가 되어줄 것입니다.

# CHAPTER 8

# [Project Three]
# 고급 활용방법

한번에 업무 끝내기 with RAG

# 08

## [Project Three]
## 고급 활용방법

마지막 세번째 프로젝트에서는 유료 기능을 활용하여, ChatGPT를 보다 효과적으로 활용하는 방법에 대해 알아보겠습니다. 지금까지 ChatGPT를 사용하면서 가장 큰 문제 중 하나로 지적된 것이 '환각 현상'입니다. 환각 현상이란, ChatGPT가 없는 사실을 마치 진짜인 것처럼 꾸며내어 이야기하는 것을 의미합니다. 이는 AI에 대한 신뢰도를 낮추고, 불필요한 검토 작업을 발생시켜 업무 효율을 저해하는 주요 요인입니다.

이러한 환각 현상을 극복하는 방법 중 하나가 바로 RAG Retrieval-Augmented Generation입니다. RAG는 필요한 정보를 실시간으로 검색해 답변에 반영하기 때문에, AI가 사실이 아닌 내용을 만들어낼 가능성을 줄여줍니다. 문서나 데이터베이스와 같은 실제 정보를 기반으로 답변을 생성하기 때문에, 잘못된 정보가 포함될 확률이 크게 감소합니다.

이번 챕터에서는 RAG를 활용하여 수많은 문서를 한 번에 활용하고, 이를 통해 업무를 진행하는 프로젝트를 수행해 볼 것입니다. 이 과정에서 RAG가 환각 현상을 해결하는 데 얼마나 효과적인지 살펴보겠습니다. RAG는 단순히 환각 현상을 줄이는 데 그치지 않고, 큰 확장성을 가진 접근 방식입니다. 이를 통해 여러분은 자신만의 고유한 ChatGPT를 만들고, 이를 업무에 적극 활용하는 방법을 배울 수 있을 것입니다.

## 한번에 업무 끝내기 with RAG

RAG란, 필요한 정보를 실시간으로 검색하여 답변에 활용하는 기술입니다. 일반적인 AI는 이미 학습된 데이터에 의존해 답변을 제공하는 반면, RAG는 사용자가 질문할 때 필요한 정보를 사용자가 지정한 위치에서 '찾아와서' 답변에 포함시킬 수 있습니다. 마치 '열린 책'을 참고할 수 있는 학생처럼, RAG는 필요한 자료를 즉각 검색해 가장 신뢰성 있는 답변을 제공합니다.

예를 들어, 기업의 데이터베이스에 저장된 수백 개의 문서를 ChatGPT와 연결하면, ChatGPT는 이 데이터베이스에서 실시간으로 필요한 정보를 검색해 답변을 생성할 수 있습니다. 이를 통해 보고서 작성, 고객 응대, 프로젝트 관리 등 다양한 업무를 훨씬 더 빠르고 정확하게 처리할 수 있습니다. 실제 주어진 데이터에 기반하여 답변을 생성하기 때문에, 환각 현상이 발생할 확률이 현저하게 줄어들게 됩니다.

RAG는 검색, 증강, 생성 3단계로 이루어집니다. 1.사용자의 질문을 분석하여 이를 바탕으로 가장 연관성 높은 문서를 찾고, 2.발견한 문서를 요약하거나 재구성하고, 3.재구성된 데이터와 질문을 바탕으로 최종적인 답변을 만들어냅니다. 그렇기 때문에, 기존 학습된 데이터만 사용하는 경우보다 현저하게 높은 정확성을 보이고, 맥락에 맞는 내용으로 답변을 할 수 있게 됩니다.

## ChatGPT에서 RAG 기능 활용하기

최근 ChatGPT는 RAG 기능을 자체적으로 구현할 수 있게 되었습니다. 이제 사용자는 별도의 외부 도구 없이도 대규모 문서를 ChatGPT에 업로드하고, 이를 실시간으로 검색해 답변에 활용할 수 있습니다. PDF, 텍스트 파일 등 다양한 형태의 문서를 업로드하면, ChatGPT가 필요할 때마다 실시간으로 검색해서 정확한 정보를 제공할 수 있는 것입니다.

이 기능은 특히 대량의 문서를 관리해야 하는 업무에 매우 유용합니다. 예를 들어 사내 규정 문서들이 데이터베이스에 저장되어 있다면, ChatGPT와 RAG를 통해 실시간으로 필요한 정보를 검색하고 요약하거나 설명해 줄 수 있습니다. 물론, 외부로 반출이 가능한 비 중요 문서에 한에 이렇게 처리하는 것이 좋습니다. 이렇게 하면 기존에 수작업으로 처리하던 작업들이 자동화되고, 언제나 최신 정보를 활용할 수 있는 강력한 도구가 됩니다.

## RAG를 활용한 업무 자동화

### 대량의 데이터 분석 및 보고서 작성

RAG를 통해 ChatGPT는 방대한 양의 문서를 실시간으로 분석할 수 있습니다. 예를 들어, 100개의 문서를 ChatGPT와 연결해 두면, 문서들을 종합하여 요약본을 작성할 수 있습니다. 10페이지 분량의 문서 100개를 읽는데 걸리는 시간은 약 25~30시간가량입니다. 이를 모두 읽고 분석하는데 실질적으로 수 일이 걸릴 것입니다. 하지만, ChatGPT와 RAG를 활용하면 수작업으로 문서를 읽고 통합하는 시간을 크게 줄일 수 있습니다.

지금부터 ChatGPT가 제공하고 있는 RAG 기능을 활용하여 구텐베르크 프로젝트의 eBook 100권을 읽고 한번에 분석하는 예시를 진행해 보도록 하겠습니다.

## Ebook 다운로드하기

분석을 위해 먼저 100권의 eBook을 다운로드 받도록 합니다. 만약 여러분이 가지고 있는 문서가 있다면, 이 부분을 건너뛰고 해당 문서로 진행을 해도 무방합니다.

구텐베르크 프로젝트에 접속하여 무료 eBook을 받을 수 있습니다. (https://www.gutenberg.org/) 프로젝트 구텐베르크는, 1971년에 시작된 세계 최초의 디지털 도서관으로, 저작권이 만료된 공공 도메인의 전자책을 누구나 무료로 읽고 다운로드 할 수 있도록 제공하고 있습니다.

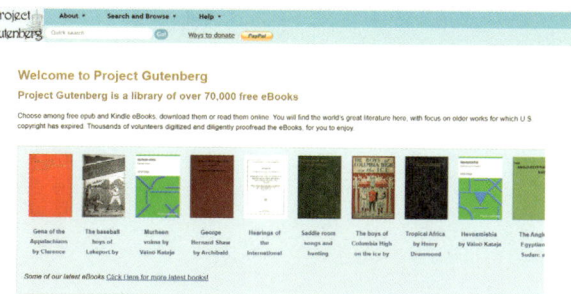

[이미지 8.1] 프로젝트 구텐베르크

100권의 책을 하나씩 다운로드 받을 수는 없습니다. 챕터6에서 배운 파이썬을 활용하여 간단하게 eBook을 다운받아 보도록 하겠습니다. 이런 류의 코딩은 이미 온라인상의 다양한 예시가 있기 마련입니다.

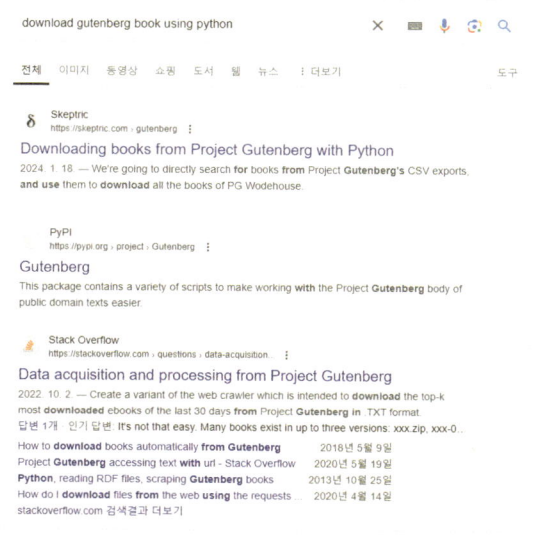

[이미지 8.2] 구텐베르크 다운로드

코드와 설명이 있는 페이지를 찾아서, 내용 전체를 ChatGPT에 복사 후 붙여넣고 책을 다운받을 수 있는 코드 작성을 요청합니다.

CHAPTER 08 Project Three · **273**

너는 파이썬 프로그래머로서, 내가 지금 보내주는 내용을 활용해서 다시 코드를 작성해야 해. 구텐베르크 홈페이지에서 ebook을 txt 파일의 형태로 100개까지 받는 코드야.

```
import csv
from io import StringIO
import requests
import os
import re
import logging
import zipfile
from io import BytesIO
from pathlib import Path

# Download the Project Gutenberg CSV catalog
GUTENBERG_CSV_URL = "https://www.gutenberg.org/cache/epub/feeds/pg_catalog.csv.gz"
r = requests.get(GUTENBERG_CSV_URL)
csv_text = r.content.decode("utf-8")
```

중략 〉

AI의 답변

```
Gutenberg Ebooks Download
1   import csv
2   from io import StringIO
3   import requests
4   import os
5   import re
6   import logging
7   import zipfile
8   from io import BytesIO
9   from pathlib import Path
10
11  # Download the Project Gutenberg CSV catalog
12  GUTENBERG_CSV_URL = "https://www.gutenberg.org/cache/epub/feeds/pg_catalog.csv.gz"
13  r = requests.get(GUTENBERG_CSV_URL)
14  csv_text = r.content.decode("utf-8")
```

[이미지 8.3] ChatGPT 코드 작성 결과

AI 응답

코드를 수정하여 구텐베르크 홈페이지에서 직접 이북을 다운로드하도록 했습니다. 다운로드한 책들은 'gutenberg_books' 폴더에 텍스트 파일 형식으로 저장됩니다. 더 도움이 필요하면 알려주세요!

챕터 6을 참고하여 Visual Studio Code를 실행하고 파이썬 파일을 실행해보면, 100개의 파일이 폴더에 생성된 것을 확인할 수 있습니다. 한번의 요청만으로 코드가 완벽하지 않을 수 있지만, 우리의 목적은 완벽한 코딩이 아닌, RAG 테스트에 있습니다.

## RAG 구성하기

이제 본격적으로 RAG를 활용해 보도록 하겠습니다. 먼저 ChatGPT의 플랫폼으로 이동합니다. (https://platform.openai.com/playground/assistants)

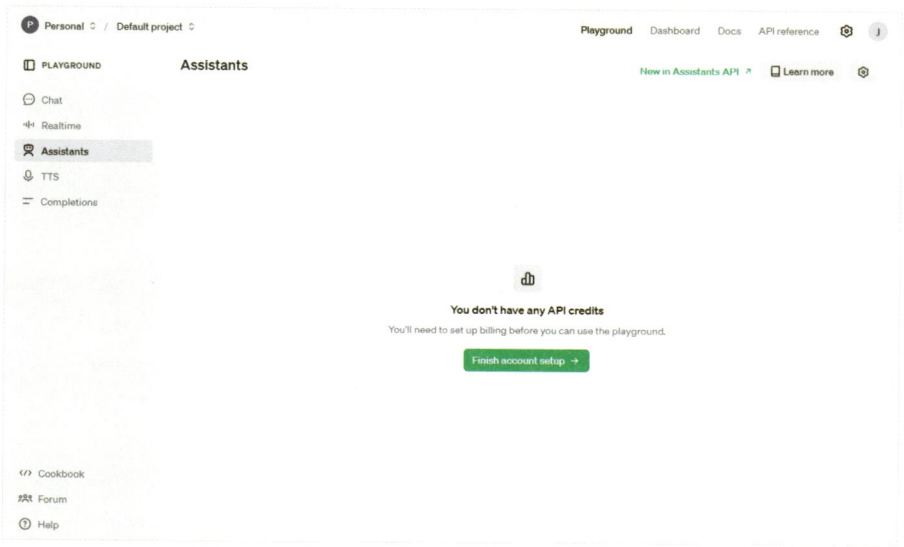

[이미지 8.4] ChatGPT RAG 기능

무료 사용자의 경우 Assistants 기능을 사용할 수 없으므로, 먼저 Finish account setup 으로 이동하여 비용 충전을 진행해야 합니다. RAG는 API를 사용하므로, 호출시 미리 충전해둔 금액에서 비용이 차감되는 형식의 서비스입니다.

비용을 충전하면 아래 이미지와 같이 새로운 형태의 대화창이 보이게 됩니다. 이곳에서도 동일하게 대화를 할 수 있습니다. 다만, 이곳에서의 대화는 유료이므로 꼭 필요한 경우가 아니라면 사용을 권하지 않습니다.

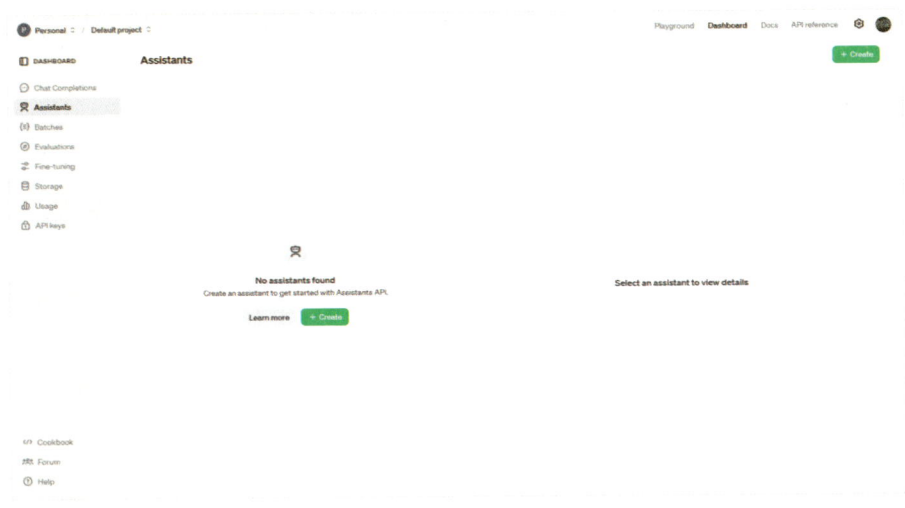

[이미지 8.5] ChatGPT Assistants

이제 Assistant의 세팅을 진행해보도록 하겠습니다. 중요한 부분은 System instructions 와 Model, File search 부분입니다. 아래 이미지 8.6과 같이, File search를 켜고, Model을 선택합니다. RAG는 비용이 드는 작업이므로, 4o보다 한단계 저렴하고 가벼운 모델인 4o-mimi 모델을 선택하여도 무방합니다.

System Instruction은 ChatGPT에게 가이드를 주는 부분입니다. RAG의 특성을 반영하여 내용을 작성합니다. 주어진 데이터를 바탕으로 맥락과 의미를 파악해서 가장 적절한 답변을 하도록 합니다.

데이터를 기반으로 상세한 답변을 제공하세요.

# Steps
1. 데이터를 주의 깊게 검토하고 중요한 요소를 식별합니다.
2. 데이터의 맥락과 의미를 분석합니다.
3. 관련된 내용과 연관성을 찾아냅니다.
4. 식별한 요소와 분석된 정보를 바탕으로 결론을 이끌어냅니다.

# Output Format
자세하고 논리적인 설명을 포함한 답변을 한 문단 이상으로 작성하세요.

# Examples
**Input:** [주어진 데이터 예시]
**Analysis and Reasoning:** 데이터를 분석하고 주요 포인트를 설명합니다.
**Output:** 전체적인 맥락과 분석을 바탕으로 작성된 상세한 설명

# Notes
- 모호하거나 불완전한 데이터가 주어졌을 때에는 가능한 최상의 해석을 시도하십시오.
- 명확하지 않은 부분에 대한 가정은 합리적으로 추론해야 합니다.

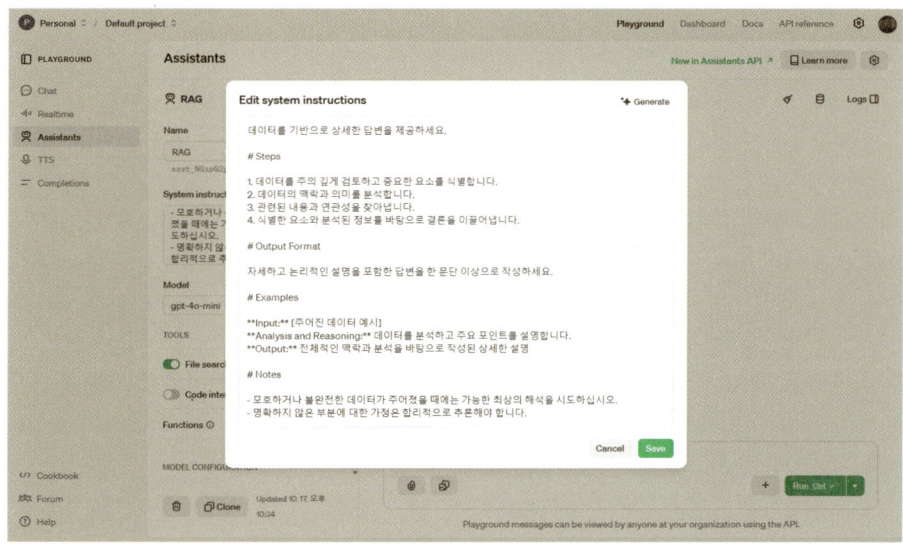

[이미지 8.6] ChatGPT Assistants

이제 가지고 있는 파일을 업로드 해보도록 하겠습니다. 우측 상단에 있는 원통 모양을 클릭하고, File search를 선택하면 파일을 업로드할 수 있습니다. 다운로드 받은 eBook 또는 원하는 문서들을 드래그 앤 드롭으로 업로드 합니다. 모든 파일의 업로드가 끝나면 Attatch 버튼을 클릭하여 데이터 업로드를 마무리합니다.

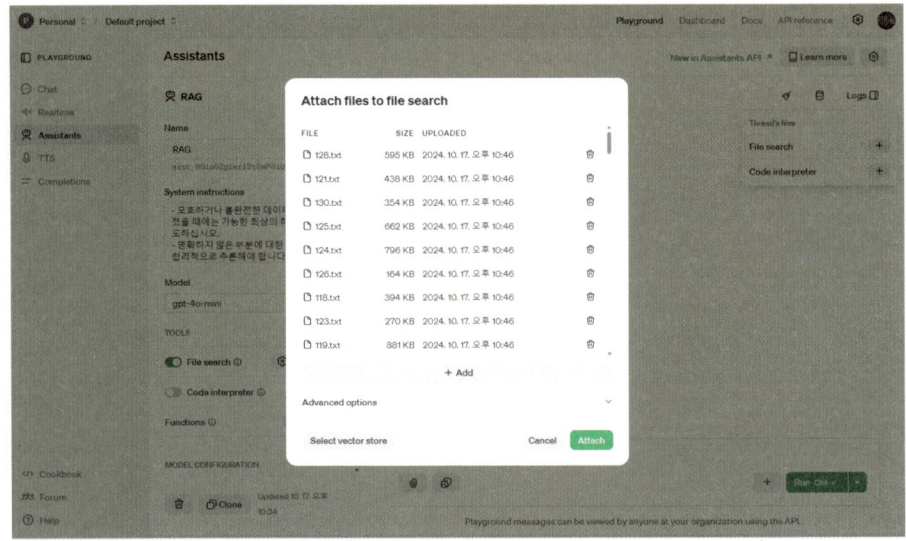

[이미지 8.7] 파일 업로드

이후에도 언제든지 다시 원통 모양을 클릭하여 파일을 추가하거나 삭제할 수 있습니다. 즉, 언제나 원하는 최신 데이터를 넣어두고 그 데이터를 기반으로 응답을 받을 수 있는 것입니다.

이제 상단 탭에서 Dashboard를 클릭하고, 좌측에 보이는 Storage 페이지에서 Create 버튼을 클릭하면, 업로드한 파일을 바탕으로 RAG가 구성됩니다.

만약 우측 File attatched에 파일이 보이지 않는다면 하단에 위치한 Add files 버튼으로 다시 파일을 업로드 해 줍니다. 마지막으로 Assistant에 RAG를 연결하기위해, 상단에 위치한 ID를 클릭하여 코드를 복사해줍니다.

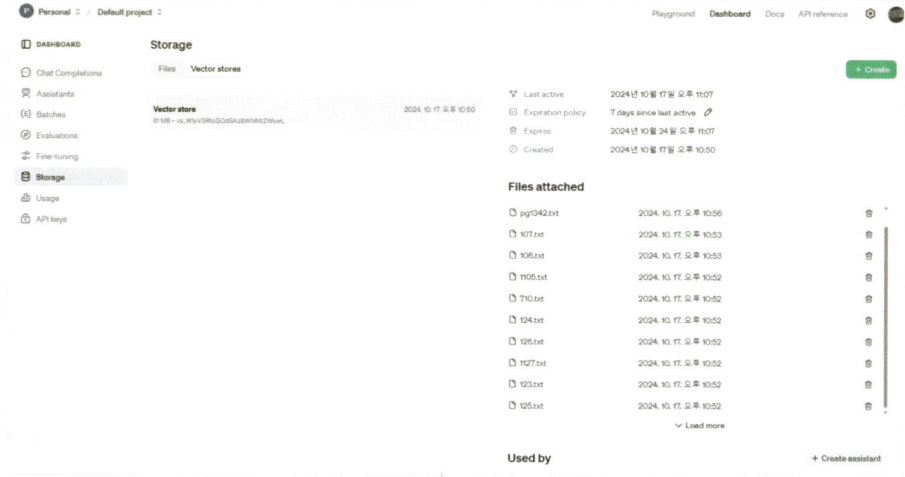

[이미지 8.8] RAG 만들기

Playground의 Assistants 페이지로 돌아와서, FIle search의 '+' 부분을 클릭, 좌측 하단에 위치한 Select vector store 버튼을 클릭합니다. 검색창에 미리 복사해둔 ID를 입력하면, 생성했던 Vector store가 나타나고, Select 버튼을 클릭하면 Assistant에 RAG가 등록되며 모든 준비가 갖춰지게 됩니다.

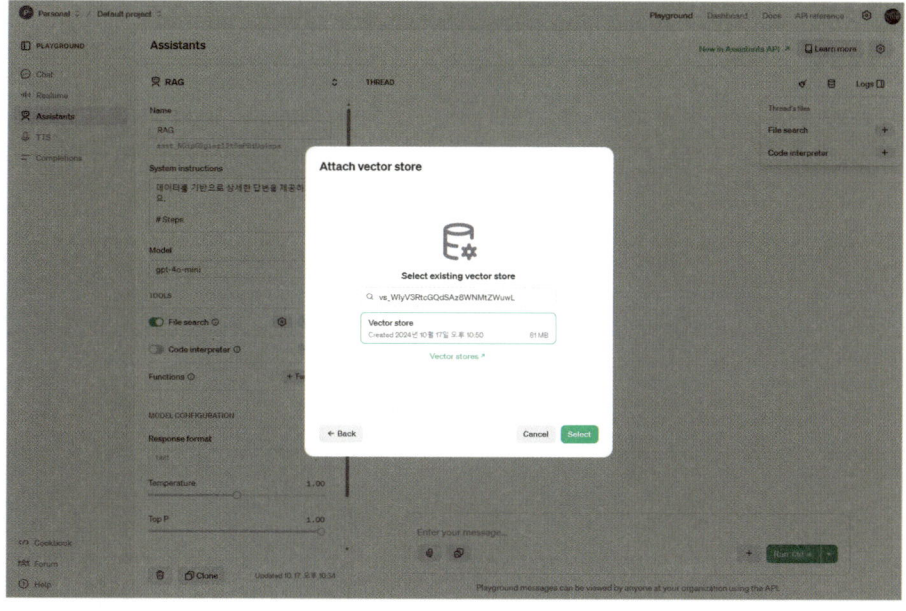

[이미지 8.9] Vector store 등록

CHAPTER 08 Project Three · **279**

## RAG 활용하기

이제 준비가 끝났습니다. 100개의 eBook을 바탕으로 질의 응답을 진행해 보도록 하겠습니다. 오만과 편견이라는 책에 대해 질문을 하면서 RAG를 사용한 ChatGPT와 일반 ChatGPT를 비교해 보도록 하겠습니다.

오만과 편견이라는 책에 대해서 설명해줄래?

프롬프트

RAG 답변

오만과 편견" (Pride and Prejudice)은 제인 오스틴(Jane Austen)이 1813년에 발표한 소설로, 빅토리아 시대 초기의 영국 사회 속에서 결혼, 계급, 그리고 인간 관계를 탐구하는 작품입니다. 이 소설은 주인공 엘리자베스 베넷(Elizabeth Bennet)과 그녀의 사랑의 적수인 미스터 다아시(Mr. Darcy) 간의 빠르게 변화하는 감정과 갈등을 중심으로 전개됩니다. 둘은 처음에는 서로에 대한 오해와 편견으로 인해 갈등하지만, 시간이 지나면서 그들 각각이 내면의 성숙을 이루고 최종적으로 서로의 진정한 가치를 인정하게 됩니다.

이 이야기는 여러 등장인물들—가장 유쾌한 캐릭터인 미스터 빙리(Mr. Bingley), 그에게의 사랑을 지닌 제인 베넷(Jane Bennet), 엘리자베스의 비난받는 가족 캐릭터인 미세스 베넷(Mrs. Bennet)과 리디아(Lydia)—과 함께 계급 간의 갈등, 사랑의 오만함, 그리고 개인의 성장 과정을 보여줍니다. 작품 내내 가져지는 주제는 자아 발견과 계급 사회에 대한 비판이며, 특히 결혼이라는 제도에 대한 다양한 시각을 제공하고 있습니다.

중략 〉

ChatGPT 답변

《오만과 편견》(Pride and Prejudice)은 제인 오스틴(Jane Austen)이 1813년에 발표한 소설로, 영국의 조지안 시대를 배경으로 하고 있습니다. 이 작품은 주로 결혼, 계급, 그리고 사회적 규범에 대한 비판적인 시각을 담고 있으며, 주인공 엘리자베스 베넷(Elizabeth Bennet)과 그녀의 사랑 이야기, 그리고 주변 인물들과의 관계를 중심으로 전개됩니다.

주요 줄거리
소설은 베넷 가문의 다섯 딸의 결혼 문제를 중심으로 진행됩니다. 엘리자베스는 자존심과 편견을 가진 다아시 경(Sir Darcy)과의 관계를 통해 사랑과 이해의 진정한 의미를 탐구하게 됩니다. 다아시는 처음에는 엘리자베스에게 오만하게 대하지만, 점차 그녀의 매력을 발견하게 되고, 엘리자베스 또한 그의 진실한 모습에 마음을 열게 됩니다. 이 과정에서 두 사람은 서로의 오해를 풀고 성장해 나갑니다.

중략 >

일반적인 질문에 대한 답변은 양쪽이 큰 차이가 없습니다. 오만과 편견은 유명한 고전 명작으로, ChatGPT도 이미 학습하고 있는 책일 확률이 높습니다. 이러한 경우는, 오히려 일반적인 ChatGPT를 활용하는 것이 보다 효율적일 수 있습니다.

다른 예시를 살펴보도록 하겠습니다. 이번엔 보다 구체적으로 책의 내용에 대해 질의를 해보겠습니다.

다아시 경이 어떤 오만한 말로 엘리자베스를 상처입히는지 알고싶어. 책의 어떤 구절들이 있지?

프롬프트

RAG 답변

다아시 경이 엘리자베스에게 상처를 입힌 오만한 발언은 주로 그가 자신의 사회적 지위와 그녀의 출신을 비교하며 발생합니다. 특히, 그가 처음으로 엘리자베스에게 결혼을 제안했을 때, 자신의 우월한 혈통과 재산에 대한 편견을 드러내며 그녀에게 모욕을 주는 말을 하곤 했습니다.

가장 인상적인 구절은 다아시 경이 엘리자베스를 가리켜 "그녀는 감히 내 신분을 상회할 자격이 없는 여자에 불과하다"라는 식으로 말한 것으로, 이는 그의 오만한 성격을 잘 보여줍니다. 그는 또한 엘리자베스가 "가문도, 재산도 없는 매우 평범한 소녀"라는 점을 강조하며 그녀의 자존심을 상하게 하는 발언을 합니다. 예를 들어, 다음과 같은 대화에서 엘리자베스는 그의 결혼제안에 대해 상당히 화가 나서 다음과 같이 반박합니다:

"너는 나의 가문을 흠집 내고 싶겠지만, 내가 당신의 요구를 수용할 만큼 당신의 존재가 나에게 의미가 있지 않다."[1].

이와 같은 발언들은 다아시 경의 자기중심적이고 오만한 태도를 드러내며, 그러한 태도는 엘리자베스와의 관계에서 큰 갈등을 야기하게 됩니다. 그녀는 자신의 출신에 대한 비하를 용납하지 않겠다는 강한 의지를

결국, 다아시 경은 시간이 지나면서 엘리자베스에 대한 자신의 감정을 다시 돌아보고, 그녀를 향한 오만에서 벗어나게 되지만, 초기의 상처는 두 사람의 관계 발전에 중요한 시험대가 됩니다. [1]

중략 >

**ChatGPT 답변**

《오만과 편견》에서 다아시 경이 엘리자베스에게 상처를 주는 주요 장면은 그가 그녀의 매력을 부정하며 그녀에게 차가운 태도를 보이는 부분입니다. 특히, 소설의 초반부에서 다아시는 엘리자베스가 있는 무도회에서 그녀에게 다음과 같은 오만한 말을 합니다:

주요 구절

"그녀는 못생긴 여인이다." 다아시는 처음에 엘리자베스를 보고 그녀가 매력적이지 않다고 판단하며, 다른 친구들과의 대화에서 그녀를 가볍게 무시하는 태도를 보입니다. 이는 엘리자베스에게 큰 상처가 됩니다.

"나는 당신과 결혼할 수 없다." 다아시가 엘리자베스에게 프로포즈할 때, 그는 그녀가 자신의 사회적 지위에 미치지 못한다고 말하며, 이로 인해 엘리자베스는 그가 자신을 진심으로 사랑하지 않는다고 느끼게 됩니다.

"당신의 가족은 나에게는 매우 중요하지 않다." 다아시는 엘리자베스의 가족과 사회적 지위를 비하하는 발언을 하여 그녀의 자존감을 심각하게 훼손합니다.

중략 〉

두 답변을 살펴보면, RAG를 사용한 답변이 보다 디테일한 것을 확인할 수 있습니다. RAG는 마치 책의 구절을 그대로 가져온 것 같은 답변을 하고 있습니다. 반면 ChatGPT의 답변은 상당히 단순한 형태의 답변인 것을 볼 수 있습니다.

또한 중요한 부분은 RAG의 답변 중 [1] 로 표시된 부분입니다. 이 부분은 Assistant GPT가 어느 부분에서 데이터를 찾아서 답변했는지 보여주는 부분입니다. 수많은 문서 중 해당되는 문서를 찾고, 그 문서를 기반으로 답변을 한다는 RAG의 장점으로, 답변을 찾은 소스를 표시해 준다는 것은 보다 빠르게 문서를 검색하고 활용할 수 있다는 것입니다.

"너는 나의 가문을 흠집 내고 싶겠지만, 내가 당신의 요구를 수용할 만큼 당신의 존재가 나에게 의미가 있지 않다." [1] .

이와 같은 발언들은 다아시 경의 자기중심적이고 오만한 태도를 드러내며, 그러한 태도는 엘리자베스와의 관계에서 큰 갈등을 야기하게 됩니다. 그녀는 자신의 출신에 대한 비하를 용납하지 않겠다는 강한 의지를 보이며, 이러한 편견에 맞서는 두 인물 간의 긴장감을 잘 보여줍니다.

**pg1342.txt** 시 경은 시간이 지나면서 엘리자베스에 대한 자신의 감정을 다시 돌아보고, 그녀를 향한 오만하게 되지만, 초기의 상처는 두 사람의 관계 발전에 중요한 시험대가 됩니다.

[1]

[이미지 8.11] RAG 문서 출처

# 마무리

RAG 기술을 ChatGPT에 연결해 사용하면 복잡한 업무를 빠르게 처리하고 효율성을 극대화할 수 있습니다. RAG의 가장 큰 장점은 최신 정보를 반영할 수 있다는 것입니다. 기존의 언어 모델은 학습된 이후의 정보는 알지 못하지만, RAG는 실시간으로 새로운 정보를 검색해 활용하므로 언제나 최신의 답변을 제공할 수 있습니다. 또한, 재훈련 없이도 최신 데이터를 사용할 수 있어 비용 면에서도 효율적입니다.

RAG를 사용하는 것은 마치 나만의 도서관에서 필요한 책을 찾아 읽고 답변하는 것과 비슷합니다. 일반적인 AI는 이미 읽은 책의 내용을 기억해 답해야 하지만, RAG는 필요할 때마다 사용자가 직접 구성한 도서관에서 최신 책을 찾아 필요한 정보를 실시간으로 확인하고 답변하는 것입니다. 이를 통해 항상 최신 정보를 반영해 더 풍부하고 정확한 답변을 제공할 수 있습니다.

하지만 RAG를 사용할 때에는 데이터의 품질과 검색 성능을 잘 관리해야 합니다. 연결된 문서가 부정확하거나 오래된 정보라면, AI의 답변 역시 신뢰도가 떨어질 수 있기 때문에, 데이터의 최신성 유지와 품질 관리가 필수적입니다.

ChatGPT가 자체적으로 RAG 기능을 지원하면서, 별도의 도구 없이도 수십 수백 건의 문서를 한 번에 읽고 답변할 수 있게 되었습니다. 이번 장에서 배운 RAG 활용법을 통해 여러분의 업무 생산성을 한층 더 차별화 해보시길 바랍니다.

# CHAPTER 9

# ChatGPT
## 미래를 위한 당신의 AI 파트너

# ChatGPT - 미래를 위한 당신의 AI 파트너

우리는 지금 인공지능 혁명의 시작점에 서 있습니다. 불과 몇 년 전만 해도 상상조차 할 수 없었던 일들이 이제 우리의 일상 속에 마법처럼 스며들고 있습니다. 아침에 스마트폰을 열면 AI가 작성한 맞춤형 뉴스가 우리를 반겨주고, 커피를 마시며 AI와 대화를 나누는 모습은 더 이상 낯설지 않습니다.

## AI와 함께하는 일상의 변화

프로그래밍 지식이 없어도 웹사이트를 만들 수 있고, 디자인 경험이 없어도 로고를 직접 디자인할 수 있게 되었습니다. 이는 단순한 기술 발전을 넘어, 우리의 삶과 일하는 방식을 근본적으로 바꾸는 혁신의 물결입니다. 이제 반복적이고 단순한 업무는 AI에게 맡기고, 우리는 보다 창의적이고 전략적인 작업에 집중할 수 있게 되었습니다. 이는 업무 효율을 높일 뿐만 아니라 삶의 질을 향상시키며, 무한한 가능성의 문을 열어줍니다.

## 인간과 AI의 협업: 시너지의 창출

AI는 우리의 경쟁자가 아닌, 함께 성장해나갈 든든한 동반자입니다. AI와의 협업을 통해 우리는 더 혁신적인 결과물을 만들어낼 수 있습니다. AI는 방대한 데이터를 기반으로 다양한 아이디어와 솔루션을 제시하고, 우리는 그중 최적의 선택을 실행에 옮깁니다. 이러한 인간의 창의성과 감성, 그리고 AI의 지능과 분석력이 결합되어 놀라운 시너지를 발휘할 수 있습니다.

특별한 배경이나 뛰어난 능력이 없어도, 노력과 열정이 있다면 AI 시대에는 누구나 두각을 나타낼 수 있습니다. 중요한 것은 미래를 향한 믿음과 열정입니다.

## 미래를 준비하는 우리의 자세

하지만 이러한 가능성에도 불구하고, 중요한 것은 우리가 AI를 어떻게 활용하느냐에 달려 있습니다. 기술의 발전 속도가 아무리 빠르더라도 호기심과 열정이 없다면 그 잠재력을 충분히 발휘할 수 없습니다. 또한 AI 윤리와 개인정보 보호와 같은 중요한 이슈들에 대한 깊은 고민도 필요합니다. 우리는 AI가 주는 혜택을 최대화하면서도 그로 인한 위험을 최소화하는 균형 잡힌 접근이 필요합니다.

## 당신의 가능성은 무한합니다

이 책을 덮으며 어떤 감정을 느끼시나요? 설렘, 기대, 혹은 약간의 두려움일 수도 있습니다. 하지만 한 가지 확실한 것은, 이제 여러분은 AI라는 강력한 도구를 손에 쥐고 있다는 사실입니다. 작은 아이디어라도 직접 시도해보세요. 실패는 성장의 밑거름이 됩니다.

미래는 정해져 있지 않습니다. 우리의 선택과 행동에 따라 그 모습은 무한히 변화할 수 있습니다. ChatGPT와 함께 새로운 가능성을 탐험하고, 자신의 한계를 넘어 더 큰 성취를 이루어보세요. 여러분의 도전이 곧 미래를 만드는 씨앗이 될 것입니다.

## 마무리하며

여러분은 이제 첫 걸음을 내디디셨습니다. 인공지능의 시대, 여러분 앞에는 무한한 가능성이 기다리고 있습니다. 이 책이 여러분에게 작은 등불이 되길 바랍니다. 거대한 빛은 아닐지라도, 앞으로 나아갈 방향을 비춰주는 등불 말입니다.

감사합니다.

당신의 AI 파트너와 함께하는 밝은 미래를 기원하며,